荊楚文庫

楊昭悊集

楊昭悊　著

荊楚文庫編纂出版委員會
武漢大學出版社

荊楚文庫

楊昭悊集

YANGZHAOZHE JI

圖書在版編目(CIP)數據

楊昭悊集/楊昭悊著.
—武漢:武漢大學出版社,2017.4
ISBN 978-7-307-17406-1
Ⅰ.楊…
Ⅱ.楊…
Ⅲ.圖書館學
Ⅳ.G250
中國版本圖書館 CIP 數據核字(2015)第 310871 號

責任編輯:詹　蜜
整體設計:范漢成　曾顯惠　思　蒙
責任校對:汪欣怡
出版發行:武漢大學出版社
地址:武昌珞珈山
電話:(027)87215822　　郵政編碼:430072
録排:武漢大學出版社
印刷:湖北新華印務有限公司
開本:720mm×1000mm　1/16
印張:29.5　插頁:6
字數:404 千字
版次:2017 年 4 月第 1 版　2017 年 4 月第 1 次印刷
定價:120.00 元

ISBN 978-7-307-17406-1

出版説明

湖北乃九省通衢，北學南學交會融通之地，文明昌盛，歷代文獻豐厚。守望傳統，編纂荆楚文獻，湖北淵源有自。清同治年間設立官書局，以整理鄉邦文獻爲旨趣。光緒年間張之洞督鄂後，以崇文書局推進典籍集成，湖北鄉賢身體力行之，編纂《湖北文徵》，集元明清三代湖北先哲遺作，收兩千七百餘作者文八千餘篇，洋洋六百萬言。盧氏兄弟輯録湖北先賢之作而成《湖北先正遺書》。至當代，武漢多所大學、圖書館在鄉邦典籍整理方面亦多所用力。爲傳承和弘揚優秀傳統文化，湖北省委、省政府决定編纂大型歷史文獻叢書《荆楚文庫》。

《荆楚文庫》以“搶救、保護、整理、出版”湖北文獻爲宗旨，分三編集藏。

甲、文獻編。收録歷代鄂籍人士著述，長期寓居湖北人士著述，省外人士探究湖北著述。包括傳世文獻、出土文獻和民間文獻。

乙、方志編。收録歷代省志、府縣志等。

丙、研究編。收録今人研究評述荆楚人物、史地、風物的學術著作和工具書及圖册。

文獻編、方志編録籍以 1949 年爲下限。

研究編簡體横排，文獻編繁體横排，方志編影印或點校出版。

《荆楚文庫》編纂出版委員會

2015 年 11 月

前　言

欣聞湖北省大型古籍文獻整理叢書《荊楚文庫》收入《楊昭悊集》，作爲一個圖書館學研究的後輩，筆者感到非常高興。

近年來，隨着民國圖書館學研究熱潮的興起，楊昭悊在圖書館學方面的學術貢獻得到了較爲充分的揭示，他作爲一個圖書館學先驅的形象已經非常鮮明地鐫刻於中國圖書館學學術史，成爲後人傚法的對象。

然而楊昭悊先生的學術成就却不限於圖書館學方面，他在經濟學方面也多有著述，但是目前對於他的這些學術貢獻關注的還不够。武漢大學出版社獨具慧眼，編輯整理了楊昭悊先生各方面的研究成果集，爲學界進行相關研究打下了良好的基礎。

(一)楊昭悊生平

目前，對於楊昭悊的生平我們瞭解的還很少，即使是在某些工具書中，對楊昭悊的記述也非常簡略，甚至還有一些疏誤，比如《中國圖書館學情報學檔案學人物大辭典》(香港：亞太國際出版有限公司，一九九九年)上説楊昭悊"早年畢業於北京大學，後留校任教"，實際上，楊昭悊畢業於法政專門學校。

楊昭悊本人關於自己的事情記述的很少，我們目前能看到的就是他在《東遊記》和《晚婚主義和單一家庭》等文中提到的很少的幾句話："我的父親死得很早，我的哥哥、嫂子都在外邊求學，不能常在家裏住。我并無姊妹。家裏只有一個老母親。我不但不能在家裏侍奉，并且家裏有許多事情要他照料。"

關於楊昭悊的生平，較爲可信的記載是湯旭岩寫的《續寫我國早期圖書館學家楊昭悊》(《圖書情報論壇》，二〇〇九年第一期)一文。該文是他采訪了楊昭悊的女兒楊美玲和侄子楊正典後寫成的，其内容與楊昭悊本人所寫的《東遊記》有不少吻合之處，比如在《東遊記》中，楊昭悊提到自己的母親專程到北京來看望他和兄長心如；在他離京赴美留學之際，侄女正容幫他找到他母親的照片而他却忘了帶走，爲此他的兄長還專程追到天津，給他送去；他還提到自己當時尚無婚約，等等。這些細節都在湯旭岩一文中以不同的方式得到了重現，從而證明湯旭岩的采訪文章在内容上是比較可靠的，不過文章未提到楊昭悊回國後在交通部就職一事，可見仍然有所遺漏。

根據上述文獻，我們基本上可以勾勒出楊昭悊的人生軌迹。

楊昭悊，字悊明，一説字浚明，或濬明。湖北谷城人，生於一八九一年五月，卒於一九三九年十一月。楊昭悊畢業於法政專門學校，留任私立大學教員，同時還協辦鐵路職工教育工作。

青年時代的楊昭悊刻苦求知、勤於鑽研。同他一起在北京讀大學的李女士(我國另一位著名的圖書館學家李燕亭的妹妹，後來成爲楊昭悊的嫂子)這樣形容他："昭悊在北京做學生時很有才華，很能寫文章，做學生時常在學校的雜誌上發表文章。我們在女師大的女同學都知道他。那時他才二十多歲，到女師大講過課，講的是邏輯學(法政大學當然學邏輯)。那時他就性格内向，非常靦腆，平時不怎麽愛説話。講課時連頭都不敢抬起來，怕看女學生。女生們常拿他開玩笑。"

一九一九年仲夏，楊昭悊受命擔任法政專門學校圖書館主任，因爲意識到自己并非圖書館學專家，因而潛心搜集圖書館學書籍，他發現日本學者田中敬的《圖書館學指南》内容全面，其中推薦的都是歐美最近的圖書館學杰作，所以他不僅在一九二〇年五月把田中敬的《圖書館學指南》翻譯了出來，而且打算把這本書中提到的所有圖書館學杰作都陸續翻譯出來。

一九二〇年八月二日至二十日，北京高師首次舉辦圖書館講習班，楊昭悊參加了講習班的學習，并對講習班各位老師所講内容進行了總結和歸納。在這次講習會上，楊昭悊翻譯的《圖書館學指南》派上了大用場，尤其是當講習會的演講者講到某個專題的時候，他都能根據此書推薦出其他相關的參考書。此外他還有了“將來要編一種圖書館學的書”的設想，并且要重點闡述圖書館的沿革和近狀，好讓一般人知道圖書館在時間和空間上占什麼地位。

一九二一年十一月二十八日，楊昭悊受交通部資助啓程赴美留學。在赴美途中，完成了他著名的《圖書館學》，該書奠定了他在中國圖書館學史上不朽的地位。同時，他還完成了一篇《東遊記》，分十幾次在《晨報副刊》上連載，爲我們瞭解其生平與思想留下了珍貴的資料。

楊昭悊抵美後，先後就讀於三所大學，一九二二年至一九二三年就讀於美國洛杉磯公共圖書館學校，同時在南加州大學攻讀政治學碩士學位，一九二四年獲得美國南加州大學政治學碩士學位，一九二四年至一九二五年就讀於伊利諾伊大學圖書館學院。(鄭麗芬：民國時期的圖書館學教育研究(博士論文)，北京：北京大學，二〇一五年)

下圖是他在伊利諾伊大學圖書館學院留下的珍貴合影，見後排左二，戴眼鏡的中國人。該照片出自二〇〇〇年六月伊利諾伊大學香檳分校圖書情報研究生院院長 John Unsworth 教授在北京大學圖書館發表演講的 PPT——《數字圖書館管理與研究現狀》。

一九二五年，楊昭悊因病提前回國。當時他已經成家，由於專業科目緊、外語得加油，楊昭悊學習太用功，患上了神經衰弱症，大夫讓他回國休養一段時間，於是只得暫時放棄繼續攻讀博士學位的念頭。楊昭悊的夫人是王京生，當時也在伊利諾伊大學圖書館學院學習圖書館學，她也有圖書館學著述存世，如一九二九年翻譯的美國圖書館協會《兒童圖書館》一書。

楊昭悊回國以後，首先效力於交通部，從一九二五年十月二十七日《交通部令第八四五號》上看，楊昭悊被委任爲鐵路職工教育委員會專任委員。一九二六年二月二十八日《交通部令第二〇四號》“部費留學畢業回國留部辦事楊昭悊、高元、季警洲，現經考核，成績優良，應仍留部

伊利諾伊大學圖書館學院一九二四——一九二五年高級班合影
(1924—1925 Senior Class of the Library School at the University of Illinois)

在各原廳司辦事"顯示楊昭悊繼續在交通部任職。從一九二六年《鐵路職工教育委員會會報》上發表的《民九籌備鐵路職工教育計劃書》一文來看,"民國九年冬季,鄭洪年次長(在路政司長任内)主辦鐵路職工教育,委高元(今事務處長)、楊昭悊(今編審股長)二先生擬就了籌備鐵路職工教育的計劃書"。一九二六年楊昭悊在交通部擔任編審股長。另據一九二七年十月六日《交通部令第三一七號》,楊昭悊等人"現經考核,尚屬合格,均着存記,聽候録用"。可見此時楊昭悊仍效力於交通部。

一九二六年夏,楊昭悊同兄長一起返回谷城爲楊太夫人祝壽。楊昭悊的兄長叫楊昭恕,同楊昭悊類似,他也於一九二三年至一九二九年由湖北省公費資助留日。

一九二七年楊昭悊在上海暨南大學任教一年,楊太夫人在這一年去世。一九二八年年夏,楊昭悊同兄長又回到谷城,創建了楊太夫人紀念圖書館。一九二八年以後,楊昭悊一家先後去到浙江、江西。他曾任浙江大學圖書館主任、江西省立圖書館館長。

一九二九年一月二十八日至二月一日，中華圖書館協會在南京金陵大學召開首届年會，楊昭悊作爲江西省三名會員之一參會，當時到會的有二百餘位代表。會議分爲六個組討論各項提案，楊昭悊有兩項提案被通過：一項是關於圖書館教育方面，序次排列第十九號，題爲“減少科目令學生閱覽參考書和作文案”；另一項是關於編目方面，序次排列第三號，題爲“編制中文書目方法案”。可見，楊昭悊對參與圖書館協會活動也很熱心。

抗日戰争爆發後，南昌告急，楊昭悊隻身一人回湖北老家，本意是到當時大後方的谷城安置一下再接江西的家人，可事與願違，他再也没能與妻小謀面。楊昭悊習慣天天散步，一九三九年十一月份雨後的一天，他照常到原楊太夫人紀念圖書館舊址的院子裏散步，忽發腦溢血，口不能言，半身不遂。即使這種情形，他還試圖給夫人寫信，示意讓人拿來一支鋼筆，但只寫了幾個字就寫不下去了。爲休養計，他被安頓到谷城近郊。發病一星期左右，楊昭悊逝去，年僅四十八歲。

（二）學術成就

《荆楚文庫》的收録標準是一九四九年前作者發表的論文和著作，譯著、英文論文不收録。對於楊昭悊這樣以往未加系統關注的學者來説，要弄清其全部著譯的目録并非易事。目前筆者見到的他最早的文章是發表於《楚寶》一九一七年第四期上的《學校個人衛生要覽》。鑒於民國文獻，尤其是報紙并未全部實現數字化，我們尚不能確定這篇文章是否爲其處女作。此外，他還有以字號發表的文章，要收集到他的全部成果也很難。

在此，僅將其目前已知的文獻列出，見下表，以供研究者參考。總體上來看，楊昭悊的寫作時間從一九一七年到一九二九年，較爲集中地發表在《法政學報》《晨報》《晨報副刊》《學林》等報刊上，學科領域主要是經濟學和圖書館學。

楊昭悊著譯一覽

序號	題　　名	署名	原著	出　　處
1	《學校個人衛生要覽》	楊昭悊		《楚寶》，一九一七年第一卷第四期
2	《限界效用之學説及其得失》	楊昭悊		《法政學報》，一九一八年第六、七期
3	《英國法概論》(Elements of English Law)	楊昭悊	蓋達 W. M. Geldart	《法政學報》，一九一八年至一九一九年第五期至第九期
4	《經價》(Normal Value)	楊昭悊 胡世琮	J. E. Cairnes	《致中》，一九一九年第一卷第一期
5	《快樂與痛苦(附圖)》	楊昭悊 胡世琮	Jevons	《致中》，一九一九年第一卷第一期
6	《報酬漸減與報酬漸增之原則及其例外》	楊昭悊		《法政學報》，一九一九年第一卷第十期
7	《評斯密亞丹租税原則》	楊昭悊		《法政學報》，一九一九年週年紀念期
8	《近世經濟思想之變遷》	楊昭悊		《法政學報》，一九一九年第一卷第十二期 《東方雜誌》，一九一九年第十六卷第十一期
9	《經濟哲學》	楊昭悊		《法政學報》，一九一九年第二卷第一期
10	《農家者流的經濟思想》(譯經濟論叢)	楊昭悊		《法政學報》，一九二〇年第二卷第二期
11	《社會政策的租税之價值》	楊昭悊	内池廉吉	《法政學報》，一九二〇年第二卷第三期
12	《名辭的起源和性質》	楊昭悊		《法政學報》，一九二〇年第二卷第四期

續表

序號	題　名	署名	原著	出　處
13	《經濟道德》	楊昭悊		《法政學報》，一九二〇年第二卷第四期
14	《再論經濟思想并致陳君啓修》	楊昭悊		《法政學報》，一九二〇年第二卷第七、八期
15	《我的墨子非樂經濟觀》	楊昭悊（楊浚明）		《音樂雜誌》，一九二〇年第一卷第五、六期
16	《圖書館學指南》	楊昭悊	田中敬	北京：法政學報社，一九二〇年
17	《我對於圖書館講習會的意見》	楊昭悊		《晨報》，一九二〇年八月十八日第七版，一九二〇年八月十九日第七版
18	《再論圖書館講習會》	楊昭悊		《晨報》，一九二〇年八月二十九日第七版，一九二〇年八月三十日第五版
19	《晚婚主義和單一家庭》	楊昭悊		《晨報》，一九二〇年八月十二日第七版，一九二〇年十月十三日第七版
20	《大學校和圖書館》	楊昭悊		《學林》，一九二一年第一卷第一期，一九二二年第一卷第六期
21	《東遊記》	楊昭悊		《晨報副刊》，一九二二年二月八日第三版至一九二二年二月二十七日第三版
22	《圖書館學》	楊昭悊		上海：商務印書館，一九二三年
23	《人民對於公共圖書館的權利義務》	楊昭悊		《晨報副刊》，一九二三年三月二十四日第一、二版

續表

序號	題　名	署名	原著	出　處
24	《民九籌備鐵路職工教育計劃書(附圖)》	高元 楊昭悊		鐵路職工教育委員會會報，一九二六年第一期
25	《圖書學序論》	楊浚明	田中敬	《學林》，一九二七年第三卷第三期
26	《美國勞工部和英國坎拿大勞工部的比較研究(附表)》	楊昭悊		《學林》，一九二七年第三卷第三期
27	《圖書館員之訓練》	楊昭悊 李燕亭	佛里特爾	上海：商務印書館，一九二八年
28	《議决案匯録：A、通過案：300：圖書館教育組；350：各種各級學校應有有步驟的圖書館使用法指導案》	李小緣 楊昭悊 胡慶生		中華圖書館協會第一次年會報告，一九二九年
29	《議决案匯録：A、通過案：500：分類項目組；531：由協會編訂中文編目條例案》	吕光渭 李小緣 楊昭悊		中華圖書館協會第一次年會報告，一九二九年

楊昭悊作文和做人有着高度的一致性，某種程度上可以説他是在用他的生命去寫作。《晚婚主義和單一家庭》(《晨報》，一九二〇年十月十三日第七版)一文就是如此，他并非爲寫文章而隨意立論，現實中，他也的確是奉行晚婚主義的，年届三十歲，仍未娶妻，在那個時代是較爲罕見的。我們注意到，在他生命的最後十年内幾乎没有發表别的著譯，雖然不知其擱筆的真正原因，但猜測可能跟他寫作過於投入而損害了健康有關。

(三)圖書館學思想

關於楊昭悊先生的學術思想，因爲没有研究過楊昭悊先生的經濟類文章，所以不敢妄加評論。若就其圖書館學思想來看，稱得上是將圖書館學引進中國的先驅，爲中國圖書館學的形成發揮了重要作用，早在二十世紀二十年代就得到了學界公認。

楊昭悊對圖書館學理論的探究植根於圖書館工作的實際需求，而且他對於圖書館學的研究又極具系統性。到美國留學之後，他對於圖書館所具有的社會價值有了更爲深刻的認識，這些都通過他的著述先後介紹給了讀者。他爲中國圖書館學的發展付出了巨大的努力。

一九一九年當楊昭悊初任法政專門學校圖書館主任之際，圖書館在中國仍算是一種新生事物，人們對於如何辦理好圖書館，只能根據中國傳統的藏書理論和經驗進行摸索。當時留美歸國的圖書館學人也只有沈祖榮和戴志騫两個，楊昭悊敏鋭地認識到，翻譯專業書籍是比留學更爲快捷的培養圖書館學專門人才的辦法。他率先投入到翻譯圖書館學書籍的行列，在廣泛搜求國外圖書館管理方面的書籍的基礎上，選擇其中優秀的著作如田中敬的《圖書館學指南》進行翻譯，爲自己、爲大家提供圖書館學理論指導。一九二〇年，他利用參加北京高師圖書館講習班的機會提出要設立一個專門的組織“譯書會”，來確保爲中國圖書館培養人才而提供“專書”。在談到翻譯書籍的必要性時，他指出，中國圖書館不發達的原因在於一般人對此重視程度不够，以及缺乏人才。前者需要書報來做宣傳，後者需要專門書籍來養成。如果没有專門書籍，只靠留學是緩不濟急的。國内没有專門的圖書館學校，只教授一點粗淺的講義，遠遠不够，要多多翻譯書籍。關於翻譯書籍的先後，他認爲趁着當時翻譯書籍還少，應當統一名詞，先翻譯一本西洋圖書館學字典，供譯者和讀者參考。他指出，關於譯書譯名這樣的大事，不是一個人能够辦到的，需要組織一個譯書會，請對圖書館學有研究的人，或者雖然對圖書館學没有研究，却對中國目録學校讎學有研究的人，二者結合在一起，先譯入門書和辭典，再譯專門書。後來他再次强調“統一名詞是我們必定要辦的事情，我們設若不辦，後來的人必定駡我們始謀不臧”。(《再論圖書館講習會》,《晨報》，一九二〇年八月二十九日第七版)

在翻譯專業圖書的過程中，他逐漸認識到翻譯著作本身的局限性使它們不能很好地適應中國圖書館的需要，因此又着手自己編寫《圖書館學》。他指出，“(一)外國圖書館學的著作，屬於分科的多，屬於通論的少，倘若把他譯出來，只合於圖書館員參考，不足供一般人研究；(二)外國圖書館學的著作，關於應用的多，關於原理的少，倘若把他譯出來，只可供應用不能示提倡；(三)外國圖書館學的著作，多半是發表自己的意見，或敘述本國的狀況，倘若把他譯出來，只能供參考，不能資比較”。

楊昭悊編寫的《圖書館學》具有很高的學術價值。在該書中，他首次闡明瞭圖書館和圖書館學的關係，他說：“先有圖書館，然後才有圖書館學。必定圖書館發達，然後圖書館學才能發達。但是照統計上看來，學問發達，事業才發達。圖書館學最發達的國家，就是圖書館事業最發達的國家。必定圖書館學發達，然後圖書館越發的發達。”他對圖書館學相關學科和圖書館學的研究方法進行了明確的表述。他提出了一個圖書館學的學科體系，對圖書館學做了科學的劃分，即使在今天看來仍非常合乎邏輯。他還梳理了中外圖書館的歷史，雖然叙述得比較簡單，但是綫索非常詳細。關於《圖書館學》在中國圖書館學史上的地位已毋庸置疑，不僅當時爲該書作序的蔡元培、林宰平、戴志騫等人對此書作出了很高評價，而且得到了許多圖書館學專家如劉國鈞、金敏甫等人的重點評介。筆者在博士論文《民國時期圖書館學著作出版與學術傳承》中也有較爲詳盡的評介，此處不再贅述。

盡管有了《圖書館學》一書編寫的成功，他并未放棄多翻譯圖書館學書籍以養成圖書館人才的初衷。遇到好的書籍，他仍會毫不猶豫地着手翻譯。在他留學期間，又利用課餘時間和李燕亭一起翻譯了美國人佛裏特爾的《圖書館員之訓練》一書，一九二八年出版。此書目的在於“除使辦理圖書館的人得有辦理圖書館的技能以外，還有两種效用：第一，使研究圖書館學的人知道各種圖書館的重要；第二，使享用圖書館的人明白各種圖書館的内容”。當時的教育部長範源濂曾這樣評價此書，“美國圖書館辦理之善，實由圖書館員一職已成爲專業。師其訓練館員之法，乃舉辦圖書館之先務也。友人楊君昭悊、李君燕亭留美肄是學，課餘復翻譯圖書館員之訓練一書，以饗國人，其勞既足多，其用心尤可感，吾國圖書館教育之發達，將於此是賴”。(《圖書館員之訓練》序，上海：商務印書館一九二八年出版)

楊昭悊的圖書館學思想至今仍有一定的現實意義，他於一九二三年所撰寫的《人民對於公共圖書館的權利義務》，是從自己的政治學專業背景出發研究圖書館的性質和作用的重要文章，對於公共圖書館、圖書館權利等概念有着透徹的分析，這些概念近年來又被大家重新關注。如果大家能重讀一下《人民對於公共圖書館的權利義務》的話，一定會受到啓發。

楊昭悊是一個勤於筆耕，興趣廣泛，著述較多的學者，《楊昭悊集》中能引起讀者深度思考的好文章還有不少，比如他在美國南加州大學提交的碩士論文《美國勞工部和英國坎拿大勞工部的比較研究》的中文版也在其中，希望大家能够從中受益。

范　凡

二〇一六年九月二十七日於燕園

總 目 録

荆楚文库

論 文 集

目　録

學校個人衛生要覽

學校亦一種生活也。吾人居於其間者幾一生之半，而此一半之生活又適爲吾人身體發育茁長之期，是故衛生尚焉。然既屬學校生活，又不得不以學業爲重。若日事戲遊，飽食安居，勢必至於百事無成，一生虛度。雖有堅强碩大之身體，行屍走肉耳，野蠻民族耳。必也兢兢業業，潛心功課。夫課目如彼之煩夥也，心力如此之有限也，智也無涯，生也有涯，心力體力不能同時發達，智識高尚者每難有健全之軀體，此又證之學理而皆然，考諸事實而不謬者。三更燈火，五更雞聲，上堂聽講，下堂温習，夜以繼日。以言衛生，誠戛戛乎其難哉！雖然，要有其道，苟得其道，則隨時隨地皆可講求衛生，固不得謂一講衛生即有妨礙於學問之進行。達爾文先天虛弱，少小多病，因實行衛生，身體康强，年七十餘爲英吉利大博物學家。即如西洋各學校，設立已經數百年，所造出之人材又皆體質充實，能以其所學行之當時，傳之後世。豈有他道哉？亦衛生得其道耳。嘗見我國士子，身多傴僂，囚首喪面。凡列名文苑，飛聲學校者，又多羸病將死之人，至學問之高下與身體之强弱爲反比例。迨乎晚近開辦學校以來，其弊尤屢見不鮮。蓋學校爲多人集聚之場所，公共衛生勢難講求。而吾人又忽於個人衛生，惟知貪圖功課之進行，而不知身體之珍攝爲尤重。况學校以勢無可如何之故，種種有礙健康之事，不可枚舉。如多人聚處一堂，炭酸量爲之加多也，黑板習字，粉屑飛揚，空氣爲之不潔也。公共衛生缺乏，個人衛生又復不講。故青年學子以清明之躬，一入學校即成病夫，求其十分健全無絲毫疾病者，殆百不得一焉。嗚呼！個人軟弱，種何由强？種之不强，國何以立？言念前途，殊爲寒心。近月以來，北京各學校學員患病死亡者，時有所聞。如北京大學之蕭君、杜君，北京法政之胡君、童君，以及中國公學之某君，皆少年積學之士。回也不幸，未能至聖。平日所抱負，竟賫志以歿，不克達到目的，而有失父兄之期望，負鄉里之推許，尤其餘事，心滋痛焉。悊羸弱善病，喜翻閲醫藥衛生等書，因有所感而有斯編之作。其曰個人者，以公共衛生屬諸教育管理法範圍，非學生所得干預。其曰要覽者，取其簡要易行者。若欲聞其詳，則專門衛生各書俱在，可資檢查。閲者以爲然否？兹將衛生諸要點分爲二大類，列表如左，以便遵守。次則逐條疏解，以資考鑑。吾少年學界同人，果能身體力行，裨益必不少也。

- 學校個人衛生
  - 精神上衛生
    - 休養
      - 内典
      - 性理
    - 睡眠
    - 休息
      - 談笑
      - 静坐
    - 運動
  - 物質上衛生
    - 日光
    - 空氣
    - 飲食
      - 饅首
      - 生菜
    - 器用

(甲)精神上衛生(Question of mental health)　人類不能舍精神而存在。佛曰：精氣神，人身三寶。是故善衛生者，必以保衛精爲根本。心平氣和，天君泰然，百體從令，疾病自除，斯爲上乘。

(一)修養(Morality)　修養爲人生所必須，而欲造就高深學問，儲爲偉大人物，尤非修養有素不爲功。《孟子》曰：養吾浩然之氣。《學庸》曰：德潤身，心廣體胖。蓋人必有高尚之道德，能忍人所不能忍，容人所不能容，然後躁釋矜平，舉止端詳，仁者壽之象自見於眉宇。欲於此有所進修，則内典性理諸書不可不閲。試爲説明之如下。

(子)内典　凡關於佛氏之書皆曰内典。此種書閲之能令萬念俱寂，形色皆空，淡於榮利，不忮怵，妄念消，心神自寧。衛生之法，甯有逾于此者乎。讀者于此，若思有所研，可閲《金剛經》及《大乘起信》，爲下手工夫。

（丑）性理　性理諸書，如宋朝諸儒學説關於性理者皆是。讀之能收人放心，絶人欲念。素位而行，安分以處。患得患失之心既去，奔走勞碌之苦自無。邪氣消除，清明在躬。固不第有裨德育已也。張文端《聰訓齋語》、梁任公《德育鑑》皆爲性理初階，衛生不可不手一編也。

（二）睡眠（Sleeping）　睡眠有益於衛生，人人皆知，然能實行適當之睡眠者甚少。吾人在校大抵多人聚集一室，一至夜間，輒喜閑談，如叙言情小説或述妖怪故事，一印入腦，入眠後即易發夢幻，有傷腦筋。又有勤學之士，日間無暇談叙，夜間與朋友聯床共話以敦情誼而增知識，往往有接談數點鍾之久者，尤足損神。至于黎明，覺後即宜起身，不可久滯床笫，胡思亂想，亦不宜背誦書文。蓋人當未起床之際，全體未能振興，若過用腦筋，必有偏枯之患，切戒切戒。

（三）休息（Rest）　藏修息遊爲讀書妙訣，西人亦分一日夜爲三分，以一分休息。惟休息亦必有適當之法，若外表雖未用功而心中却妄想，由一事累至無數事，彼此聯絡不可究詰；又或呆坐斗室有如木偶，不豫之色呈於面目，不惟不得休息之利反受其害。是故談笑尚焉，静坐尚焉。

（子）談笑　笑能舒筋絡，和血脈，增腦力，暢心意，利益甚大，爲衛生家所公認。然笑非可勉强，而發亦非無故而起。若由勉强，終不能大笑。若係無故，則有如患神經病人，鮮不以爲狂者。欲救其弊，必須常與滑稽之士如東方朔其人者接談，或看滑稽小説如《解人頤》等書，既可資以談笑，復不傷大雅，誠文人聚樂上策。嘗讀死亡青年學子之傳狀，非曰寡言笑，即曰沉默寡言。噫，此殆其致死之由歟！

（丑）静坐　羣居擾攘，不可無静坐。宋儒之習静，釋氏之運氣，莫非静坐之意。吾人於每日早起之前及夜眠之際静坐片刻，使精神注於腦項或脊髓延髓，然後志一氣定，心曠神逸，外物不能有絲毫之紛擾。此乃真能休息者。讀者欲實行之，因是子《静坐法》，言之綦詳，可購閲之。每日所費不過數十分鍾之時間，收效甚大。

（四）運動（Exercise）　柔軟體操及遊戲體操皆可。惟學校至專門以上多有不設體操一科者，不得已，須於每日散步一小時，并飯前後亦宜散步數分鍾。屋内運動，如中國十八段鈴，可於休息時行之。日本山都小史之鐵啞鈴，亦屋内運動之良法，見丁著《實驗却病法》。身體較强者，更宜行冷水浴。一則可以鍛鍊皮膚，一則可以强健肌肉，此外更可收手腕運動之效。運動時有宜注意者，即精神須貫注是也。若運動時心思注於他事，或默誦文字，最爲有害，難收運動之效。

（按）關於内傷疾病，如神經衰弱、眩暈、癲癇、貧血、鬱憂狂、遺精等，學者間患之最多。若能於精神上衛生加之意，自可免除。

（乙）物質上衛生（Question of physical health） 吾人既不能超塵世爲神仙，即不能離物質而生存。然則精神上衛生固在所必講，而物質上衛生亦有未可輕者，兹爲進言，關於此點之要件如次。

（一）日光（Sunlight） 日光能减殺細菌繁殖，促進血液循環。學者生活於學校時，爲境遇所限之故，不能如農夫負販之多得陽光。補救之法，亦惟於每次下堂休息時，在日光下散步數分鍾。寢室自習室亦宜使之透光，體如紙布之類作窗户之幔幕，使日光不能射入室内。

（二）空氣（Air） 吾人可數日不飲食而不能數分鍾不呼吸，空氣之關於人生，誠大矣哉。然而欲得良好清潔之空氣於學校中，殆甚難焉。講堂人衆，炭酸排泄太多，空氣污濁，每小時下堂休息之際往郎外散步，藉以收納新鮮空氣，而堂内亦可於頃刻間空氣得以更换。每見勤學之士惜刹那間之光陰，休息時仍伏坐几案間，吸此不潔之空氣，爲害實大，不可不知。寢室自習室亦宜使通，非烈風暴雨不可緊閉窗户，夜間尤宜洞開。蓋都市之中，人煙稠密，柴煤等所發之炭酸、瓦斯甚多，夜間空氣反較良好也（愚在北京冬令落雪之時仍開窗睡眠，未曾因此受寒。願讀者試行之，若畏寒可多覆被褥）。又吾人宜用深呼吸。深呼吸者，盡力呼吸也，宜緩不宜急，非患咯血時，皆可行之，效力甚大。欲行此法，可購閲丁著《無藥療病法》。本編限於篇幅，不能詳載。呼吸時宜用鼻不宜用口，講堂中尤宜緊閉其口，黑板上粉屑飛揚，經鼻毛阻隔，不得入於肺中，切記切記。

（三）飲食（Food） 飲食宜清潔，尤宜單食。校中人多不能行單食之法。數人會食一席時，不宜談話，使唾沫飛濺食物中。羹匙杯箸之數，宜人各一具，能自備更佳。食品以饅首、生菜爲良，既省經費，且於衛生上有極大之利益。肉食者鄙，不可多食肉類。

(子)饅首　麥粉味甘，性温補，中國自古重視之。北方多麵食，居民體質率碩大强健，爲中華文化發源之區。西人善於衛生，喜食麵包，更信而有證。故吾人宜多食麵食，如饅首之類，不可專食米飯。此舉在京留學者尤易實行。

(丑)生菜　據動物學理研究，人類實非食肉者，以其齒不類於肉食動物也。蔬食主義已爲近人所倡道，吾人須試行之。蔬菜之屬，如白菜、芹菜、蘿葡、紫菜之類皆可，尤以生者爲良。日本學生常携冷飯生菜以充午餐，吾人或不能食冷飯，亦宜多食生菜。此種習慣在北方已屬常見，防疫時尤爲緊要。食品以菜之生者，能清熟解毒也。

(四)器用(Articles)　吾人所用之什物，宜清潔。室内棹椅須常拂拭，惟宜用濕布，不可用鷄毛帚，以免塵埃飛揚，空氣爲之不潔。日用之物如茶杯、嗽盂、手巾、調羹之類，須數日用沸水洗灌一次(加石炭酸數點更佳)，以資消毒。尤不可使人借用，蓋此種物件與人口鼻齒牙直接，病菌最易傳染。不得推車馬輕裘與朋友共之雅誼而施之於此也。在借者，亦宜自愛而愛人。

(按)關於傳染疾病，如瘧疾、赤痢、列那、肺結核、流行性感冒、百日咳等學校中患者最多，若於物質上衛生加之意，自可預防。

(附註)本編既以學校個人衛生標題，故於普通人之衛生，如五官衛生、齒牙衛生、腸胃衛生、生殖器衛生，并家庭衛生病時衛生，皆不載入。讀者如有志於此，請購丁福保所著之《醫學叢書》閲之，自能得其深邃。

(見《楚寶》一九一七年第一卷第四期)

限界效用之學説及其得失

今日經濟學中發議最煩者，非所謂價值起因乎。從來對此問題論者極多，約畧言之，可分八種：(一)通俗之效用説；(二)稀少性説；(三)獲得困難説；(四)生産費説；(五)再生産費説；(六)勞力説；(七)需要供給法則説；(八)限界效用説。

細繹右之八種學説：除第(一)(二)(三)(四)(五)(六)六種，皆偏於客觀方面，不足以説明價值起因外，(七)需要供給法則亦只能説明價值之變動，亦不能闡明價值之起因，皆不足研究；其中最爲人所樂道者，惟(八)限界效用説。

價值起因，必從左之两方面觀察之：

(一)主觀的；

(二)客觀的。

凡事皆須從主觀客觀两方面觀察以判是非，不獨價值爲然也。惟價值係人對於物之關係，其不能偏於一方面尤宜深信耳，所謂客觀者何？以價值發生之原因歸於物之性質，所謂物能是也。所謂主觀者何？以價值之發生原因，歸於人之慾望，所謂人慾是也。前者爲唯物論，後者爲唯心論。

限界效用説於者两原因中，慾望爲主，效用爲從：即以物之價值由人之慾望爲主，物之效用爲從，而定之者也。夫人之欲望因充足而減少，因未充足而增加，故對於一定之物一定之欲望，反比例於充者欲望之物，而對於同一之人之同一物，其價值亦反此例於物之分量，限界效用説，即闡明此理者也。

限界效用説，Marginal utility 亦譯爲邊際利用説，始於千八百七十年，英之瞻明斯 Jevons、德之柯塞 Gossen、奥之勉格之爾 Menger、瑞士之瓦路 Walras 不期而同對倡道者，其説校他説爲精，故不轉瞬而風靡各國之經濟學界，世界著名經濟學者，不宗之者蓋寡，普通經濟原論多述之。以其説明方法不同，復分二種：一最小效用説；一最終效用説。前者如波爾克氏主張之。後者如瞻明斯主張之。兹述之如左：

（一）波爾克氏 Bowerk 謂一種物之數分，同時充人欲望時，其限界部分之效用，即爲支配其他各部分之價值者，設如今有人同時取五合之水充用，而其時於各合之欲念各有差異：第一合以供飲料，第二合以供沐浴，第三合以供洗濯，第四合以供灌溉，第五合以供洒地，則此五合水之效用，因其對於人之用途有緩有急，不能相同。然吾人對於各合不能附以差別之價值，而必以與"存於限界之部分之最小效用"相同之價附於各合。何則？各部分之各合，皆同質同量，可以飲用，亦可以洒地，故無論失却何部分，其所感痛苦皆與失却效用較小之部分所感無異。因之同種物之數單位同時使用時，各單位之價值皆由其"存於限界部分之最小效用"而决也。是謂最小效用説。Das Kainote Nutzen。

（二）瞻明斯 Jevons 謂同種物之數單位，連續充人欲望之用時，則各單位之價值，由最後供用之部分之效用而定，蓋物之效用之昇降，與欲望之消長爲正比，而與其數量爲逆比。設如吾人每日消費之水共爲五合，均分爲五分；若減去最後之一合，吾人所感痛苦尚少；若減去第四合，則不快之感較甚；若減去第三合，則苦益甚；所減愈多，痛苦愈增，至其極，當瀕於渴死之境，故吾人對於全量五合中之各合欲望，由第一合以至第二合，循序增加，其各部分，則後部分較前部分所感之效用當較少。而最終之部分之效用，爲最小。是即物之效用與物之數量增加爲逆比之確證，而最終之效用則視其前存在物量之多少爲消長也，是謂最終效用説 Final utility。

限界效用説，與最終效用説，義意全同，惟前者爲空間之限界；後者爲時間之限界；前者所説爲種種欲念對於平面横列之同種物同時所感之平等效用，後者所説爲一種欲念對於垂線直續之同種物異時所感之差别價值。然雖一種欲念，異時則順位生；雖有種種欲念，同時則順位滅，故前説五單位若累積而數次使用之，則雖屬對於數種之欲望，而其間亦不能無順位，而最終之部分仍當感最小之效用，即後説之五單位，若横列而同時觀察之，則雖屬對於單一之欲望，而各順位之中仍自有界限部分之最小效用也。(見陳啟修先生《經濟學》三十七頁)由是二説可以一理明之。

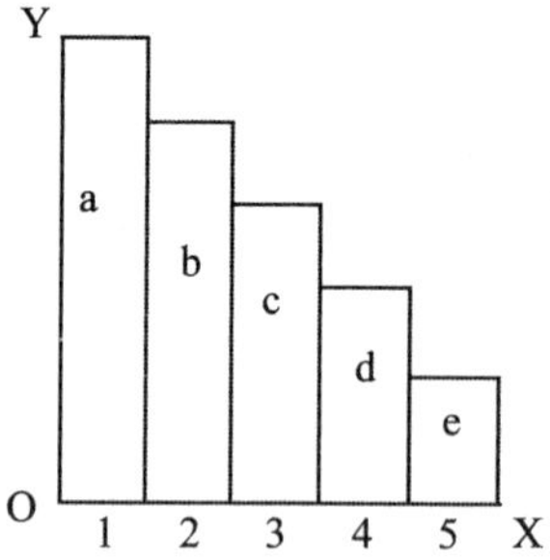

第一圖

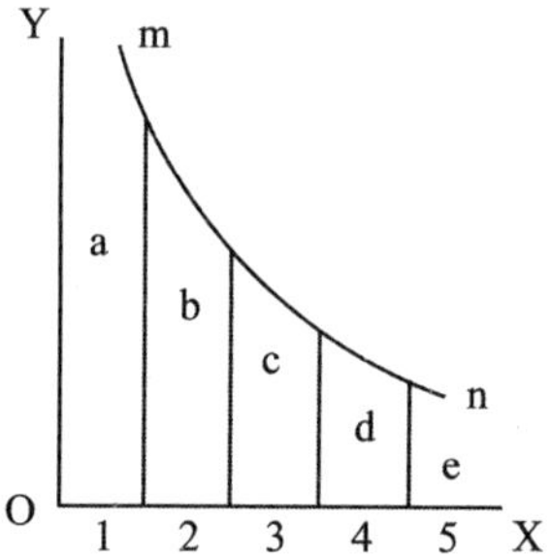

第二圖

如上第一圖 OX 表物之數量，OY 表人之欲望。仍取前舉水之例以證之，水之量若爲一合，僅足供其飲用，則其效用爲 a，面積甚大；次之若增其量爲二合，則欲得之心，不若第一合之切，其效用較小而爲 b；更加第三第四第五等合，則其欲得之心更爲淡然，故其效用爲 c 爲 d 爲 e 而漸次漸少，世稱者爲效用漸減之法則 Law of diminishing utility。因之若減之第五合之量，則所感痛苦最小。除去第四第三第二合，其痛苦依次較多。若更除去第一合，則飲料水亦形缺如，恐不能爲生矣。故吾人當只有一合水之時，以其效用之大，不惜重價求之。若再有二三四五等合，不過供沐浴等之用，必不願出前者所出之價以購之。若其量更增，則欲望已滿足，而水之在吾人，遂不覺其有何等之效用，遂亦無購求之價值。是故效用固非價值，而確能决定價值起因。

又上圖 abcde 各長方面積，乃就順序各部分之效用言之，所謂部分效用 Partial utility。若五合之水同時俱備，則各部分最小效用即可以之决定全部效用 Total utility（如圖 OYX 是）。蓋吾人若有五合之水，可任以一合以供飲料，非必用效用較大之第一合也。

惟物之效用不止爲五級，而每級中效用亦由大而小。由實際言之，凡物之效用由無數長方形依次遞降，而長方形彼此之間相差甚小。法幾何原則，應爲曲線表示之，如第二圖 mn 曲線，即所以表效用依次減少之限界。m 端最高，其不與表欲望 OY 線相接者，以表其效用無窮大，由此漸低，終至等於無用，必更求其他有用之物以代之。依上所說明，可得四種公例如下：

（一）人類對於同種物，其人慾爲有限者也；

（二）人類對於異種物，其人慾爲無限者也；

（三）一物之多量對於人類，其物能爲有限者也；

（四）一物之少量對於人類，其物能爲無限者也。

由第一公例言之，同種物爲數雖多，吾人需用則有限。酒以盡歡，食以充飢。同一酒也，貧者不減於富者所飲之量。同一食也，富者不加於貧者所食之量。當其既醉且飽也，亦不復欲之，故其用在知足。

由第二公例有之，物類繁富，不可數計，所用以充日常生活者，亦極繁夥；慾望既不可一日而足，斯取求即不能一時或已；熙熙攘攘者，何莫非爲滿足無限之人慾耶？故其用在勤奮。

由第三公例言之，一物之量雖多，而效用則有限。萬鍾之粟，千間之厦，亦不過日食三餐，夜眠一榻。當其有也，何必多藏？故其用在能散。

由第四公例言之，一物之量雖少，而效用則無窮。有物焉，得之則生，失之則死者，當斯時也，雖一粒一飯，半絲半縷，亦價重千金矣，豈可以其少而忽之哉？故其用在節儉。

統上四例觀之，知足取於人者寡，斯分配均平；勤奮力出於身者多，則生產豐富；能散貨，不藏於己，則交易繁多；節儉不暴殄天物，則消費適當；則是限界效用説，不獨明價值之起因，并立經濟之原則。且也知足乃不貪，勤奮足補過，能散可廣德，節儉能養廉。不貪，則廉斯養。補過，則德益崇。然則限界效用説又由經濟上價值而見倫理上價值矣。

謹按，淺見者嘗謂經濟以貨財爲中樞，重人慾，輕道德，殊有反乎倫理。不知倫理可以支配人間萬事，若無倫理，則人類幾乎息矣，經濟何由發展？愚方著《倫理與經濟》論文一篇，俟脱稿後，當登諸本報以與世人共商確之。(著者附録)

雖然，限界效用説亦不無缺點，茲述之如左：

(一) Utility 一語，從普通觀察之，係指有用 Useful 或有利 Benefit，究指物之本體抑作用，言之頗不明瞭，以通俗語之形，而代學術語之實，其不適當也可知。

(二)限界效用，僅能説明直接供人需要享樂財之價值。若生產財，由報酬漸加 Increasing return 之理言之，其量愈多，則效用愈大，似不能以者説明其價值也。

(三)限界效用説，含有稀少性，前已言之。然物之稀少，非絶對的，乃相對的，特以其增加較難，是以稀少也。然則增加困難也，不亦價值之起因乎？説者遺之，此其不滿人意志者也。

(四)限界效用有全部效用與部分效用。然如第一圖五合之水，其全部效用，是否等 abcde 五合長方面積相加，抑等於最後 e 面積與全量 OX 相乘？在心理學派則從前者，瞻明斯之説是也。算術派則從後者，波爾克之説是也。全部效用既莫衷一是，則價值之決定何所依據耶？

是故限界效用說，只能説明價值原因之一部分，而不能説明其全部。其所以能存立尚爲世人顛之不破者，特無最完全之説明出世耳。且以其就人慾明物能，由物能見人慾，彼世之厚封殖，長子孫，終歲勤動，何莫非爲此物能與人慾而犧牲？然則是説也，要可建經濟發達之基礎，又烏可忽乎哉？

（見《法政學報》一九一八年第六、七期）

報酬漸減與報酬漸增之原則及其例外

報酬漸減[①] Diminishing Return 與報酬漸增 Increasing Return 何由而起乎？起於生産額與生産費之比差也。生産額與生産費之比差，何由而成乎？成於經濟物之性質也。經濟物因生産費漸增，而比差漸小，曰報酬漸減。經濟物因生産費漸增，而比差大，曰報酬漸增。然則生産者之利益，在報酬漸減之物，抑在報酬漸增之物乎？曰生産者之利益固不在乎生産物報酬之增減，而在生産物費用之多寡。費用之多寡何由而定？定於報酬增減之原則。此生産者不可不注意也。

物之效用，有藉天然生産力者 Naturial Productiveness，有藉人工生産力者 Artificial Productiveness，有基於天然力而成於人工者，有變天然爲再生産者 Reproductiveness。物之生産費，有爲變動者 Varity，有爲固定者 Constent，有二者兼用之者。性質不同，結果亦異，而報酬漸減之原則伏於斯焉。物之基於天然力者，其産額必有限度；人力雖可使數量增高，然常爲天然力所束縛，其增高之數量不能比例於費用之多寡，此物之受内部壓力而報酬漸減者，也更有受外界的壓力促成報酬漸減者：物之數量變動，不僅其限界效用(一) Marginal Utility 變動，而限界費用 Marginal assets 亦變動；迫數量之變動者，需要也。需要少，直接使市場物量少，間接使限界費用亦少；需要多，直接使市場物量多，間接使限界費用亦多；是數量大，費用更大，而産額與費用之比量較小，而報酬漸減矣。

費用愈小，即成本愈小，而經價 Normal Value(一)以落；物量愈少，即供給愈少，而市價 Market Price 以起；於是每單位市價與經價之差大。

---

① 參見本報第六、七期合刊拙著《限界效用之學説及其得失》。

費用愈大，即成本愈大，而經價以起；物量愈多，即供給愈多，而市價以落；於是每單位市價與經價之差小。費用愈大，所成之差，與費用愈小，所成之差相比反小，此價值之比量，亦即報酬漸減之公例也。

顧或者謂報酬漸減乃由於限界下之生產者 Infra-marginal Producers，與限界生產者之技藝不精，不能克服天然力，故物之數量加至天然界限，雖費資本若干亦無再增若干，遂減爲報酬漸減之結果。不知此種物質在天然增加限以上，無論生產技藝若何精巧，决不能使其增加，與費用之增加成比例。與其謂報酬漸減爲限界下之生產者與限界生產者技藝不精之結果，無寧謂其由於物之限界增加性 Marginal increment 之結果也。此間定則，生產費增加之點，即報酬與其費用漸減之點也。

此種情形，大抵表現於農業、林業、鑛業之間。舉凡土脈之肥瘠，氣候之寒暖，時間之久暫，俱非人力所能轉移，皆能限制農林之產額。雖至良之田山，而生產之總額亦有限制，因之生產者投資用力，雖可於一定地方增加其產額，但不能與其成本成比例。如以值五元之肥料，施諸某田，正足以補土脈生產力之不足，於是可產穀伍石。每石值洋三元，共計十五元。此五元與十五元之比，爲一與三之比。此時生產者有三倍之利益。若以值七元之肥料投之，稍嫌過度，於是產穀六石。共值洋十八元。此七元再與十八元之比，爲一與二又七分之四。此時生產者僅有二倍又七分之四之利益。若再增其肥料，或反促產額減少。依同理，而林業狀況亦復如是。至若鑛產，乃數千百年聚積而成，壓伏於地中，斷非人工一時所能增加其量。若以一定之機器，一定之人工，開採榮鑛，可使其產額完全拙出。若再增加其機器與人工，亦不過拙出此產額，雖可減少其日數，然其比例之結果，仍較前者爲小。例如用值二十萬元之機器與一千人工，每日工資五角，採值一百萬元之鑛，共工資三萬元，合計生費二十三萬元，成本利息以月利五厘起算，共二千三百元，是總生產費爲二十三萬二千三百元矣。若用值四十萬元之機器，與两千人工，採此值百萬元之鑛，衹須一月。期間，其生產費按前法計算，爲四十三萬二千百五十元。縱鑛產早得一月有一月之利，然總所得亦不過一百萬零五千元。前者生產費與生產值之比爲一與四又二三二三分之七〇八，後者爲一與二又二八八一分之九三八，是後者之比小於前者，即報酬漸減之證。此報酬漸減之趨勢純爲天然力所促成，非人工所能制勝也。

兹將此種情形以圖説表明之如左：

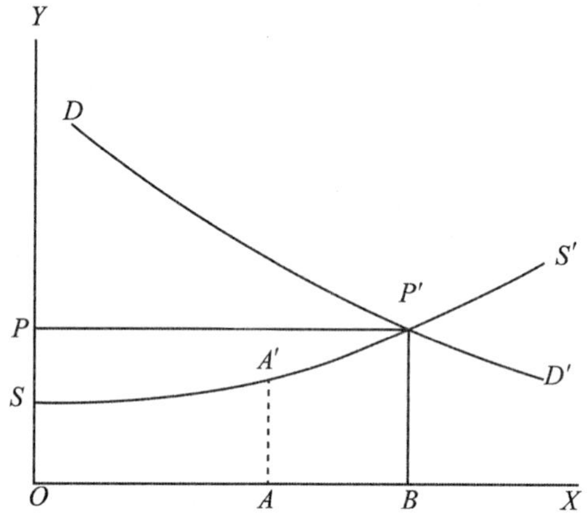

如上圖 *DD′*下降線表明需求趨向。*SS′*上昇線表明供給趨向。*OY* 表明生產費。*OX* 表明生產額。若生產費爲 *OS*，則生產額爲 *OA*，則每單位市價爲 *AA′*。*A′*點在供給線上 *SS′*，尚未交於需要線上 *DD′*。此求過於供，市價當高於經價，故 *AA′*長於 *OS*，乃生產最有利而報酬最大者也。惟因生產者競爭之結果，必各加其供給，至產額爲 *OB*，每單位市價爲 *BP′*。*BP′*乘 *OP*，爲總賣價，此時 *P′*點在 *SS′*線上，相交於 *DD′*，供求相應市價 *BP′*等於經價 *OP*，生產者僅保原本，無酬利益之可言。供不可再多，費亦不可再大，所謂限界生產表現，限界效用，洽與限界生產費相抵。若產額在比點以外，則限界效用減少，限界費用加多，市價反低於經價，生產者將受損矣。此報酬漸減之明證也。

若夫報酬漸增之狀況，則異於是，乃現於再生產或製造物與交通業。蓋一則經營此種事業必有一部固定費用 Constant Cost，此固定費用，製造一單位貨物，需費如此之多，製造十單位百單位千單位之貨物亦祇需費如此之多，故生産額愈多，而每單位所負生産費愈少，其報酬自然增加。例如，以萬元購買織布機器，織一疋需此機器，織兩疋亦需此機器，以至千萬疋亦需此機器。以萬疋除萬元則每疋所擔之費，與一疋除萬元每疋所担之費，相差懸殊。而一疋之總價，與萬疋之總價相差懸殊。兩兩相較，雖尚有一部變動費隨之增多，然其生産額愈多，分擔費愈少，而報酬愈增，已顯而易見矣。又如，建築萬里之鐵路，以十列車運貨經此鐵路，二十列車運貨亦經此鐵路；而此鐵路又可經過列車十次，百次，千萬次，雖運費次數及運貨量之增多爲正比，然鐵路之建築費仍如故。以之分擔，自然貨量愈多，每單位所擔之費愈少，貨量愈多運費收入總額自隨之增多，兩兩相較，亦是報酬漸增也。

再則此種小業純係人工作成，毫不爲天然力所制限，自可設種種方法得所欲得之大宗生産，并使多之單位分擔之費反小也。因之，此種經濟處理之方法，可分兩方面説明之：一曰外界的經濟 External Economies，二曰内界的經濟 Internal Economies。報酬漸增率之大，視乎此兩種經濟處理之完善與否。以定生産者不可不注意也。

所謂處理外界經濟方法；一方在使固定費減少；一方促成附屬營業發達，而使主要營業得其援助。如紡織廠多，所需機器亦愈多。使各能自製機器，則得此機器之費與經價等，較之購之於市場所費寡矣。但本地如無製此機器之原料，而必欲得諸遠方，反不若購成器之爲賤也。蓋該器原料之容積與重量必較該器爲大，運費亦必隨之增多，製就後計算價格，未必賤於購買成器，或反較昂貴也。又如萬噸之船一隻，與造五千噸之船兩隻，比較其費用，前者爲輕。因無論船身大小如何，其方針錨鍊杭輪，軸樞，機器，及其他附件數目相同，不過其形體較小，所少之費自不能與船身容積成比例。故製造以上所云之器械必須成本小則出貨多而報酬漸增率大。又如開一織布廠，則紡紗軋綿，製造紡織機械諸實業均連帶而興，使實業集中，社會經濟狀況自呈活動，即社會間報酬漸增也。

所謂處理内界經濟者，即人工之分配，技藝之求精，原料品之選擇，機器之發明，產物程式之改良是也，否則浪費工資，毀棄原料，製造緩慢，物產粗陋，决難高價而沽，報酬將不能增矣。

茲更以圖説表明斯理如次。

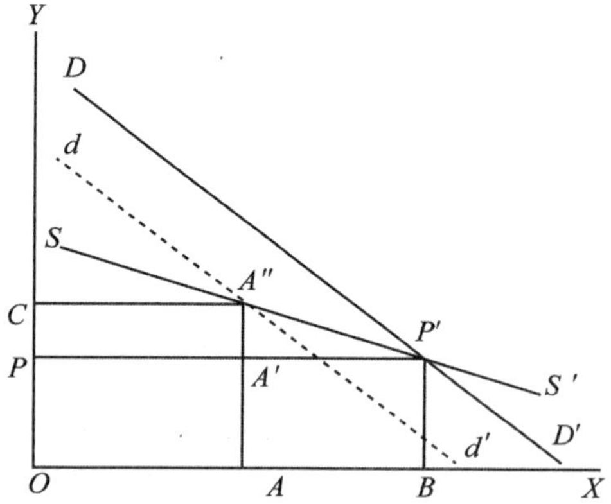

上圖 OY 表明生產費。OX 表明生產額。SS' 表明供給情形。$D'D$ 表明需要情形。$S'S$ 與 $D'D$ 相交 P 點，此即供求相應點。PB 爲賣價，OB 爲生產額。OP 爲每單位生產費。設使需要降下，如 dd' 則供給不能不減少爲 OA，賣價爲 AA'，每單位生產費爲 OC。此線高於 OP，即每單位生產費大於前。如以算式表之，其理更明，如 $\frac{OC}{OA}>\frac{OP}{OB}$，但 AA'' 市價大於 BP'，前者賣價爲 $OBP'P$，後者總價爲 $OAA'C$；前者因生產額 OB 大於 OA，相差爲 AB，其差之總所得爲 $ABP'A$，後者因市價 AA'' 高於 BP，相差爲 AA'，其差之總得爲 $PA'A''C$，查圖中前者之差 $AB'P'A$ 大於後者之差 $PA'A''C'$，顯而易見，此即表示報酬漸增也。

報酬漸減與報酬增，雖有一定原則，然因地因時因四週情形不同，亦有例外焉。如交通如地方，貨物便於運輸，則他方之需要實能影響於出產地。即就農業而論，當收穫時所得之穀恰與本地需要相應，後因他方飢荒，來此運輸穀類，則穀價自高。一畝之田產穀四石，前每石十元者，今漲至十五元矣，是一畝之收獲，就全額言之，前爲四十元，今爲六十元，是較前者有二十元之增加矣。依同理，林業亦然。至於礦業，就一單位言，則爲報酬漸減，就两單位比較言，則爲報酬漸增。何也？蓋以四十萬元之機器開一小礦，需此機器；開一大礦，亦需此機器，不過變動費隨之而增加，此固定費仍如故，與工業相似，故報酬亦可漸增。

再工業、交通業，亦有時報酬漸減。如於交通不發達地方建一工場，製造物雖多，難於運往他處，於是停滯，市價以落，生產者將蒙大損失矣。又如窮鄉僻壤建築鐵道，車數雖多，無貨可運，旅客亦乏其人，則交通業亦蒙大損失矣。

今將此種情形以圖説表明之如次：

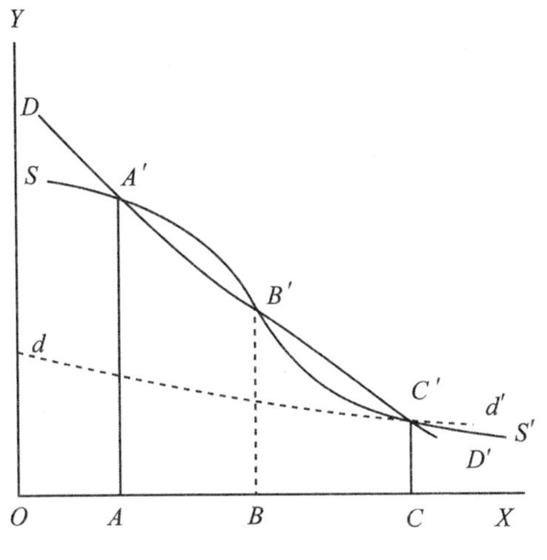

如上圖，SS'爲供給線，與需要線 $D'D$ 先交於 A'，再交於 B'於 C'，$A'C'$爲平衡點，B'非平衡點，特供求適相應耳。在 B'點以外，需要線高於供給線；需要價 Demend Price 高於供給價 Supply Price，B 點以上生産額之增加，實利於生産者，以貨物之量在 BC 之間，其售出之價可以高於生産費故也。C 又爲平衡點，自 C'以外即供給價高於需要價，而 C 以外供給之增加，將於生産者不利。故 A'與 C'可稱爲平衡點，此種平衡點在理想上其數蓋不可紀極云。

但此供給線 $S'S$ 之急切變動，不若供給線 $S'S$ 和緩遞變之爲常見也。此種情形，當現在市場生產時代多見之。蓋各地供求情形不同，忽然聚集於一市場，而生產者因競爭之結果，忽焉增加其供給，忽減少其供給，遂釀成變動不常之狀態，而報酬或增或減亦非一時所能顧及也。

由報酬漸減之理言之，天行勝人治也。由報酬漸增之理言之，人治勝天行也。經濟行爲亦天演之一種，學者論理，當從两方面觀之。若偏於一方，不曰"人治定可勝天行"，必曰"天行終當勝人治"。生產要素雖有三，然大别可分爲二，即天然、人力是也。土地屬於前者，勞力資本屬於後者。生產之以土地爲主，勞力資本爲從者，常呈報酬漸減之景象。生產之以資本勞力爲主，土地爲從者，常收報酬漸增之結果。惟生產以消費爲目的，與需要有密切之關係，故報酬增減之程度，須合供求而計算。又生產須兼天然人力，故增減常有例外。因之人治有時可勝天行，天行有時亦可勝人治。今日科學發達，天然之限制多爲人力所解除。將來人事日進，人治或竟能勝天行，永無酬報漸減之事，亦未可知。此乃屬於哲理範圍，非本篇所宜詳。但由經濟上之原則，而見天演之公例，想亦治斯學者所樂研究也。

（見《法政學報》一九一九年第一卷第十期）

評斯密亞丹租稅原則

斯密亞丹言財政之書，莫詳於《原富》。是書出版於一七七六年，風行一時，至今在財政學史上猶占重要位置焉。第五篇 Wealth of Nation 之論租稅也，曾揭四例，以爲租稅之原則；其辭甚辯，後來言財政者多宗之。竊以爲猶有未當焉。何也？蓋斯氏之四原則，標題非不善也，但解釋上有欠當耳；且租稅之原則，尚有不止於此者，而斯氏遺之，未始非缺憾也。玆爲論之如左。

斯氏第一原則爲“平”。其言曰：“稅因民力，凡民出稅以供國用，其上加征之時，必求與諸色民出稅之能力有比例。夫有比誠難矣，然征者不可不以此爲正鵠。”又曰：“民有能否之差，而所生之財以異，能優者所生財多，能劣者所生財寡；多寡之財，皆爲國家之所保而後有以享之。今其稅之也，亦以是爲之差；是故蒙保深者，出多稅，蒙保淺者，出少稅，至公之道也。稅用此例者，謂之平，違此例，謂之不平。”

右說“平等”爲征收租稅者所必遵守之原則，固矣。然謂凡稅必視民力，驟聞其言，蓋理之公且明莫過此者，設嚴析之，則斯氏所謂力者，果何解乎？以力爲任稅之能歟？則人將謂斯氏之旨，謂稅以産業之多寡爲差，此昔者差級稅所行而獘滋者也。將以力爲享用之等歟？則守財虜理宜免稅。何則？彼未嘗以財奉其生，其享用固最少也。又謂蒙保深者，出多稅，蒙保淺者，出少稅，余亦有所疑焉。夫所謂保者，將指保護個人而言，抑指保護個人財産而言？若指個人，則疲癃殘疾，鰥寡孤獨，國家所保最深，則此等人必重賦之，事實情理，兩有不能，余有以知其必不然矣。若指個人財産，則蒙保深者財産多，財産多者，賦稅重，又當然之結果。與其以人爲標準，不如以財爲標準尚覺明了。

斯氏之第二原則爲“信”。其言曰：“稅必以信，信於時，信於多寡，信於疏數，上既定一税之令矣，國之民所必供而不免。”

右説税民以信。夫信乃一定不易之意，一定不易，固一般行政之箴言，然而租税則不必如是也，何則？人民所處之地，非盡相同，火山之爆發，河水之泛濫，以及地震陸沉，旱乾水溢等事，皆足以使人民頃刻間由富豪變爲貧窮。此猶言其不動産也，其動産中貨物之損失，資本之倒閉，莫不如此。又加以疾病之侵襲，皆能使人民無力納税。是故國家征税，一方爲普及的規定，一方又爲例外之規定，凡天災人患，力不能納税，皆將臨時分别減收免收緩收。今其言曰，“上既定一賦之令矣，國之民所必供而不能免”，信則信矣，無如其實際不公平何。

斯氏之第三原則爲“便”。其言曰：“税必便民，征收之時，輸納之法，皆當以最便出税之民爲祈嚮。故田租之税，宜征於登場納稼之時，屋租之税，宜收於賃者納贄之時，如是則事豫，民之從税也輕。饒而非需之貨，國家税之，則出税必銷用此貨者，其税陰行於物價之中，購貨之時，即納税之頃。”

右説征收之時，輸納之法，皆當以最便於出税之民爲祈嚮，信然。惟所謂屋租之税，宜收於賃者納贄之時，不知賃者納贄，究有一定之時期否？既不能如禾稼有天然之限制，又難以法律爲人物之規定，納贄之期，必讓人民自由契約，無論何時皆可，而國家征收房税之時期，將以何者爲標準？又云：“饒而非需之貨，國家税之，則出税必銷用此貨者。”此亦未深思也。夫租税能由納税者轉嫁於他人，固也。然此乃順轉，若夫逆轉，在納税人原欲轉其負擔於他人，無如因事實上困難，復歸於納税之人。如征税於賣貨人，則賣貨人，高其價，藉以轉嫁於買貨人，而買貨人或以價高而不買，久之賣主仍當減價出售，其税租仍歸着於納税人。此在奢侈品爲尤易見，蓋奢侈品，爲饒而非需之貨，苟買主競爭力强，而能暫時不買，則不能轉嫁。孔阿特有言：“轉嫁者，權力問題也，如其抵抗力甚强，則轉嫁必生困難。轉嫁，亦時機問題也，如時機不合，不獨轉嫁失敗，原有資本，且不可保。”蓋無論納税者或受轉嫁者，苟欲向前方轉嫁時，非有極强之權力，及相當之時機，鮮有不逆轉而身受者。彼斯氏者，蓋只知租税之順轉，而不知其逆轉，知其一不知其二，此持論所以有未當也。

斯氏之第四原則爲“覈”。其言曰：“税必覈實，國之所收，與民之所出，必使相等。不覈之税，往往民之所出多而國之所收者寡。”

右説税必覈實，固爲正當之論。然謂國之所收與民之所出必使相等，不知收入之計算，指純收入，抑指總收入？蓋國家收入之計算，有就中除去手續費者，有否者。其除去手續費者，决不能與民所出相等，斯氏未分别言之。又收税之方法，有包收制，派收制，自收制。包收之不善，固不能爲之諱；派收制在於古代國家行政幼稚，中央權力微弱，往往適用之；若夫自收制，乃現在各國普通收税之法，即國家令官吏依法直接征收之也。然爲獎勵下級官吏忠實廉潔起見，常提出其收入之一部，以爲其俸給外之報酬，如是，則國之所收，必使與民之所出相等，事實上恐有所不能。

統以上四説觀之，斯氏四原則解釋上多不合於實際，斯乃論理學派，專重惟理，而不顧歷史上之事實，故其持論不適於實在之情勢。且斯氏之言學也，重民而輕國夫，重民非不善也，無如租税以國家爲前題，若輕國，則有不必征收者。

考向來租税之定義，學説極多，而以犧牲説，分擔説，爲最占勢力。兹爲介紹於左。

(一)犧牲説　此説謂租税乃强制的犧牲，國民僅依對於國家之絶對服從義務，以自己供國家之犧牲而已。德之瓦格拉，孔納德，夏勒，休德格雷，英之巴斯特布，等皆如是主張也。

(二)分擔説　此説以租税爲對於共同費用爲共同負擔，國家既爲一般行政支付費用，國民即有分擔之義務，法之波利冶，意之哥沙，法之洛歇耳，美之亞當母斯，等皆如是主張也。

第一説以民爲輕，第二説以國爲重，合而言之，租税以民爲輕，以國爲重者也。人民既有組織國家之必要，斯租税不能不以人民爲犧牲。申言之，租税目的在供國家費用，當以國爲重也。因此而有租税目的之原則。此原則，亦稱財政上之原則，又分二項：

(一)須充分收入　租税收入，所以充國家之用，必量入爲出，故每會計年度内，必須滿足國家必要之費用。其收入之數，宜比他種收入爲多，苟有必要之用途，雖以民爲犧牲可也。

(二)須有伸縮力　租税之收入，每年須有增減之力。大抵間接税之屈伸力較直接税爲强，消費税其最著者也。若就直接税言之，日本所得税有屈伸力，土地税則否。蓋從前土地税，本因地價而定，近來地價漲落，相去懸殊，雖有人提議修正，究屬煩屑難行，不若所得税，之可隨時審查其所得而量爲增減也。彼斯氏之信於多寡，則大反此原則者也。

不第此也，租税之起因，固在有國家，然爲維持國家永久安寧起見，又常根據於社會政策。政策維何？即平等主義是也。雖然，此所謂平等，與斯氏不同，即形式實際莫不公平也，例如課人頭税，人納一元，形式上極公平也，然人有老幼貴賤貧富之不同，實際仍未平等也；是必求納税者之身分適合税額之程度而後可。又如以個人之財產定資力之强弱，以爲課税之標準，形式上極公平也，然使甲乙財產相等，甲富於轉運，乙僅恃固定之利子，則其納税資力有大小矣，實際上仍未平等也，且僅以財產爲標準，則凡個人以勞心勞力所得之利益，概置之租税範圍以外，不亦太狹乎？是此法，亦不完善也，由是以觀，欲爲平等之賦課，不可不以個人之所得定資力之强弱。但計算其所得，係合其全體乎？抑别有方法乎？此則根據於社會政策者所當研究者，其法有四，玆舉之於左。

(甲)須除去生計最少費；

(乙)須用累進税主義；

(丙)財產所得課税須重；

(丁)斟酌各人之情事，分别課税之厚薄。

右之(甲)(丁)两方法，乃根據於生活必要之理由，使勞動者得以減税，或免税。(乙)(丙)两方法，所以防地主資本家之專横，廩禁於征之意也。斯氏昧於此原則，故其説渾而未明，後世學者迷於斯氏比例之説，至有以右之四方法爲有背於租税之原則，此余所爲慨嘆者也。

此外尚有所謂經濟上之原則，此原則分二項：

(一)慎選税源；

(二)對於各税之結果及真正納税人而選擇。

右之二義，皆所以使租税對於經濟上之生産交易消費無所損害，如消費税之當注意，以免生産者與販賣者有不便，關税之當注意，以免商業之動搖是也。斯氏對於此點，亦未言及，實其缺點也。

總之斯氏爲社會學派，以民爲貴，以國爲輕，故對於租税着眼處，全在於人民方面，而不知租税爲國家而征收，當以國爲重也。斯氏承重農學派之餘緒，不以商業爲重，故於經濟上之原則亦復盲然。斯氏爲論理學派故所陳述多不合於事實，此其失也。

雖然，斯氏之論經濟也，以爲社會學之一部，前夫此有道德論，後夫此有法律論，未成而没，非純以社會學演財政學也。且《原富》一書，本爲救弊而作，全書精神全在破除重商之策，其立論自社會全體觀察財之原理，置經濟學於適當之位置，其言雖多疏略，其大體固無可議者。又斯氏立言，歸納與演繹并用，不徒尚通論，後來歷史派經濟學者，於英國學派理嘉圖攻擊不遺餘力，而於斯氏則多恕詞，以此。况租税原則之論，彼亦自云“其理甚顯，其用甚宏，然試取古今諸國之税列而勘之，將見法有所窮，意有所忽，識有所不至，患有所不祛，求其適合於四原則，蓋絶無而僅有。”則是斯氏，尚有自知之明也。

(見《法政學報》一九一九年週年紀念期)

近世經濟思想之變遷

經濟行爲足以促進經濟思想，經濟思想又足以支配經濟行爲。中世以前，經濟行爲簡單，經濟思想亦乏進步，近世以來，經濟行爲千變萬化，經濟思想，亦日新月異。惟以思想能支配行爲，故一種思想之發生，必有其前因後果之關係，影響於經濟界者甚鉅，不可不辨。經濟行爲大别爲四：即消費，分配，交易，生産，是也。而生産要素又分爲三：一土地，二勞力，三資本。歷代研究經濟者，因觀察點不同，於此數者中，常有所偏重焉，惟其有所偏重，故對於偏重方面，所發之問題，獨多，而經濟學説，經濟政策，亦因是而不同。上古，中古，經濟思想，於後世經濟行爲無大影響者，姑不具論，兹就近世濟學派，考其思想之變遷，以供學者參考。

重商主義　當十七十八两世紀間，乃重商主義最盛之時代。在此時代，國家觀念漸興，已由物物交换時代，進而爲貨幣交换時代，故重視貨幣，以吸收貨幣爲致富之方法，奬勵商業，於國際貿易則注重收入，而禁止輸出；於國内貿易，則主張自由；於經濟行爲，則重在交易；於生産要素，則重在資本；而資本中又以流動資本如貨幣爲尤要，以有貨幣，其他一切之物，皆可取而得之也。又以經濟之發達，必賴國家强力以盾其後，主張干涉政策，此蓋去古未遠，故有此思想也。

重農主義　此派學者，承重商主義之弊，頗有世界眼光，視國家如個人，非彼此互通往來，不足以盡交易之能事。每痛詆國際貿易上輸出國得則輸入國失之非，必國與國組成大經濟團體，於經濟行爲則注重生産，以爲文明之進步，社會之幸福，視純生産量之如何以判定。此派思想家，又以社會分爲地主，借地人，商工業者，爲三階級，地主在社會上占最高地位。於生産要素，重視土地，以農業爲真正生産，工業僅屬加工製造，商業僅司轉運，均不能謂之生産。又以經濟現象，受自然法之支配，個人財産，居於神聖地位，政府絲毫不得侵犯之。勞力必放任於個人自由之意思。政府於貿易之自由競爭之自由，必爲保護，故主張個人自由，排斥國家一切干涉。

正統學派　當此時代，工場制度方興，惟工場須有雄厚之資本，故此派學者重視資本，以爲國家殷富，源於資本之發達，袒護資本家，及地主，專注生産事業，而置消費人利害於不顧。鼓吹自由放任主義，以個人之利己心，爲支配經濟最大之法理，任人以利己心自由行動，自由競爭之結果。可以增進一般之利益，於生産要素，重視勞力，以爲生産之方法，雖分農工商，然其爲事，皆以勞力爲主，蓋以演繹法研究經濟也。此派學者思想本淵源於重農學派，然於重農學派商工非生産之謬説，則不以爲然，凡依於人之勞動而增加財之價值者，皆爲生産，故商工業與農業同爲生産，而商工業在經濟上較農業尤爲有益，與重商主義之思想尤爲接近，是此派思想蓋調和於二者之間者也。

歷史學派　反對正統學派者爲歷史學派。此派思想家以爲經濟理法，非空談所可得，必根據於歷史上之事實；演繹法不可持，必注重於歸納法；世無絶對的經濟政策，惟相對者則有之；要當隨時制宜，因地制宜，故一方主張自由，一方主張干涉。又以經濟社會爲有機體，然過於重視國家觀念，往往以國家之名義，壓迫個人之利益，仍不免囿於局部觀念也。

極端社會主義　自英國自由派個人主義的經濟的思想風靡一世之後，資本主義勢力頓增，富者益富，貧者益貧，下層社會不堪其苦，於是社會主義思想出焉。又分二派：一集産主義，即産業爲衆所集有，個人各售所能，各取所值，交易之事不廢，然分配，可以平均。一共産主義，即産業爲衆所共有，個人各盡所能，各取所需，消費者，即生産者，交易之事廢然後分配之事可以平均。此二派思想家，皆以經濟思想不當限於理法之研究，且宜兼及理法之是否合乎道德，合者取之，不合者棄之，以大多數幸福爲前題，經濟倫理之説，自此始。其取演繹的研究，又遷於正統學派也。社會主義之思想發生於近數十年間，惟歐戰以前，國家觀念較重，有國者，懼社會主義之實現，將由經濟問題，牽及於政治問題，極力防止，近自俄國革命以來，此思想瀰漫全球，俄之勞農政府，即集產社會主義思想之表現，其他各國多謀社會革命，其所以促進歐洲和議者，社會主義，殆與有力焉。

社會改良主義　此派思想家，以社會主義對於現時的經濟組織，謀根本推翻，恐擾亂社會秩序。認自由競爭與私有財産，爲發達經濟之要素，只可去泰去甚，不可完全除去。其政策一方限制資本家之强權，一方扶勞動者之無告，使二者漸趨於平等。又分三派：一國家社會主義，二基督教社會主義，三共同責任主義(Solidarity)。國家社會主義，以國家之權力爲主，而圖社會改良；基督教社會主義者，本基督教之教義，以圖現在社會之改良；共同責任主義以個人任意團結共同負責爲主，而圖現社會之改良。吾人所研究之社會政策，即國家社會主義之政策，在以國家應有之權力制定相當之法律，對於以自由競爭，及私有財産，爲原則之現社會，思以維持，爲宗旨，而圖社會問題之解决者也。社會改良主義思想家，於經濟理法，經濟倫理，經濟歷史之外，尚主張研究經濟哲學，以爲宇宙間各種事物，除去表面上之價值外，必有其根本上存在之理由，經濟現象，必須明此種理由後，始能真正解釋而不誤。

以上各種思想之變遷，或出於反對，或由於調和，要皆爲補偏救弊而起。重農主義乃反對重商主義，正統學派從而調和其間焉。殆歷史學派興，又爲正統之敵，後之極端社會主義，欲於現社會之組織改弦而更張之，蓋深惡正統歷史二派之爭執，而以自由干涉，均非根本上之解决，故有此思想。至於社會改良主義，則又屬反對極端社會主義者。玆將變遷之順序，以圖表明之如左。

由上圖觀之，社會改良主義，殆爲最近之經濟思想，即經濟學者所謂比較的良好經濟政策。此派思想家，意在一方加自由競爭與私有財産以限制，一方又爲勞動保護之舉。然人之好利，誰不如我，既許私有權之存在，即不能限制自由競爭，德之於加特爾，美之於托拉斯，何嘗不

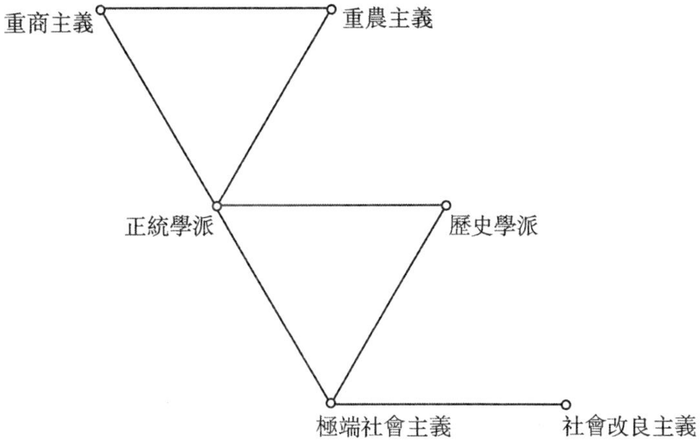

爲種種限制，然其競爭自若也雖非獨占之事業，亦互相聯合而爲獨占。既不能限制競爭，則勞動保護亦有難言者。且現今大企業家懼勞動者之反抗，方欲互相結合，以與消費者競利，則遺害於社會更大，是社會改良主義，亦非盡善盡美之策。雖然，思想之變遷累，進不已，既如上圖，焉知將來不有更精當之思想出以解決經濟問題耶?

（見《法政學報》一九一九年第一卷第十二期）

經濟哲學

緒　　論

什麼是經濟哲學哩？我的界説是：

經濟哲學，就是研究社會上實際的，需要的，經濟組織的，原理的學問。無論什麼時代，什麼地方的社會，是都不能没有種種經濟組織的；雖然這種種的經濟組織，都是對於什麼時代，什麼地方的社會上種種需要而發生的，因此照形式上看起來，簡直的千差萬别，但是實際上他們的原理是只有一個的。

那麽經濟組織的原理，既然是只有一個；這經濟哲學唯一的標準，也當然就是指着這一個了。但是一般經濟學者，對於我這個話就有二個很大的誤解：

第一科學的經濟學家説：唯一的經濟組織的原理，是哲學家騙人的；實際上這個是没有的。他們這種主張，雖然不免於謬誤；却是也很有科學的根據。他們説：種種經濟組織，都是很有價值的；但是這個地方的，搬到那個地方去；這個時代的，搬到那個時代去；就不發生功效了。現在的經濟組織，不是説他根據個人主義的原理而來的麽？但是歐洲十八世紀與十九世紀之交的社會狀况，實在是很需要的，那時代的學者不過受了這個社會的暗射，被他們把這個影子叫出來罷了。這個原理在那個時代是可以有唯一的原理的價值的，但是到了現在却怎麽樣哩？

第二玄學的經濟學家説：唯一的經濟組織的原理是有的；但是我們要知道他，須得靠着我們的想像力；這種種社會上經濟組織的經驗，都是迷惑我們的武器。這個他們也有根據的，他們覺得現在的經濟組織，使得他們的生活很煩悶，因此他們就想完全推翻了他別創一個新的；其實這新的是理想的，虚僞的，絶對的辦不到的。所以他們講的原理，實在是太玄妙得不可思議了。

科學的經濟學家看輕了學理的勢力，自然是很大的謬誤；但是他們搜羅的材料，很可以供給我們的參考。玄學的經濟學家隨便亂説只顧好聽，一點兒也不合實際，這是最没有效用的。

我們承認原理是有的，但是這原理有两個條件：

(A)根據社會上實際的困難；

(B)解决社會上實際的困難。

因爲一個原理，他的真正的意思，是他到社會的實際上發生的影響，簡單的説，就是他的效果。但是他爲什麼原故能夠發生效果呢？這要問他的根據怎麼樣。讀者諸君知道人類的性質，是各個人同時感着各種各種的現象不便利了，於是乎就發生了各種各種的組織；最後又感着各種各種的組織，不便利了，於是乎就發生了各種各種的原理。因爲如此，所以某種組織，是要根據某種現象的；某種原理，又是要根據某種組織的。要是某種組織，没有根據某種覺着不便利的社會現象；某種原理，没有根據某種覺着不便利的社會組織；那麼這種組織，這種原理，是對於人生實際上絲毫没有意味的；我們要這種組織，這種原理幹什麼呢？

照上面所説的道理，就知道研究社會上經濟組織的原理，是爲着經濟組織在社會上發生了許多許多的缺點；我們要想彌補這許多許多的缺點，就不得不從四方面着想：

(A)社會上爲什麼原故發生經濟組織哩？

(B)社會上的經濟組織，應該根據什麼條件，才真正恰對社會上爲什麼發生經濟組織的原故哩？

(C)現在的經濟組織，怎麼樣不適合於社會上需要哩？

(D)現在的經濟組織，他所根據的條件，怎麼樣的謬誤哩？

這四個問題，都是我們研究這個社會上經濟組織的原理的，所當特别注意的，至於詳細的討論，不是緒論裏可以講的，等到後面再説罷。

我已經説明原理的必要，和原理認識的條件了。但我又已經説過原理是只有一個的，不過這一句話，在現在很不容易談。我在這裏要預先聲明的，是我的説明，限於我個人的觀察和實驗得來的結果，究竟這觀察和實驗有没有謬誤，我自家是不能知道的，這很希望讀者諸君的指教。

現在研究經濟哲學的有許多學派：

有的主張就一個時代，或一個地方的經濟組織的原理，爲他們的對象的。他們把時間空間劃分得太嚴格了。他們以爲種種原理，都是假設；這種種假設，都是曾經發生了效果的；他們爲舊原理在舊時代的某地方，與新原理在新時代的某地方，其價值完全相等；就硬把新舊原理、没有優劣没有貫通的地方了。從效果方面想，是可以説得過去的。但是他們根本上的謬誤由於在實際上不知道人類社會，是合全時全地而成爲一體的，幼年時代的思想，支配幼年時代的環境，也是可以發生效力的；但是難道可以説幼年時代的思想，和中年時代，老年時代的思想，能夠有同一的價值麽？這個話實在是太不通了。人類社會，也是以原始到終了爲一個全體的：原始時代的原理，支配原始時代的環境，也是可以發生效力的；但是可以説原始時代的原理，可以和終了時代的原理的價值完全相等麽？人類經歷的時期愈長，則經驗愈多，知識愈富；——和個人是一樣的。——雖進化不必是一天定比一天强似的，儘管還有退化的段落；但是經過了一次退化，我們就再不問那個方向是了，我們文明進化上是很有造化的了。無論如何，人類的趨向，總是朝着一個原理走；這個原理我們雖然不知道，也并不足證明原理就是没有的。——因爲我們知道我們的知識是很有限的。

這麽我們研究經濟哲學的，雖不能説我們説的原理就是真的；但總是朝真的方面走，也是不用否認了。既然這麽我就敢毅然决然道，社會上經濟組織的原理，是只有一個的。

但是經濟裏邊，有生産；有交易；有分配；有消費；我們研究經濟哲學的，還是專就某種特定事項去研究哩？還是就一般的事項與以一般的解説哩？從前的多注重生産方面，現在又多注重分配方面；其實經濟哲學，當然屬於一般的解答的。

前面的話説了許多，現在可以總括几句話，以完結我的這篇緒論。

經濟哲學，就是研究社會上經濟組織的原理的學問。

這原理是只有一個的；并且這一個是一般經濟現象適用的。

研究這原理的方法：

第一，就是根據。——根據社會上實際的困難。

第二，就是效果。——解決社會上實際的困難。

對於第一當注意之點，就是：

(A)社會上爲什麽原故發生經濟組織哩？

(B)現在的經濟組織，怎麽樣與社會上爲什麽發生經濟組織的原故相衝突哩？

對於第二當注意之點，就是：

(A)社會上的經濟組織，應該根據什麽條件纔對哩？

(B)現在的經濟組織，他所根據的條件是怎麽樣的謬誤哩？

以上諸種問題解决，斷不是一刻辦得了的，甚願與同志過細兒去研究他。

（見《法政學報》一九一九年第二卷第一期）

名辭的起源和性質

原人時代的人類，智識混沌，對於一切事物，不但無適當的名稱，并且無明瞭的印象，到了人類進步，智識漸漸發達，對於一切事物，覺得有種種的印象。時常起於意識之中，隨後就構成了種種事物的概念，作爲默誌事物的標誌。但是概念是抽象的，若是没有一種聲音或形式的符號來代表他，那就在自己一方面，就不便於記憶，對於他人方面，又無方法傳達。於是因需要的逼迫，乃創立種種名辭，宣之於口，筆之於書，所以名辭的所由起，原來就是概念的所由成。

但是以前的邏輯學家，尚有名意名物的爭論。主張名意的，他説名辭是代表意思的(意思就是概念)。例如對人説我手中有一個石子，這個石子的名稱，粗講起來，彷佛就是代表手中拿的那個石子，其實仍是代表意想中的一個石子。何以故呢？因爲石子原有許多的性質，或赤圓，或堅白，假如去了這些性質，便不能叫作石子，而這些性質的綜合，單靠意思的作用，所以名辭確是名意的。

主張名物的，他説名辭是代表事物的。例如對人説：太陽出了天就亮了，這個太陽的名辭，確是代表天上放光的日球，并不是單指意思中，衆陽之宗的一個虛空意象。何以故呢？因爲意思中太陽，不但叫人難以領悟，而且實際上，他没有使宇宙光明的能力，所以名辭確是名物的。

以上兩派的主張，都有獨到之處，却都有可駁的地方。假名辭就是名意的，换句話説，就是没有那種事物的概念，講那個事物的名辭，那麼兒童學語識字的時候，當父母或教師的，先教事物的名稱呢？抑是先解事物的意義呢？至于拿實物和標本指示兒童，這是先教他知道事物的名稱，然後才能漸漸使他明瞭意義。所以名辭，就是名意的主張，實非篤論。假如説名辭就是名物的，换一句話説，就是没有那一件實在的事物，便不能單提意象中的名辭，那麼去年今日，明日黄花，都是不存在的事實，爲什麼還可以拿來應用呢？就是當前的事物，以時間的遞嬗，意識的流傳，所詣俯仰之間，皆爲陳迹。幸賴意象保存于心，不致於如風影之難以捕捉，而名辭乃有所附麗，所以名辭就是名物的主張，也是謬見。

就我的意見看起來，名物名意之爭，全由於主觀觀察之不同，討論名辭的根本所由來，自然是無事物，不能妄立名字；考究名辭的創造所由起，倘是意中無物，口内便不會有名，若單就客觀的關係説起來，事物、概念、名辭三者，實爲同物而異名，在宇宙間爲事物，在心意中爲概念，在口耳中爲名辭，合之仍爲一物，彷彿聖一體，彷彿三角形之三邊，所以倘不研究名辭的根本和創造問題，謂之名物也可，名意也可，説他意物兼名也可，但是就概念的完成，研究名辭的起源，還是名意之説較爲妥當。

名辭本是人造的聲音或形式的一種符號，所以他的無性質可指。在象形文字中，或能就名辭指出些性質來，若干文字，一切名辭，都是由幾個字母拼成的，那些字母，原是的，顛倒過去過來，仍不過是聲音的變化而已。但象形文字本身的性質，也不甚確切，例如日字篆文字作一個圓圈，中間加上一個圓點，月字寫作一個鐮刀形，這彷彿就字的形式上，就足以表示出來他的性質。但是日月的性質，存在他的本體，本體的性質，又是由人的意思領略出來的，所以單就代表的符號，作爲具有性質的物件，是靠不住的，况且現在行的是楷書，形式完全没變，就説是一種表音的文字，也未嘗不可。總之，一切文字都是符號作用，無一定性質可指，猶之乎代數上用的種種符號，有時可以代此數，有時也可以代彼數，在用的人臨時酌定罷了。因爲這個緣故，名辭和事物間生出两種現象，一是名辭變而事物不變，一是事物變而名辭不變，前者如古代學校的名稱，庠序學校之類，後者如日用的事物，衣食居處之類，至於新舊貞操種種抽象名辭，雖是人人共用；却是所代表的意思，就千差萬别。例如馬克思的學説，本是歐洲數十年前的產物，近來有人傳播他，一般人，就説他是新。又如貞操的名辭，以前是單指女子的，近來男子也要有貞操，并且貞操的内容和以前也大不同了。可見名辭的自身，原是一個無自性的東西。

（見《法政學報》一九二〇年第二卷第四期）

經濟道德

經濟和道德

日人田島錦治氏著的《經濟及道德》書中說："道德行爲在善，經濟行爲在利，然而善和利不相合，經濟行爲和道德行爲往往相背馳。"①我初讀這幾句話，以爲著這書的人簡直不知經濟和道德的關係，等到讀到"大道德和大經濟是一致的"②，我才知道他承認經濟和道德是有關係的，不過他所説的關係是限於大道德和大經濟；從反面説，若是小道德和小經濟，那就未必有關係了，仍然是一種特稱判斷。特稱判斷，本是科學家應當採取的，因爲没有太籠統的毛病，免得人家説他太武斷了。但是我對於這兩個概念，認爲是相合的，并且是全稱的，經濟有經濟的道德，無論什麽經濟行爲，都有一定的道德，不問什麽大小，不過道德的範圍比較的大，可以包含經濟就是了。普通人把道德看得太空泛，不是説經濟和道德没有什麽關係，就是説經濟有時不能遵守道德，我以爲他們都錯了，所以我要提出經濟道德和大家討論。

世人對於經濟和道德的關係，大概有兩種見解：

一　道德是隨經濟變遷的；

二　經濟要受道德支配的。

物質進化，生產關係不同，道德也隨着變遷。譬如家内工業時代，

---

① 見氏著《經濟及道德》二十四頁。

② 見氏著《經濟及道德》二十四頁。

人人工作，都在一個家庭裏面，男女老幼，都在一處。到了工場工業時代，都要去工場工作，一切工場主把工人看作畜類，純是雇用性質，没有慈愛的關係。他們的道德，就是服從。倘若能打破資本制度，財産公有，共同生活，什麽服從的觀念都没有，家庭的關係，更要改變，這是馬克斯一派人的主張，也就是道德隨着經濟變遷的見解，孟子説："有恒産者，有恒心。"管子説："倉廪實而知禮節，衣食足而知榮辱"也是這種意思。

有人説："經濟組織要受道德的支配，互助是根本的道德，也就是發達經濟的良法，現在國家一切組織，是摧殘人類互助的感情，是不道德的，應當改造的"，這是克魯泡特金一派人的主張。他們的意思，以爲倘若不合於道德，雖取得財貨，也是不應當的，譬如孔子説："不義而富且貴，於我如浮雲。"顔子簞食瓢飲，别人都受不了的苦，他却仍然安樂，都是把道德支配經濟的意思。

這两派的學説，都是狠有勢力的，但是都有所偏，因爲道德的變遷不單是物質的，也有屬於心理的，説他一定是隨經濟變遷，太武斷了。經濟組織，不必一定死守舊道德，倘若死守舊道德，那就不能進化了，我們暫且不管他們的主張，有無毛病，但是他們都是承認道德和經濟有密切的關係，因此越發足以證明我所提出的經濟道德，是很有討論的價值。

經濟和道德相反説

十七十八两世紀的經濟學者，對於經濟組織，主張自由競爭，他們的意思，以爲經濟發達，非競爭不可，并且競爭要無限制，必定放任自由，使人人各憑自己的才力，和同類相競爭，充其量，只要自己有利就是壓倒他人也可以的。把利己心當做支配經濟最大的理法，任人憑利己心自由行動，那裏還講什麽道德。所以他們對於慈善救貧事業，一般人認爲道德的，以爲足以養成依賴性質，使不勞而食的人加多，有防經濟發達。譬如重商主義重視貨幣，以吸收貨幣爲致富的方法，獎勵商業，對於國際貿易注重收入，禁止輸出，只顧本國的利益，毫無善鄰的意思。正統學派以爲國家富足，由於資本發達，袒護資本家和地主，注重生産事業，不顧消費人的利害。工場制度興，使用工人如同牛馬，雖然違背人道，在所不顧，以爲不是這樣，經濟不能發達，照他們的意思看來，經濟和道德決對不相容。

老子説："破斗折衡而民不爭。"斗衡原來是交易的工具，也就是經濟組織裏面不可少的東西，老子認爲和道德不相容，因爲維持道德，就要把他破壞。商子説："常人安於故俗，學者溺於所聞……智者作法，愚者制焉，賢者更禮，不肖者拘焉。"①他的意思以爲一切禮法有礙經濟發達，所以他不拘禮法，竟然更賦税，開阡陌，民有二男以上不分異的，要他們加倍納税，不講什麽道德不道德，這都是經濟和道德不相容的學説。

經濟和道德一致説

自從自由競爭學説風行以後，資本主義勢力漸增，富的愈富，貧的愈貧，下層社會不能忍受苦痛，於是乎有社會主義起來改正他。這派主義以爲經濟主義是平等的，當世的經濟組織，是有資本的人獨占利益，不合於平等的原則。他們的意思以爲經濟組織不當限於理法的研究，并且應當問理法和道德相合不相合，相合的，就採用，不相合的，就不採用。又如墨子尚儉，儉本是美德，墨子以爲想足用，非儉不可，是把經濟和道德看爲一致。墨子説："其民淫僻而難治，其君奢侈而難諫，……夫以奢侈之君，御好淫之民，欲國無亂不可得也。"②因爲奢侈

① 見《通鑑周顯王十年》。

② 見《辭過篇》。

能使財貨虛耗，大家因爲財貨不足，必定相爭，作出種種不道德的事，惟有節用可以維持道德和經濟，又荀子説："人生而有欲，欲而不得，則不能無求，求而無度量分界，則不能不爭，爭則亂，亂則窮。"①照這幾句話看來，欲望不能滿足，必定要爭，爭則亂，是違反道德，亂則窮，是不合經濟，所以他主張定分正名，分定名正，百姓不爭，一方面合于經濟，一方面合于道德，從以上種種學説歸納起來，簡直看經濟和道德是一致似的。

經濟道德的真義

前面引的田島錦治學説：經濟行爲在利，道德行爲在善，我們應當承認的；但是他説利常和善不相合，是不對的。我們想知道他的錯誤，須得先明白經濟和道德的意義，希臘賢哲把道德分作三種：一倫理；二經濟；三政治。② 是道德包含倫理，經濟，政治三種。範圍比較經濟大。换句話説，就是道德有屬於倫理的，有屬於經濟的，有屬於政治的。近來研究倫理的人，大概是把道德作對象，以善良當正鵠；談政治的人也常講到道德，惟獨研究經濟的人，對於道德多不注意，就是有人講到，也不過説大經濟和大道德的關係，就是了，并未説明普通道德中還有純粹屬於經濟的道德，今用圖説明两種關係在下面：

右邊的三個圖，是表明道德和經濟的關係，倘若只説大經濟和大道德的關係，就有三種情形：第一是两種有一部分相合；第二是經濟包含

① 見《禮論篇》。

② 見田島錦治氏著《經濟及道德》三十一頁。但是他把倫理解作修身，經濟解作齊家，政治解爲治國；我以爲不對，因爲修身只是修己，倫理和修己不同，并且有對人的關係。譬如倫理學裏面所講的義務論，就有對人的關係。在自足經濟時代，或家内工業時代，經濟是一種家政，但是现在趨重社會方面，不能解作齊家。至於政治，也不限於治國家，就是國際間，也有政治的作用。

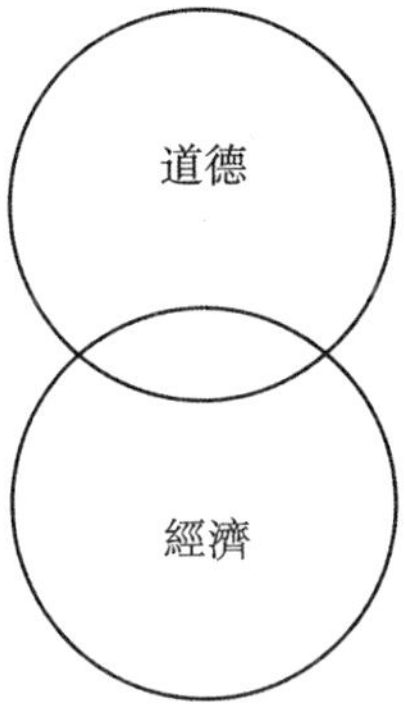

第一圖

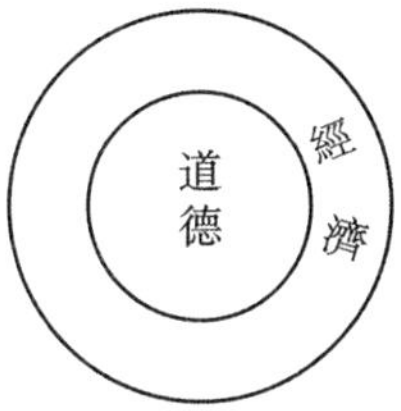

第二圖

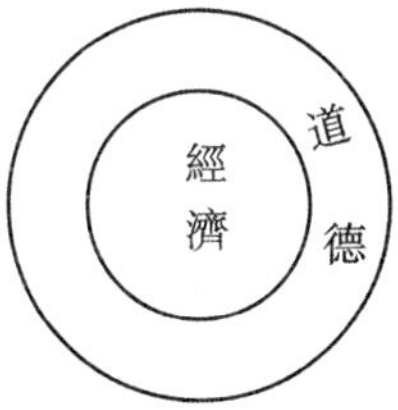

第三圖

道德；第三是道德包含經濟。到底两種關係是怎麽樣？不能明白，我的意思以爲經濟道德，和普通道德，有上下位的關係，就是普通道德内包比經濟道德狹，外延比他廣，若用圖説明，越發瞭然。

第四圖

上圖是把道德分爲三部：一部分屬於經濟；一部分屬於倫理；一部分屬於政治。道德的意義既然明白，以下再説經濟的意義，馬雪爾 Marshall 説："經濟是人取得財貨使用財貨的一種行爲"①，從這個定義看來，道德雖然分三種，性質究竟各有不同，經濟道德是個人對於財貨的關係；倫理道德是個人對於個人或社會的關係；政治道德是個人對於國家或國際的關係。② 何以故呢？因爲人類生來就有欲望，欲望大概分两種③：一物質的欲望，二精神的欲望。倘若欲望不能滿足，或是滿足的方法不正當，就要起爭端，必得有一種道德從中維持，才不致於亂，所以哈敦氏 James Harldans Smith 説："道德是指定行爲的原則免得起爭端的。"④孔子説："志於道，據於德。"注解説："道者人之所由行，故曰志；德者人之所執守，故曰據。"道屬於實踐方面，德屬於理解方面，道德二字，本不限於慈惠，所以韓子闢佛説："道其所道，非吾之所謂道德，其所德，非吾之所謂德；道有君子小人，而德有凶有吉。"無論何種行爲，都有特殊的道德，武人有武人的道德，教士有教士的道德⑤，況且經濟是人類維持生存的行爲，當然有一定的道德。

---

① Political economy or economies is, he remarks, a study of man's actions in the ordinary business of life; it requires how he gets his income and how he use it. 見《馬雪爾經濟原理》第一章第一節。

② 日人浮田和民《新道德論》也分道德爲三大部分：一關於國家的；二關於家族的；三關於實業的。

③ 瓦格那分欲望爲二種：一 Exisrenzbedürfnisse 即物質欲望；二 Ourturbedürfnisse 即精神欲望。

④ Morality provides a principle of conduct to obviate the struggle 見 Economic Moralism, Part 1. Ch. 1. P. 23.

⑤ 見浮田和民《新道德論》第五章。

經濟道德和經濟倫理的區别

普通人以爲倫理以道德爲對象，以爲經濟道德就是經濟倫理，其實不然。照第四圖看來，經濟和倫理雖然同在一個範圍内，仍然彼此各分疆界，不相混淆。有時個人因財貨的關係，引起個人對個人或社會的關係，也適用倫理，這種經濟倫理[①]也適用道德，和經濟道德不同的地方，就是經濟道德純粹以道德爲根本，經濟倫理，不是這樣，就是一般人所認爲不道德的，譬如獨占，競爭，都屬於經濟倫理。若就國家因財貨和個人關係説，經濟也適用政治，所以十九世紀以前的經濟學者，在經濟上面常加政治的形容辭，現在經濟趨重社會方面，這種形容辭已經取消了，我以爲國家關於經濟的設施，不防稱爲經濟政治[②]，這種經濟政治，也適用道德，和經濟道德不同的地方，也和經濟倫理一樣。

經濟道德和實業道德的關係

經濟道德和實業道德本不相同，實業是指工商業而言[③]，是經濟的一部分，包含在經濟裏面。詳細説來，實業是工商業，工業是生産行爲，商業是交易行爲。説實業道德，是經濟道德，是可以的，不能説經濟道德，就是實業道德。譬如工場設備須合衛生，工作時間不得過多，工作年齡不可大低，都屬於工業道德。又如商品價格，應當一定，商品性質不得虚冒，商店廣告不能虚僞，都屬於商業道德。工商業道德就是生産

---

① Economic Ethic 陳莘農先生説：經濟倫理有四大綱：一實踐；二互讓；三理性；四自動。

② 經濟政治的名詞，是我的臆説，國庫收入就是一種經濟政治，因此財政不妨稱爲經濟政治。因爲財本是經濟行爲的客體，政治通常簡稱政，可知我的臆説，并不是毫無根據。

③ 見浮田和民《新道德論》第五章。

交易道德，但是經濟行爲，不單是生産交易，并且有消費分配。因此實業道德以外，尚有其他分配消費種種經濟道德，合在一起，才算是完全經濟道德。

（見《法政學報》一九一九年第二卷第四期）

再論經濟思想并致陳君啓修

經濟思想，Economic Thought 有稱爲經濟主義的，Economic Doctorine 有稱爲經濟學派的，Economic School 初看起來，似乎没有多大的區别，嚴格的講起來，却有極分明的界線。盤旋腦海，往來無定，有所感觸，就要發動，叫做思想。把這種思想，加以訓練，使有系統，使有目的，叫做主義。把這種主義，演成學説，使人信仰，使人遵守，叫做學派。思想是主觀的，學派是客觀的，至於主義是主觀的，兼有客觀的性質。三種雖然有連帶的關係，也有固有的領域。不過經濟學史裏面，往往把他混合在一起。經濟學史本是研究經濟學派的，但是他提到學派，也不能不提到主義，提到主義，更不能不提到思想。所以研究經濟學史的人，一時説思想，一時説主義，一時又説學派。此外還有説思潮，或學説的，更是字面的差異，并無多大的不同了。

民國元二年的時候，我在《獨立周報》裏面，看見有署名率羣的人所作的《歐洲經濟學思想變遷論》。當那個時候，我雖然對於經濟學没有大研究，因爲好奇的心切，遂按期購買誦讀，連讀十幾期，洋洋數萬言，愈讀愈有興會，逢人便談這文的好處。至民國四年，北京法政學校聘了一位經濟教員，姓康名寶忠，别號心孚，又號迷窘。有人對我説，這位先生就是辦過《獨立周報》的率羣。當那個時候，我正在研究經濟學，自然時常向他領教。不用説，他對於經濟學史是很有研究的。他教了我一些經史的内容和研究法。我對於這項學問，才有點門徑。去年春上，我研究黑格爾的哲學，他説人類思想像三角式的進行。我聯想到經濟思想也是這樣的。我就做了一篇《近世經濟思想之變遷》的論文，登在本報第一卷第十二期。這篇文章總共不到三千字，對於經濟主義自然未能詳述，好在我的意思是證明黑格爾的學説，所以也不能兼顧了。

當李羣先生著《歐洲經濟學思想變遷論》的時候，好比陽春白雪，注意的人很少。自從我做了這篇文章以後，《東方雜誌》把他轉載了一次。不久《太平洋雜誌》也有某君論經濟思想的文章。《北大月刊》又有王建祖先生《聖西蒙及經濟集中主義》。雖然都是介紹外人的學説，要之受益的人一定不少。就是我個人也覺得前此作的文章，語焉不詳，有愧作者之林。

前幾天我買了一本《北京大學月刊》，裏面有陳君啟修的《現代之經濟思潮與經濟學派》論文一篇。我初看見這題目是很好的，就先看這一篇。不料他開首就説："此篇係著者在北京大學之講義大綱之一節，由於編合者多，出於獨創者少。……"我一看到這裏，就有點不高興。他又繼續説："國立北京法政專門學校楊君……襲用著者之講義。"我看見了，尤其奇怪。因爲我那篇經濟思想，雖非出自我的創造，却是取材於康先生口授的和 History of Economic Doctorine from the Time of the Physiocrats to the Present Day Tr. by R. Pichards 1915. 書中的多。至陳君北京大學的講義，我從前還没有看見。現在看他刊在大學月刊上的，却是不過外國幾句陳陳相因的話。現在還没有刊完，以後的話有無與我那篇經濟思想雷同，尚在不知。若是有想雷同，康先生已經死了，他雖然是爲我國經濟學的泰斗，究竟是他襲用陳君的？還是陳君襲用他的？我不能問他，我也不敢武斷。不過我敢斷定西洋書决不是襲用陳君的就是了。西洋講經濟學史的書比較完善的，除了前邊所舉的以外還有 Haney L. H. History of Economic Thought. 1912. 一書。前邊的一種，現在已經我的朋友胡君譯出來，陸續登在本報。後邊的一種，我希望也有人譯出來才好！這是關於西文的。關於日文的，田尻稻次郎的《經濟史眼》，阿部虎之助的《哲理經濟學史》，也是有名的著作。要是講起來原罷，我們中國的學術真是可憐，如胡適之先生説的，那些拿幾個半生不熟的名詞，你給我，我給他的，不用講了。就是那幾位漂亮先生們，自命爲經濟學的專家，所談所論的，究竟是出自自己的思想？還是拾他人的牙慧？不用説，簡直是明目張膽出賣外國貨。况且還是歐戰前的陳説，人家那裏的思想已經改變，我們這裏還在高談闊論，詡詡自得，想把他看作烟酒品是專賣的。要是他人也介紹到中國來，就説他是襲用我的，豈不成笑話。

我不掠人的美。我聽胡君説：陳君説經濟倫理有四大綱。我看的書很少，這種説法我未看見過，或者是陳君特創的也未可知。我在本報第二卷第四期《經濟道德》論文裏面，曾經引用過，并大書特書“陳華農先生説”，所以表示不敢竊爲己有的意思。我也不攻人的惡。我以前譯了一篇農家者流的經濟思想，有某新聞把他做他本社的譯論；又有某雜誌把他譯成文言，説是他自己著的，我都不管他。因爲彼此都是販賣外國貨，不要看做烟酒品去爭那專賣機關，鬧那些笑話。我希望陳君也要會這個意思，持這種態度才好！

（見《法政學報》一九二〇年第二卷第七、八期）

我的墨子非樂經濟觀

中國向來是把禮樂两字相提并論的，自從夏朝的時候，就有專官掌樂，不過中國把他當一種技術，和禮，射，御，書，數，合在一起叫做六藝，他的最大的用處，就在宴饗，學習的人，意在圖謀衣食，并没有什麽學識。至於西洋那就不然，他們以爲音樂對於人生有莫大的益處，不是用来饗神的，學習的人，自己可以享受利益，不是專爲宴客的，所以他們在中小學校把這項科學都列爲必修科，使人民都有音樂知識和技能。講起專門研究的話，還有樂科講座和專門學校，總算是發達以極了。中國有學識的人，正在仿效他們，一面輸入西洋近世樂學，一面研究中國古代樂術，音樂一科，在中國外國可算重要了。但是抱經濟觀的人，仍然有所非難，他們的意思以爲生産的要素重在資本，資本的取得，在於節儉儲蓄，説音樂是費錢費時的東西，近於奢侈，於經濟是有害的。并且拿《墨子·非樂篇》作證據，説墨子是一個大經濟家，重在積蓄資本，所以他一面尚儉，一面非樂。他們這樣的主張，粗看起來，似乎是狠對，要是過細研究起來，却大謬不然。何以見得呢？因爲世界人口增加，生産日繁，資本不見得是生産要素，就是説他是要素，取得他的方法，也未必由於節儉儲蓄。資本起因的學説狠多，最大的類别，約有三個：

（一）英國學説；（二）美國學説；（三）德國學説。

第一種學説，是斯密氏一派的人所主張的。斯密氏説：一切人類收入的財貨，不把他的全部供現在消費，節省一部，儲蓄在那裏，預備後來生産使用，這就叫做資本。

第二種學説，是伊利氏一派的人所主張的。伊利氏説：若是説儲蓄的話，必定先有可以儲蓄的貨物存在，詳細説罷，就是必定先有生産，生産所得的結果，除去生活必需的費用，其餘的纔能夠儲蓄作爲資本。

第三種學説，是馬克斯一派的人所主張的。馬克斯説：現今的資本是資本家奪取勞動者應得的利益，倘若没有勞動者，恐怕也没有資本了。

以上三種學説，我是贊成第三種的。第一種是消極的學説，所謂節流的辦法，不是資本的起因，第二種雖比較説得有根據，仍然是一個因果相互的説法，總不明瞭，惟有第三説最有價值，最爲清楚，照第三種説法，資本既然是起於勞力，不是起於節儉，那麽音樂對於資本也没有防害了。況且音樂是一種美術，人人所必需的東西，我們若是需用他，也是一種應分欲望，不能説是奢侈，何以見得呢？包得利亞氏説：奢侈有两種要素：

（一）高價，就是獲得一物須多大的勞力；（二）饒贅，就是一種非應於必要的貨物。

前邊两種要素，必定同時俱備，然後纔算奢侈。倘若是高價的物品，譬如病院治病用的極難得的藥品，雖然價值狠貴，不算是奢侈，倘若是饒贅的物品，譬如對於我們没有多大益處的珠寶，雖然價值狠賤，也算是奢侈。真正侈奢，乃是消費高價并且饒贅物品的意思，奢侈的定義既然是這樣，那麽音樂是不是奢侈，我們可以從此推求了。音樂本來是一種時間的美術，基得氏説：美術的性質，是由於頂簡單的方法，生出最大的享樂，和奢侈的定義大相反。照這樣説法，音樂不算是奢侈了。音樂對於人生有莫大益處，可以安慰精神，可以調和性情，和衣服飲食一樣，都是人生不可缺乏的東西。在經濟上看來，是一種享樂物品，并不是饒贅物品。并且音樂分聲樂器樂两種：器樂的樂器，除樂隊用的價值稍爲大一點，家庭和個人用的，也是狠簡單的；至於聲樂是用口唱的，只要我們有聲帶就可以，并不要什麽代價，更無所謂奢侈。人類性情不能絶無嗜好，設若没有音樂，富者必縱慾自恣，貧者必放僻邪侈，人類精神不能永久興奮，設若没有音樂，勞心者，腦筋頽疲，勞力者，肢體困頓，這些弊端，在消費上生産上都有極大的障害，惟有音樂可以補救，是音樂對於經濟，不但無損，并且有益。説到這裏，就有人問我説：音樂於經濟是有利無弊的，那麽墨子非樂，是墨子不懂經濟呢？還是不懂音樂呢？我對於這兩個問題，分兩層研究：

（一）墨子到底是不是一個經濟家？有人説：墨子是一個宗教家，尊崇天志，信仰鬼神，就是節用非攻，也是從宗教裏邊演出來的。我以爲墨子雖然是一個宗教家，也是一個經濟家，他的《辭過篇》説：其爲用財少而爲利多，就是經濟上用最小的勞費收最大的效果的主義，至於節葬節用各種學説，無非就國計民生説的，不必再多引證了。

（二）墨子到底是不是一個音樂家？有人説：墨子是一個經濟家，凡是費財不加利的就不去做，他所説的利，又只限於衣食住（原文作息），只知道滿足生存欲望，不知道滿足文明欲望。我以他雖然是一個經濟家，對於衣食是狠注意的，但是他説勞者不得息，是一種大患，他説張而不弛弛而不張，都是不對的，這是他根本上不能反對音樂。他不但不反對音樂，并且是一個音樂專家。《非樂篇》説：子墨子所以非樂的，不是以爲大鍾鳴鼓琴瑟竽笙的聲音不樂，是墨子能辨音律。《公孟篇》説：子墨子説：問於儒者爲什麽爲樂，儒者説樂以爲樂，子墨子説，子未我應。是墨子深明樂理。既然能辨音律，深明樂理，可不算是一個音樂家嗎？况且墨子也狠能利用樂器，《吕氏春秋》説他能夠吹笙，是墨子不但明白音樂學理，并且得音樂技術了。像這種學術兼備的音樂家，恐怕現在也不可多得呢。

墨子既然是一個音樂家，何以他又非樂呢？有人説：墨子的書是後人僞造的，《非樂篇》老是説：子墨子曰，更其可以知道非墨子自著的，不是他的本意了，我以爲這種主張，是不對的，因爲墨子的書，是他的弟子作的，弟子代老師紀言行，也是常有的事，好比《論語》是孔子的弟子代作的，所以老是説子曰。倘若因爲有子墨子曰就説不是他的本意，難道《論語》也不是孔子本意嗎？有人説：儒墨是相反的，儒家重禮樂，所以墨子就非樂，并且引《公孟篇》的話作證據。我看也不盡然，《公孟篇》雖然排斥儒家，并且提到音樂，但是《非樂篇》却不是因爲排斥儒家作的，一般人所以説儒墨相反的，是單從《非儒篇》説法，其實墨家和儒家并不相反，儒家畏天，墨家有《天志篇》；儒家孝鬼神，墨家有《明鬼篇》；儒家卑宫室，菲飲食，惡衣服，墨家有《節用篇》，照這樣看來，儒墨簡直是一致的。就是《非樂篇》也是和儒家表同情的，墨子生在周敬王年間，那時代國君淫亂，雅樂淪亡，所有的音樂多用女子演奏，不講聲音，只重顔色，上行下效，那時代的樂音是非常淫靡，所以孔子説：放鄭聲，又説：惡鄭聲之亂雅樂也。并且當時國君只知厚斂獨樂，墨子是主張兼相愛交相利的，是主張最大多數的最大幸福的，若是犧牲多數人的金錢，供少數人的享樂，是他所極端反對的。他《非樂篇》説：今王公大人……將必厚斂乎萬民以，爲大鐘鳴鼓琴瑟竽笙之聲，又説：今大鐘鳴鼓琴瑟竽笙之聲既已具矣，王公大人鏞然而獨聽之，將何樂得焉哉，足見得他的非樂是對當時國君立言的。并且當時下無道揆，下無法守，人民因憤世流於放蕩不事生産的也不少，所以他對於人民不從事耕織，而溺於聲樂的也一齊非難。墨子的非樂是反對當時習樂的人，并不反對音樂的本身。《魯問篇》説：國家憙音湛湎則語之非樂非命，我看墨子非樂，也從他的經濟主義演譯出來的，并不是排斥儒家的。要是一定説他排斥儒家，像荀子的説法，禮樂先王正其盛者也，……墨子之於道也，猶瞽之於墨白也，是儒家排斥墨家，不是墨家排斥儒家了。墨子的經濟主義，是我所崇拜的，我恐怕一般人不知道非樂也是從他的經濟主義演繹出來的，因此説他不知道精神的文明，缺乏哲學思想，太淺視了！墨子；我又恐怕一般人不知道音樂在經濟上有什麽價值，因此説他近於奢侈，無益於人生，要排斥音樂。所以我要把我的墨子非樂經濟觀説出來，和大家討論討論。

（見《音樂雜誌》一九二〇年第一卷第五、六期，本篇署名爲楊浚明）

我對於圖書館講習會的意見

上星期北京高等師範學校開了一個圖書館講習會、會中講演員、都是專門學者或富有經驗的人(講演題目和時間表已見初八日本報)，聽講的男女，共有五六十人、實發超人始料所不及，總算中國圖書館界空前的大會了。這種講習會在歐美各國早已盛行，確有益於圖書館教育。中國自從前年京中立了一個圖書館協會，一般人纔知道圖書館事業的重要。但是這種協會，是有名無實的，除照例每年改選幾個職員以外，簡直無事可幹，到了開常會的時候，除了幾個圖書館代表以外，更是没有一個人到會的。要是論到高師這次的講習會，那就大大的不同了。

這種講習會，在外國本是圖書館教育輔助機關，在中國實在是發展圖書館教育的基礎。因爲中國自從開辦圖書館以來，大家只知道圖書館，不知道什麽圖書館學，到了這會講演圖書館組織法、管理法、分類編目，以及圖書館教育等科學，一切聽講的人，都知道圖書館學 Library Science 是一種科學，大有研究的價值。是這個會和别的會不同的地方，也就是我對於他要發表我的意見的地方。

這個會已經開了一個多星期了，所有講演員，都講過好幾次了。我是一個辦圖書館的人，我每天和我的同事楊君孝斌到會聽講。我每天除坐在位上聽講以外，逢休息的時候，并且喜歡和講演員談論，我受的益處真是不少，我特地把會中實在情形介紹給未入會的人。

這次講習會規定三個星期，除三個星期日，和參觀調查三天以外，講演的日子只有十五天，可算是很少。但是要講的功課，却很多。管理法、組織法、分類、編目、圖書館教育，總計有五門之多，再加上臨時講演和幻燈實習(實習幻燈尚未舉行)好像是一個速成學校。管理法和組織法本是沈祖榮先生担任，因爲京漢間處交通斷絶，不能到會，就請戴超先生兼任。分類和編目，是戴先生担任。這四門功課，本是圖書館實際上最緊要的東西，在外國都有專門研究，但範圍廣大，内容繁多，這幾天的功夫，那能講述完備，不過畧爲指示就罷了。此外還有圖書館教育一門。講這門功課的人，共計有四位，除程時煃先生是該校圖書館主任以外，其他則有李翼庭先生、鄧芝園先生、李守常先生，都是高師特請的。李翼庭先生講圖書館沿革和近狀，他講沿革，中國從南北朝起，西洋則溯及希臘羅馬以前，講近狀，則英美德日俄法意奥各國都能講到，於是中國也畧爲説明。看我這種講法，是很要緊的。我們中國向來只有藏書樓，和現在的圖書館，性質大不相同，不過是圖書館的種子，近來雖然仿效歐美創辦各種圖書館，一般的人仍然不大注重。講圖書館學的人要是不講沿革和近狀，一般人不知道圖書館在時間空間占什麽地位，任你怎樣説，他總是不注意的。我將來要編一種圖書館學的書，也偏打算重這一方面。可惜這回講的時間不多，聽講的人一定不能盡興。聽説李先生以後有較詳的講義發給會員，不知道究竟怎樣。這種講法，在外國也是一種專科，關於這種著述，大概給一個圖書館歷史和某國圖書館的名稱，這一類的書籍，非常的多，把我所知道的舉幾種在後邊。

關於沿革的：

Boyd, C. E. Public libraries and libraries culture in Ancient Rome. Chicago. 1915.

Rowlingo, G. B. The British museum library. London. 1916.

關於近狀的：

Bostiwick, A. E. The American public library. N. Y. 1917.

Broun, C. D. Manual of library economy. London. 1917.

有了前邊的幾種書、西洋圖書館的史和英美圖書館的近狀，就可以得個大概。不過稍爲舊點，美國近年出的書很多，各位要想知道新近的書目，可以通信問戴先生，他是去年新從美國回來的，他一定能答復，并且願意答復的。

鄧先生的講演題目，是圖書館在學校教育上的價值，他説圖書館在學校教育上有两種好處：一養成自動精神；二接近實際生活。我以爲這兩句話，真能發揮學校圖書館的價值，發前人所未發，恐怕倡辦學校圖書館的人也未想到。何以故呢？因爲以前的學生，是要先生教的，是被動的，學校是自成風氣的，是養成士君子的，到了現在，學校教育就不同了，要有自動的精神，要接近實際生活，圖書館在學校教育上，確有這两種效用，那麽鄧先生這種意思，可稱獨到了。但是我還有幾句補充的説明，他所説的圖書館，是指着學校附設的圖書館，自不待言，我并且以爲他所説的是指着一般學校圖書館，是概括的，是抽象的，若就具體的和列舉的説罷，那麽各種學校圖書館，就因學校等級性質不同，他的效用就不一樣。我的意思以爲除這两種利益以外，國民學校圖書館，尚能養成兒童規律的生活，减少有損的娱樂，中等學校圖書館，可以慰勞煩擾的精神，免除不測的危險，專門和大學校圖書館，更能網羅難得的圖書、造就淵深的學者，至於職業學校，補習學校，入校學生，多是貧窮子弟，無力購書，附設圖書館，可以救濟這種病，更不待言了。這是我個人的意思，不知道鄧先生以爲怎樣。

李守常先生説圖書館可以促進平民教育，我以爲這是公共圖書館 Public Library 的特長。但是也得許一般人民能夠識字看書，然後纔能收效。我國人民識字的不過百分一二，要講平民教育，倒不如平民講演來的快當，這是我的微有不同的意思。

程時煃先生提出了一個圖書館教育發展計畫案，這種計畫案分三大綱，各綱中間又分細目，規模宏遠，心思精細，誠可佩服，今把他列在下邊，以供衆覽。

一、關於學校教育

1. 高等師範學校，師範學校最終學年，應加設圖書館科，以爲發展圖書館事業之基礎；女子職業學校，亦應設此科，以資服務於社會。

2. 高等小學校國語讀本中，應加設圖書館一課，以養成對於圖書館之常識及興味。

3. 小學參考書中，附記參考書名，使兒童利用圖書館，練習自修，養成自動之能力。

4. 學校均應設立簡易圖書館，教授兒童圖書館之利用法。

5. 學校與公立圖書館，設法聯絡，以謀教學之便利。

二、關於教育行政

1. 國家設立圖書館學校。

2. 國家設立各種模範圖書館。

3. 督促地方設立公共圖書館、通俗圖書館、兒童圖書館、巡迴圖書館，及獎勵私人設立。

4. 規定圖書館員之待遇。

5. 派員留學外國，專習圖書館教育。

三、關於團體組織

1. 組織全國圖書館協會，及設分會於各地。

2. 組織圖書館雜誌。

3. 組織圖書館展覽會、講演會、講習會，及讀書會。

前邊所列的計畫案，除仿照英美陳例以外，間或有些是程先生自出心裁的。倘若能夠漸次實行，中國教育一定能夠普及，民治一定能夠增進。但是我還有一件提議，就是第三綱關於團體組織中間，還要設立一個譯書會。中國圖書館所以不能發達的原因，一來是一般人不注意，一來是缺乏專門人才。要引起一般人的注意，固然非書報不可，若是養成專門人才，更其要有專書籍。若是没有專書，專靠留學，是緩不濟急的，若是國内没學校，也只教一點粗淺的講義，不能參考研究，也是枉然。所以我的意思，是要多譯點書籍，以供同志。中國現在關於這種譯著非常的少，統一名詞，極其容易，當這個時候，把西洋圖書館學字典譯一本出來，一面翻書的人可以應用，一面看書的人可以參考。這個意思，我曾向戴先生提過，他頗以爲然。但是這種譯書譯名的大事出，不是一個人能夠辦到的，總得要組織一個會，請對於這項學問有研究的人，和雖對於這項學問没有大研究，却是對於中國目録學校讎學有研究的人，合在一塊，先譯入門的書籍和辭典；然後再譯專門的書，使有志這項學問的人，可以參考研究，不知在會各位先生以爲怎樣。我看中國各省大概都有一個公立圖書館，其餘縣立和私立的，也有幾個，這些辦事的人，已經研究這項學問的，一定很少，教他們丢下職務，去入學校，固然不易，教他們看外國書，也未必人人都能夠，那麽照這樣説來，譯書會的設立，簡直是刻不容緩了。

（見《晨報》一九二〇年八月十八日第七版，《晨報》一九二〇年八月十九日第七版）

再論圖書館講習會

北高圖書館講習會已經閉了會。我對於這個會曾經發表過意見，我現在還有幾句未説完的話，把他寫出來，和大家討論討論。

(一)分類的問題：日人田中敬説："分類爲大集書之母。"(見我譯的《圖書館學指南》第四章第一節)依我看來，不但圖書館大集書要分類，就是我們家庭的小集書也要分類；倘若不分類，必定亂雜無章，不易檢閲。所以西洋圖書館學者，多注意這項學問，現在已成名家的，有Brown、Cutter、Dewey、Richason諸位。要是論起分類方法，還有美國國會圖書館Library Cogress分類法，但是世界上頂通行的要算Dewey。這些分類法，都是適用於外國書，或中國科學書的，若是中國古來的書籍，就不適用。中國的古書，不能夠算科學，自不待言。就是説他和科學有些暗合的地方，也都是彼此混淆，未能獨立的。譬如《論語》一書，上而天文、下而地理，大則國家大計、小則家常細故，那一樣没説到，又如墨子，他本是主張兼愛的，他的書，却一時談到經濟，一時又談到兵事；一時談到物理，一時又談到哲學。要是勉强用科學分類的方法，那就非得全部改造不可。中國古書汗牛充棟，談何容易，就是把他改造，恐怕更令人不可捉摹了。關於中國古書分類的方法，近來也有人研究過，日本是照中國經史子集區分，間或有些是他們創立的，到底是門外漢，不大適用。中國清華學校圖書分類綱目，較爲妥當。這個綱目是戴志騫(超)先生暫定的。照杜威十分分類、分爲十類，仍把四部舊名作標準。把各部的中間又分幾個小類，共計凑成十類。其實我看不必這樣。經史子集不一定是中國古書的類名，除經的名辭稍爲早點以外，史的名辭見於《國策》，子集的名辭見《藝文志》，至於把他平列，當作書籍的類别，從隋經藉志纔是這樣。這是魏徵等的意思，以後就因襲下去没有變動，那麽我們分類，正不必死守他們成規。再説經史子集也不足以當分類的標準，分類是在同德上立差，史集的差别稍爲明瞭，經子就不然了，經當常字講，又是緯的對稱，考求稱經的用意，無非是尊重他的原故，説他和别的書不同，他是經，别的是緯，其實現在所説的經書，多半是史書，章實齊説六經都是史，這句話是不錯的。子是男子的美稱，又稱師爲子，春秋戰國時代的人著書，多不加總標題，後人因此把作的人當書名，又當時某人的弟子替他老師作書，把他老師當標題，稱爲某子。可見子書的稱無論何種書都可以當得起，姓張的作的，不妨把他稱張子，姓李的作的，不妨把他稱李子，孟子一書，在宋朝以前，還是和荀子并稱，不是經書。由此可以知道一切了。所以我們分類不能把這四種作標準。説到這裏，就有人問着我説：你説經史子集的分類不妥當，你有什麽妥當的方法？我説有两種方法：第一種是《漢書藝文志》的十家，把儒、墨、名、法、陰陽、道、農、縱横、雜，分爲十類，把儒家著的經史列入儒家類，其餘不歸派的，列入雜家類，至於叢書，須在各家以外，另立一類。第二種是宋王檢的《七志》、經典、諸子、文翰、軍書、陰陽、術藝、圖譜，再加道、佛、叢書，共爲十類。以上两種分類，雖然有畸輕畸重的地方，如儒家的書太多，墨家的書太少，但是系統分明，易於統一。我看把經史子集當作分類的標準，最不易統一，譬如戴先生和沈先生(祖榮)本是中國近今圖書界雙璧，他們同是依靠經史子集分類，他們分出類來就不大同。我看統一分類是很要緊的事情，就是不用我的標準，也要就他們两人中間選擇一個或另立一個出來作標準。我在講習會裏邊曾經説過："統一名辭是我們必定要辦的事情，……我們設若不辦……後來的人必定駡我們始謀不臧。"我現在對於分類這件事，也有這種意思。

(二)協會的問題：這次講習會閉會以後，提前要辦的事情，就是組織全國圖書館協會。北京前两年本有一個圖書館協會，我主張把那個會加以改良，不必改造。有人説那個會不好的地方太多，根本上不能存在。以後我想一想，到也不錯，那個會範圍太小，我們另行組織一個，範圍推到全國，加上中國两個字樣，使中國圖書館界從我們時代開一個新紀元，豈不很好？我想以前的協會無形消滅的原因，不能盡怪辦事的人不好，只以當時事屬創舉，當局的人見所未見，可憐發起的時候，教育部不但不加以輔助，給點津貼，并且大事摧殘，連案都不能立。我想現在情形，一定不同，那麽這個協會一定可以成立了。協會成立以後，要辦的事一定很多，我的意思，以爲首先要辦的有两件事：第一是譯書譯名。這件事情，我前次已經説過，不必贅述。第二是保存古籍。圖書館必定要有書籍，是人人知道的，但是新的書籍，只要有錢，就可以買，若是古來書籍，一天少一天，就是有錢，也不容易買，聽説前清四庫的書籍，被管理人賣的不少，現在京師圖書館，我不敢説還有這種情形，却是我也不敢保一定没有這種情形。至於民間古來的書籍，毁損變賣的更其不少。我以爲協會成立以後，應當由會中名義呈請教部，仿照保存古物條例，釐訂保存古籍條例，分懲勸两種方法，使古來書籍不致流出，或毁損。其已經流落外國，務必設法贖回，或抄寫。責成各地長官，切實奉行。這并不僅是國故問題，并是文化問題，不可以其太近把他忽略了！這两件事辦了以後，應興應革的事也要次第舉行，不是這就完了。這個協會，現在籌備之中，前幾天有两個會員對着我説：協會是一定要成立的，我們外省來的人很希望早點開成立會，以便我們回去向同志和當局報告，你是一個籌備員，我們等幾天，請你們快點籌備罷！我當時未能答復，其實這個會事情很大，不但要聯絡中國教育界，還要聯絡中國在外國熱心教育的人；不但要聯絡全國教育界，就是其他各界熱心教育的人，也要聯絡。幾天的功夫，那能辦到？這些意思，程伯廬先生已經報告過了，我不必多説。我要説的，就是各位從外省來的，不要灰心，協會雖然未成立，各位回去，仍然要提倡圖書館事業，徐圖發達，不然不但不能發達，恐怕協會到各省徵求會員的時候，一般人還莫明其妙呢。

（三）人才的問題：圖書館的組織和管理，再在需人、編目分類，尤非專員不可，歐美各國，對於這項人才，除大學校教授專科以外，并有專門學校來造就他們。就美國説罷，圖書館學校一共有十多個，二年或四年畢業，入學資格，都要專門或大學畢業。回頭看我們中國教育界，只有養成學校教職員的師範學校，所以這項人才非常缺乏。在外國留學回國的，只有戴先生和沈先生两位，不啻鳳毛麟角。恐怕就是想設學校，也没有人來當教員。我希望教部或各省教廳，把留學西洋缺額指定幾名學習圖書館學，私人團體也量力幫助，勸人習圖書館學，以便發展圖書館教育。有人説：圖書館是不是一種教育？辦教育的人是不是要有專門學問？他若答個是字，他的斷案不攻自破；他若答個否字，我就再要説，照你這樣説，保管圖書館指導閲覽的館員，不要住學校，那末手舞足蹈，信口雌黄的教員，就應該住學校嗎！我也是教員一分子，我説這話并不是挖苦教員，實在中國抱這種觀念的人非常的多，不可不把這種腦筋拿來改造改造。

此外我還有幾句話要説。在這次講習會期間，會中同人曾到各圖書館參觀，有人對於不合法則的地方，每每加以譏評，屢見各報。我以爲這種零碎的攻擊，是不應當的，我們對於他們要加以積極的教育，説應該怎樣，不要加以消極教育，説不應該怎樣。因爲現在各處圖書館館長，有的是地方長官兼任，你一味説他不好，他老羞成怒，就要拚命的反對你。我并不是不知道分析的好處、籠統的毛病，實在因爲現在各處圖書館，都不好，你要説管理不合法，組織又合法嗎？你要説分類不合法，編目又合法嗎？所以我的意思，與其零碎攻擊，不如積極的輔助。這也是我們提倡圖書館的人應當注意的地方。

再婦孺圖書館問題，也有研究的價值。這個問題，是馮陳女士提出的，她在會中説幾次話，她對於圖書館學很有點研究，她説婦女小孩要另立一種圖書館。依我看來，兒童因需要的書籍，和成人大不相同，管理組織也不一樣，所以圖書館有獨立的必要，至於婦女所需要的書籍，和男子并無大異，不必獨立。我想她所以如此主張的，不是拘於中國婦人孺子并稱的舊説，就是惑於西洋重女輕男的謬見。聽説她在南開學校辦圖書館，南開本是男校，却請女子辦圖書館，我勸她不要把男女界線分得太嚴了！

（見《晨報》一九二〇年八月二十九日第七版，《晨報》一九二〇年八月三十日第五版）

晚婚主義和單一家庭

我是很愛研究家庭的人。前幾天家庭研究社的同人邀我當社員；他們臨時動議，把社章稍微修改；新入社的人，不要入社金，但是要把個人對於家庭的意見寫點出來給同社的看看。所以我雖然事忙也要勉强寫幾句，作爲介紹書。

單一家庭是西洋通行的一種制度；近來中國也漸漸有人提倡了。但是照社會一般情形看起來，仍然是一種舊組織，未嘗改變。倒底是什麽緣故？要怎樣才能實現這種制度？我的意思，以爲要研究這個問題，必定先研究什麽是單一家庭，我們爲什麽要實現這種制度，然後才有根據，不是空中樓閣，使看的人生一種不可捉摸的感想。

(一)什麽是單一家庭？

這個問題，初看起來，是很淺近的；但是近來一般人却有好多誤會，我們不能不給他下個的確定義。有人説，單一家庭是指着個人説的；以爲人人各自獨立，不相依賴，老幼析居，男女異處，就是單一家庭。其實不算是他的定義。因爲照這種説法，必定廢除婚姻，廢除財產，一種個人制度，家庭制度，早已消滅了。這種制度，雖然簡捷了當，恐怕一刻不能辦到。我們現在要研究的，就是漸漸達到這種制度的一種過渡制度。家庭仍然存在，不過組織簡單。一家裏面，除了一夫一妻或者幾個未成年的子女以外，其餘的父母兄弟姊妹都不住在一起。換一句話説，單一家庭就是指着一對夫妻和幾個未成年的子女説的意思。

這種制度不是西洋特有的，中國秦朝的時候就是這種辦法，可惜後來不能繼續下去；不然，中國早已從家庭制度達到個人制度了。以上是單一家庭的意義，以下再説他的起因。

(二)爲什麼要實行單一家庭？

社會進化的階級，有人説，是從個人到家庭，從家庭到社會。有人説，是從社會到家庭，家庭從到個人。照前一層説法，是從少數到多數，單一家庭，應該在複雜家庭以前。照後一層説法，是從多數到少數，單一家庭應該在複雜家庭以後。究竟怎麼樣，是社會進化史上一大問題，我們不能詳細説他。但是照現在情形看起來，確是因爲複雜家庭不好，才有單一家庭的要求。複雜家庭怎樣不好？详細説起來很多，概括的説罷，大概有两種：

(一)經濟方面；

(二)道德方面。

從經濟方面觀察，人人都有一種情形；倘若所以依賴生活，就不願意去作事，并且喜歡隨便花錢。複雜家庭就是養成這一般人的巢穴，自然於生産消費方面，都是不利。再從道德方面觀察，複雜家庭，因爲要受一種拘束，就有一種反動，所以不免常聞意見，姑嫂妯娌姑婦中間勃谿的聲音，無時不有。有人説，這是由於女子的妬心，我以爲不能盡怪女子。因爲女子在家裏住的日子多，受不了複雜家庭的苦楚；若是男子和女子異地而處，恐怕男子也時常要鬧起來了。單就男子一方面説，凡是處在複雜家庭的人，都有一種難言的隱事，我們不必問别人，只問各人，就知道了。這都是使人不得不趨向單一家庭的原故。單一家庭，確無複雜家庭的弊害，但是中國何以一刻不能實現呢？要怎樣才能實現呢？這才是了本題。以下當分别研究。

(三)爲什麼不能實現單一家庭?

中國爲什麼不能實現單一家庭的原因，有人説，中國人處複雜家庭很久了，依賴性成，不願意單一家庭。我以爲中國人很愛單一家庭的。中國的一般人，雖然不願意兒子分家，却是自己很情願獨立；雖然不願意媳婦析居，却是很情願替女兒找個單夫獨妻。其所以不能不有複雜家庭的原故，就是由於早婚。因爲早婚的男女，學問生計，都不能獨立，不得已只有依靠父兄，自己討便宜。做工商的不用講，就是做學生的，也都是因爲早婚的原因，或者求學的費用要家庭負擔，或者生了子女，要家庭撫養，所以有複雜家庭的必要。雖然，一家裏面，人口衆多，意見不一。只得隱忍下去。當父兄的，不但自己莫明其妙，既然養育自己的子女，又要替子女養育子女，并且以爲是一種美德，可以自豪，這種惡習，愈演愈深，因此單一家庭，永遠不能實現。

(四)要怎樣才能實現單一家庭?

照上面的説法，單一家庭不能實現的原因，由於早婚，那麼，我們要實現這種制度，只要不早婚就得。换句話説，就是晚婚主義了。但是這種問題也不是這樣簡單，還有待研究的。第一是標準問題。第二是實行問題。以下再分别説明：

第一標準的問題　這個問題，就是要説明早晚的界線，怎樣才算早，怎樣才算晚。各國結婚的年齡，因爲風俗，習慣，土地，氣候的不同，早晚就不一樣。大概熱帶地方，一到十幾歲，就要結婚。寒帶地方，到了二十多歲，還有未結婚的。當中距離，約有十幾年之久。此外還因國家政事不同，結婚年齡規定也有大小。究竟到什麼時候才算不早，簡直不容易下個斷語。我的意思，以爲除了年齡以外，必須拿事業作標準。

就年齡説罷，無論什麽地方，二十歲到三十歲，這十年中間，都可以結婚。不過生計學問都要能夠獨立；倘若不然，就是遲到三十歲以外，也可以的。

第二實行的問題　晚婚主義，説起來很容易，行起來却又很困難。一生理的關係。大凡早婚的人，衰老都早，所生的子女衰老也早。衰老早，結婚更不能不早，所以晚婚不容易辦到。二心理的關係。中國人把多子多孫當做莫大的幸福，并且希望早生子女。倘若子女生得晚的，或是無子女的，就要被人笑駡。説到這裏，簡直是習慣移人了。我本是實行晚婚的人(或者不婚也未可知)，但是朋友來詰責的非常的多，幾乎使我没法應付。詰責的話，雖然不一樣，概括起來，總不外後邊的三大類：

(一)現在的人衰老都早，結婚太晚，恐怕没有子嗣。

(二)男女結合，人生快事，結婚太晚，未免半生寂寞。

(三)男子在外的日子多，結婚太晚，無人侍奉父母。

以上三類的話，雖是别人對於我個人説的，我想，凡是主張晚婚的人，一定要受這種責難。其實這三類話，都是不對。

第一類的話，是一種“不孝有三無後爲大”的觀念。其實没有子女的人，并没有多大的缺憾。俗語説兒女是冤家，這句話雖然不大可靠，但是有子女，要費力去撫養，去教育；倘若養育不善，不但爲社會的害，并且自己受累也不少。再説繼承的問題。無論財産學問，只要有妥當人可以傳授就得，更不必要親生子女了。照這樣説，就是晚婚没有子嗣，也不要緊了。

第二類的話：稍微有點學理的根據，因爲男女性格不同，必定互相交際，然後可以得個天然調和。試看兒童相聚爲歡，往往男女在相結絆，其中并無肉慾關係，可見男女結合，是人類天性了。并且男子性情偏於陽剛，輕躁，會議場中，每以喧嘩叫囂，若在女子，就無這種舉動。男子性情偏於孤僻，冷静，俱樂部中若無女子，必定寞寂寡歡。所以男女結合是人生快事，我是承認的。不過他説結婚太晚，未免半生寂寞，我不敢贊成。我以爲男女結合，并不限於結婚，若要結合，可以多交些女朋友，多拜些女老師，多教女弟子。倘若以爲結婚就是結合，未免把結合的意義太狹了。

第三類的話，純是事實問題。就我個人說，却有點難得答復。我的父親去世時，我狠年經，我的哥哥嫂子都在外邊求學，不能常在家裏住。我并無姊妹。家裏祇有一個老母親。我不但不能在家裏侍奉，并且家裏有許多事情，要他照料。說到這裏，我就應該早點討個老婆，侍奉母親纔好。不過我又想一想，討老婆不是專爲服事父母的；服事父母，也不能單靠老婆的。中國人把自己的老婆，當做服事父母的；所以論起結婚來，不是爲自己討老婆，是爲父母討媳婦。其實看他的結果，十九弄得姑媳不和。所以我的意思，我們雖然不在家，也不應當早婚。要是講起侍奉父母來，没有錢就不要勉强，有了上可以請人服事。請的人不合意，就得解雇，比較討個不容易的解雇老婆活動的多。

以上是我個人對於晚婚主義的意見。我深知道複雜家庭的苦楚，我又深知道早晚是組織複雜家庭的原因，所以把我的意見寫出來，請研究家庭的同志指正指正。

（見《家庭研究》一九二〇年第一卷第二期）

大學校和圖書館

大學校圖書館的位置
大學校圖書館管理
科學發達和圖書館
新教授法和圖書館
教員的選任
公開的趨勢

近年以來，國內大學校日漸發達，除舊有的各大學校以外，有所謂西南大學，東南大學，交通大學，廈門大學，最近又有三巡閱使倡辦的河北大學，鄂州大學，奉天大學。現時都在掛起招牌招考學生，他們的規模，也有狠宏大的，但是對於和大學校教育有密切關係的圖書館，多半缺而不備，即或有設備的，内容也狠簡陋。照這樣辦法的大學校，在教育上恐怕没有多大的效果。所以我要把我個人所知道的大學校和圖書館的關係，介紹出來給大家看看。

(一)大學校圖書館的位置

圖書館在大學校裏邊，本來占狠重要的地位，所以辦大學校的，没有不辦圖書館的。這種圖書館設在大學校裏邊，一般人把他叫做大學校圖書館。想明白他和大學的關係，必完全先明白他和公共圖書館區別。公共圖書館是公共教育成全的要素，雖然可以和學校并行，助公共教育的發展，但不附屬於學校，所以有時設學校，不必一定要設公共圖書館。

倘使論到大學校圖書館那就不同，他是高等教育成全的要素，對於大學校居於從屬的地位，輔助大學校謀高等教育的完成，要是設大學校，就非得設大學校圖書館不可。

最早的大學校圖書館，是古代課程的反射，所藏的圖書範圍極狹，都是偏重修養方向的古典科，或者是法科，醫科，神學科等專門學科，加以純用教科書制度古風的教授法，當然不感有大圖書館的必要。到了現代大學校，分科繁夥，都要平等的進行，又有大學院，更得要有深邃的研究機關，教授上也從教科書制度變到講授制度，由教授室制度，移到實驗室制度，大學校圖書館遂佔大學構成上重要的位置。

一九一三年十一月，亞美利加大學聯合協議會，在伊利諾威開十五年常會（The Fifteenth Annual Conference of the Association of American Universities），美國重要大學校代表都集合爲切實的研究，當時議題中間有關於大學校圖書館兩種研究，頗惹起一般人注意。第一種是哥崙比亞大學校圖書館覺司登氏講演題目大學構成要素的圖書館（The library is university factor），第二種是密奈瑣達大學校何鐸氏講演題目：圖書館和研究科（The library and graduate school）。這個會議的狀况詳載一九一二年二月《美國教育評論》，覺司登氏講演的大旨，也略爲介紹了一點更把他的全文登在一八一四年一月號《圖書館雜誌》。至於何鐸氏的全文，載在同年五月《教育評論》裏邊。一九一四年美國教育局年報曾把這個會議的事實詳細記載，從此以後，大學校圖書館的重要，没有一人不承認。這種年報，并且説大學校圖書館，近年以來有狠顯著的進步，有許多的大學校，圖書館的建築，比别種建築都宏大，可見他的真價和重要了。他又把前兩氏的學説，簡括的介紹大家，他説，覺司氏主張大學校圖書館的真價在於圖書館活用的程度怎樣。何鐸氏主張倘若没有圖書館可以利用，無論什麽大學，不算真正的大學，至於研究科，更不可一日缺乏圖書館。

近來大學又常設夏季學校，或夜學校。哥崙比亞大學夏季學校在一九〇〇年不過四百十七名聽講的，到了一九〇九年就有一千九百四十六人，一九一四年增加到五千五百九十人。這種夏季學校，雖然不是正式授課，都是從六月到七月要有六星期的講演，就非利用圖書館不可。至於夜學校是終年附設在大學校的，利用圖書館的日期更甚多。因爲有了這些機關，所以大學校圖書館範圍就得擴張漸成爲社會化的圖書館，以前是高等教育的要素，現在并且是社會教育的中心。

(二)學科發達和圖書館

大學校圖書近來所以日漸發達，有兩種原動力：(一)學科的增設和選擇；(二)學生和教授的增加。學科的發達和選擇科目制度的關係，據教育史家的研究，這種結果，能夠使大學校圖書館從倉庫式變到研究室式。這種研究室是隨科設立，或設於講堂附近，或設在别的地方都可以。所藏的圖書都和某一科目有密切的關係，最好每一科目設一研究室，供少數學生專門研究，其他學生不得攔入，以免凌亂。近來新科目日漸增多，考其增加的來源，有綜合舊科學的，有從舊科學分派的，更有完全新增的。前兩種研究室的藏書，多半從舊藏書室裏邊分出來的，似乎不必增置圖書，但是圖書既然分在别室，舊研究室就不得不添置。至於後一種完全新添的科目，不但要設置費，更要圖書費，因此圖書館經費必須增加，圖書館範圍因此擴張。例如布臨斯登大學設立研究科，圖書館方面，發生極大的改革，從以前一般藏書裏邊分出許多圖書，作爲研究科的參考。又哥崙比亞大學從添置新聞科以後，在普通圖書室以外，又添置新聞室，從此可見大學校圖書館和新科目的關係了。

(三)新教授法和圖書館

以上所説學科發達對於大學校圖書館影響還是表面的，自從大學校新教授法實施以來，大學校圖書館内容上發生許多影響，因此促成大學校圖書館的進步，今把新教授法略舉如左：

（一）多書法　近來教育上一般的傾向有所謂從少書法移到多書法，向來講義筆記教科書以及其他古風教授法，現今各國大學校漸次減退，在校學生，凡研究一種科學，必須參考許多書籍，再由同化作用，取得新結果。

（二）事件法　最近教授法裏邊又有所謂事件法，如法科教授要有關於訴訟案件和判例，教師講授必須根據這種事件，不得專發空論，不但法科是這樣，醫科也是這樣，醫科有醫案醫方等類，又其他各科參考書，性質雖然各有不同，但是根本上也和事件相等，如歷史，政治學，社會學，古典學，文學，各方面都是利用參考書，學校教師僅編目録，指示學生閱覽，或使學生按日閱書若干，摘要呈覽。

（三）助教制度　在大學校裏邊，每一科目置教授一人，外交置助手若干人，叫做助教，這種助教一方面做教授的助手，他方面做學生的領袖，醫一科目每週應授科三時間，把兩時間正式上課，授以講義，其餘一時間，不拘形式，使助教和學生自由討論，助教雖不出席教授却時常能給學生相當的訓練，和補助并鼓吹讀書的趣味。

（四）成績考查法　以前考查學生成績，僅限於正課，或缺席時間的多寡。近來除正課以外，并且考查所讀的參考書，或讚評時間的多寡。數年前哥崙比亞大學改正授與學士稱號規程，評定學生學力，關於講義方面，每週只要有十時間以上的出席，一方面雖然減少講義時間，他方面却增加讀書時間。

自從以上各新教授法實施以來，大學校圖書館，遂有左列數種進步。

（一）複本的增加　因爲新教授法的影響，同時需要許多種類的圖書，又同一圖書，需要部數增加，所以複本增加在現今大學校圖書館，成爲普通的事情。今舉哥崙比亞大學，複本增加率，以明近來的趨向。

年　　度	一九一〇——九一一	一九一一——九一二
複本增加數	一一五	一九〇
年　　度	一九一二——九一三	一九一三——九一四
複本增加數	一二四〇	一三五二三

(二)部館的發達　以前大學校圖書館只有一中央圖書館，開館時間既少，借書限制又嚴，近來因爲實行新教授法，促進部館制度的發達，這種部館的形式，約分三種：第一在學校裏邊設一中央圖書館，大學各科，必須參考時，可向中央圖書館借出一部分，存在别室，這種制度曾行於康乃爾大學；第二各科參考室設在圖書館附近，以便就近檢索圖書，這種制度曾行於哥崙比亞大學，有人把他叫做哥崙比亞式；第三各科所用的參考書，設特别圖書館，叫做部館，曾行於爵斯阿布大學。

(三)開架式普及　部館的發達，是要求自由參考的結果，但是各部館對於學生閲書，仍然取嚴重的手續，學生不得自由接近圖書，究不便利。哥崙比亞大學圖書館西庫斯氏對於這一點曾加以討論，主張在一定範圍内，學生得自由閲一切圖書，不必用目録，學生可自由接近書館架，取關係圖書(見一九一一年《哥崙比亞大學報告》)，無論中央圖書館或部館，都應當取開架式，圖書館員和教師，有指導輔助的責任。

(四)合成教科書　大學校圖書館爲學生參考便利起見常豫定藏書的組織，隨教授的指示，把藏書的組織，隨時變動，事實上合成教科書。這種組織既然把一科必要的參考書放在一起，并且隨學生數目和學科的進退繼續改變，一方面替學生謀便利，他方面圖書館藏書，也可借此活用，圖書館員和學校教授連絡一氣，因此圖書館效用更大，哥崙比亞大學圖書館爲實行這種計劃起見，各種圖書有左列四項記載。

(一)部數；

(二)一學級學數；

(三)某種圖書總部數利用時間的總計；

(四)每日平均利用數；

(五)每日一部平均利用數。

(四)大學校圖書館的管理

關於大學校圖書館管理上最重要的，就是部館問題。這種問題有兩個不同的意見：(一)分派主義，(二)集中主義。前邊的一個，是把圖書館的圖書分配在各處，供各科的人員專門使用；後邊的一個，是把圖書館的圖書集中在一處，供全校的人員一般利用。一是圖部分人的便利，一是圖一般人的便利。這兩個主義，那一個最適當，假使兩種辦法有衝突的時候，應當怎樣纔好，不可不加以審慎。但是這種問題，研究起來，也不大容易，在大學校裏邊教授和館員中間發生許多議論，從未見有最完全的解決。一九一三年，全美大學會議，哥崙比亞大學圖書館長覺斯登氏曾經説過：大學校圖書館管理上最重要又最困難的問題，就是大學校内各個圖書館相互的關係。照他這樣説法，我們更加不可不研究這個問題。

近來因爲科學發達，各大學校皆取分科制度，各分科中間界限分明，各自獨立，好達專攻目的起見，須特設專門研究室，或更進一步設立專用圖書館。這種專用圖書館對於中央圖書館而言，通常叫做部館。其實各部館多半取獨立的形式，不但彼此毫無關係，就是對於中央圖書館因爲分工的原故，也無大關係。美國大學校部館最發達的要推伊里諾威大學校，今把他的部館名稱位置藏書册數，列舉如左：

各部館名稱	位置	藏書册數
哲學心理教育圖書館	林肯館	一〇・五〇〇
古典圖書館	林肯館	一三・八〇〇
近代語圖書館	林肯館	一九・四〇〇
美語圖書館	林肯館	一五・五〇〇
史學政治學圖書館	林肯館	二一・八〇〇
經濟學社會學圖書館	林肯館	一六・六五〇
博物圖書館	博物書館	一九・〇〇〇
法律圖書館	法律館	一八・五〇〇
商業圖書館	商業館	一・〇〇〇
建築圖書館	工科館	三・二〇〇

農業圖書館	農業館	四・六〇〇
化學圖書館	化學館	五・〇〇〇
物理圖書館	物理館	一・〇〇〇
數學圖書館	博物學館	三・三〇〇
鐵道採礦圖書館	運輸館	一・〇〇〇

照以上的情形觀察起來，我們可以知道圖書館也是隨科學的進步，漸趨於專門，和學校教育也是一樣。更可以知道大學校圖書館方面，分派主義最占勢力。但是從又一方面觀察，在最近的時期，集中主義在美國也漸漸推行。美國人心好動，樂於改革，即如一公園一馬路，今日是這樣，過了幾天就有些不同，再過幾月，形式必定大變，不像中國事事守舊，蹈常習故，大有天不變道亦不變之勢。所以他們大學校圖書館在盛行分派主義的時期，經大家詳細研究的結果，却極力提倡集中主義。他們提倡集中主義的理由有三種：

(一)從便利上觀察的集中主義；

(二)從經濟上觀察的集中主義；

(三)從教育上觀察的集中主義。

今把他分別介紹在後邊：

(一)從便利上觀察的集中主義：自從部館發達以來，各部館各個獨立，都具有獨立的形式，中央圖書館和各部館距離有遠在數里以上或在不同的都市，事實上不能統一，各部館當然獨立。但是距離很近的時候，有無分立的必要，是一問題。哥崙比亞大學中央圖書館，和各部館距離很近，他的教育大學各部館，都是獨立，是很可研究的事情。距離的遠近，實分離的根本問題。有人說：利用圖書的人時常往來相當的距離，有運動的機念，可使身體强健，腦筋清新。有人說：這種徒勞往返的行動，足以消耗精神，擾亂心思，實於利用圖書的人大不利益。又距離圖書館太遠，取出不便，譬如教授當講演或作文的時候，到遠處取用參考書，必定緩不濟急。所以各科應設專用圖書館，使教授或研究生得自由在裏邊研究，或自由携出。但是有時想取用普通圖書以供參考，又往往爲專用圖書館所無，又覺不便。

前哥崙比亞大學校圖書館長加富爾鐸博士富有經驗，他能知道教授的要求，并有充分的同情，他對於這些不同的意見，主張一種調和主義。即對於教授把各專門上必需不可少的圖書藏在各自的研究室，供各科自己專用，其餘的參考書可長期向中央圖書館借出，教師或學生用書，由部館供給，倘若有別種需要，中央圖書館或普通閲覽室備置複本。照這樣的部館實在對於專門使用的人有很大的利益。不過還有問題，因爲各種學科，彼此不能有嚴格的區分，通常和有關係的其他科學互相聯絡。近世科學一方增分化，他方著統一。即如化學一科，就不能和物理分離。礦物學一方和化學他方和地質學都有關係。至於生物學到底屬於生理學到底屬於化學尚屬問題。不僅自然科學是這樣，文化科學也是這樣，或者更其複雜。譬如人種學是拿人類學和社會學做材料。社會學和心理學，心理學和生理學，都有關係，民俗誌一部分屬於比較宗教學，一部分屬於文學，文學和文學史常互相提携。經濟史既和政治史相依附，又和經濟學同結果，經濟學和社會學工藝學都有關係。更進一步，工藝學本是理論科學的目的物，哲學又常根據於物質科學。各學科内容既然這樣互相關連。圖書館圖書的大部分，對於各科學生有同等的利益，各部館分立，利益反少，不如協同的好。現今耶魯大學校圖書館，和哈弗大學校圖書館都採用協同的辦法。一九一四年夏季哈弗大學落成的維多拉紀念圖書館，規模宏大，可容二百二十萬册圖書，爲利用的人便利起見，結合校内各部館成一大館。又芝加哥大學曾規畫各分科爲幾大系，每一大系設一圖書館，這種辦法哥崙比亞大學布若思大學也都採用，從此可見集中主義的趨勢了。

（二）從經濟上觀察的集中主義：前段所説的便利是從利用人方面經濟的觀察，這一段更就大學校方面經濟的觀察。分派主義勢必購置複本，建築部館，增多館員，學校經濟方面大受損失。經濟困難，到處皆然，無論怎樣繁盛的大學校，經費總覺不大充足。耶魯大學校圖書館一九一〇年報曾經説過：大學校圖書館既然認爲大學教育一種要素，近來日漸發達，大學校財政上負擔日漸加重。新教授法施行以來，一般學生常有多數圖書的要求，新分科層出不窮，圖書館因爲供給必要的圖書，費用越發增多。圖書要求增多，又覺複本的必要，圖書館經費當然增高，各分科或研究室集書漸次增多，勢必增築部館，添聘專任館員，經費更其增多。各大學校爲便給各特别圖書館的原故，大館校經濟往發生困難。照他這樣説法，分派主義實增加大學校的支出，他的結果，往往把各部館内容不能整理完善，實不如採用集中主義能夠節省經費，力圖改進。中央圖書館成一較完美的圖書館。

(三)從教育上觀察的集中主義：過於注重研究室，足以使學生與味減少，務必使學生精神不單注意在二三特殊科學，放開眼光，多讀有益身心的圖書。這種辦法，比便利上和經濟上尤關重要。近來美國各大學對於各分科學生所習的功課通常規定三分之一或四分之一的隨意科，得自由選修不同科目的功課，或者更定有制限，非兼習性質絶不相同的科學多少門不可。這種規定，不單因爲各種學科彼此都有關係，能夠兼習，可以收相得益彰的功效，并且實在因爲專習同種類的科學，使人精神偏枯，不如兼習他科，使腦筋變換，智欲發展，於主要科目方面進步更快。大學校雖然有這種辦法，大學校圖書館更不能不有這種精神。因此代表的典籍和重要的專門參考圖書，無論何種參考室，彼此都得要購置，更得有一中央大閱覽室，搜集各方面代表的著作，供各科學生閱覽。

以上各種議論，結果不外三種，就是便利問題，經濟問題和教育見地問題。爲便利自由接近圖書起見，部館固然有設立和維持的必要，不過部館裏邊的藏書，都屬實驗用的圖書，只供室内參考，不能借出，其餘應用的圖書，都在中央大圖書館，并不分割在各部館。此外更有應當討論的，近來學科發達，性質各别，購入圖書的選擇，和指導學生利用圖書，固然要教授幫助，但是關於購書手續，目録的編纂，以及製本各種專門的動作，不得不委任有經驗學識的館員辦理，爲實行經濟的管理起見，也有集中的必要。

集中主義實辦理大學圖書館的要圖，不過有時間爲地理的關係，大學各科距離很遠，圖書館應視各科爲轉移，決對不能實行集中主義，不得已只有行分派主義。此時要注意的，於相當範圍以内，管理法總要統一聯絡。即如購書一項，能夠聯合固然經濟，就是分類屬目能夠一致，利用時也較便利。如達教育目的和節省經費起見，各館應行互的貸借制度。近來各種圖書館已由地方貸出進而爲如互館貸出，和國際貸出，至於屬於同一大學校的各個圖書館，更應當實行互相貸借，自不待言。這種貸借可分左列兩大種：

（一）臨時貸借；

（二）定期貸借。

（一）臨時貸借：這種貸借，最爲普通，凡是非本館所必需的參考書，又爲他館已經購置的，本館即不必購買，可以向他館借用。借用時期長短，可視彼此平時相互的規約式需要的情形。這種貸借，不但可行於同一大學校的各圖書館，更可以行於同地其他各圖書館，實是最經濟的辦法。

（二）定期貸借：這種貸借，是把各科代表的典籍，或稀購難得的圖書用巡迴圖書館的辦法，分期寄送到各科圖書館，以一年爲度，週而復始，使各科各級的學生，都能利益均占。照這樣辦法，各館雖然各個獨立，却能收集中的效果。

（五）館員的選任

廣義的館員，本包含館長和其他一切館員而言，大學校的目的，在研究博大精深的學術，大學校圖書館，實博大精深學術的寶庫，館長的責任非常重大，固非品學兼優不可，就是館員的任務，也很重要，决不可拿不學無術的人來濫竽充數，因此館員的選任更得要審慎。選任管員的標準，可分兩方面説明。

（一）學術方面；

（二）人格方面。

（一）學術方面：圖書館的事務分機械的作業，和學術的研究兩種，機械的作業，能夠加以綿密的注意，用科學方法改良進步，自然用力少成功多。學術的研究，如書史學的研究，分類的研究，都非學識淵博不可。圖書館所作的題解，所選的書目，往往如一般研究學問的人的指針。以其昏昏怎樣能夠使人昭昭，大學校常包含各科，當館員的，大非具有專長不可。美國各大學校圖書館員通常限於專門以上畢業生曾經入圖書館學校修業一年以上的，不然也要專門畢業曾經在圖書館有二年以上的經驗。

并且所説的專門畢業，學習某科的，在圖書館裏邊只能經理某科的圖書，在參考部作事，尤關緊要。大學校圖書館當選任員的時候，除考核關於圖書館的學識以外，更應當察他在專門學校所習的科目，然後量才器使。倘若不然，用文科畢業生經理醫科的圖書，所説的專門畢業，實等於無用，或者反有防害。以上是指上級館員而言，至於下級館員，如中國所説的練習生，雖然不必限於專門畢業生，但是圖書館的知識，總得要有，或是圖書館學校畢業的，或曾經入過圖書館講習會的都可以。近來常有一種誤會，以爲下級館員，純是機械的作業，是被動的，不妨用稍識字義的人充任，身價較低，同一數量的金錢，可以多雇人員執行館務，非常的經濟。這種主張，初聽起來似乎有道理，細心研究，實在大謬不然。無論雇用没有學識的人不能比有學識的人費用加倍的省，就是能夠，試問多幾個没有學問的人，就可以辦有學問的事麽？古語説：集衆愚不能成一智，若把雇用一有學問人的金錢，來雇用許多没有學問的人，精密計算，實得不償失。况且圖書館是專門的職業，非有專門的知識不可。今不必多舉例煩擾閲者，即就商店説，在現今商業最發達的時代，有一商店就是經理和商夥有商業的學識，其餘的學徒，都是連乙種商業學校就未住過的蠢漢，這個商店的事業，能夠充分的發達嗎？

（二）人格方面：研究學術的人必一定能辦事，研究圖書館學的人未必一定能辦圖書館，所以館員的選任，除學術一方面以外，更要注重人格一方面。就普通圖書館説，近來圖書館範圍擴張，極力發揮教育的職能，不但貯藏圖書，并且活用圖書。他的任務，可以代學校進行，他的地位可以離學校獨立。就是就大學校圖書館説，雖然不能離學校獨立，在學校裏邊，要占重要位置，館員和教授地位平等，不能有所輕重。人格方面，理應注重，但是通常的情形，都大不然，大學校圖書館選任館員的時候，不注意人格方面，致被任用的多屬爭鬥的人，間有潔身自好的，常存五日京兆之心，特欲引去。大學校視如命脈的圖書館員情形既然如此，大學校教育前途可想而知，大學校圖書館館員的人格除通當圖書館館員所應有的堅忍温和方正圓通各種美德以外，尤其不可不可很廣的同情。大學校既然包含各科，大學校圖書館對於各科，應當持公平的態度，絲毫不可偏袒。倘若同情不廣的人做館員，管理上必失公允。譬如專表同情於文科，不表同情於醫館的科員，必注意關於文科的圖書，不注意關於醫科的圖書，整理上設施上既不均衡，大學校各科教育也就不能齊一，豈非失却大學設立各科的本旨。大學校教授爲發揮各自所研究的學問的原故，常不免有自視太高，視人太低，萬事都非，惟我獨尊之心理。但是大學校圖書館員倘若免除這種心理，各科仍然可以平衡的發展。我們要知道各種學術都有他的一定的位置。我們日用所需，都是各種學術的結晶，我們自己不能一一去研究他，總要讓别人去研究，決不可存歧視的心理。大學校既然是造就博大精深的學問的地方，大學校圖書館員自然要同情廣的，是不用多説了。

（六）公開的趨勢

大學校圖書館一方爲大學校内的機關，他方爲圖書館界的分子。在互館貸借制度實行時期，大學校圖書館的圖書，常使非大學校的分子也能間接享受利益，或者更把他公開使大衆直接享受利益。大學校圖書館公開始於德國。德國圖書館的成績源於美國，在世界上占第二位，但是他的大學校圖書館多半公開，這種特色在圖書館最發達的美國，也不能不讓他專美於前。最近美國也漸採取這種辦法。威斯康辛大學關於稀購難得或重要的圖書，常貸與其他的圖書館，又常聯合州立歷史專會圖書館、威斯康辛學藝院圖書館，和其他公立圖書，行使巡迴圖書館制度，雖獨隔十數里遠的人民，只要通信，就可以借書。

我以爲中國公共圖書館既然不發達，一般人民缺乏利用圖書的機會，各大學校圖書館若能實行整理，并且把他公開，實莫大的公德。倘萬一不能無條件的公開，稍加限制，僅對同屬研究某項學科的團體或私人開放，也是大學教育普及事業的一種，對於社會上也很有利益。美國南加大學法律科圖書館，對於本地律師公開，即其先例。

(見《學林》一九二一年第一卷第一期，一九二二年第一卷第六期)

東　遊　記

引　子

今年十一月的時候我搭日本東洋汽船公司的大洋丸赴美留學，因爲想便道參觀各處圖書館的原故，凡是大洋丸停泊的地方，我都上岸游覽，因此見聞稍多。加以個人在沿途中所發生的種種感想，我都把他記載出來。先把從北京到東京的一段抄在這裏，質諸關心我的近狀和有意東遊的朋友。

京　津

十一月二十八日由前門東車站搭京奉車赴天津，今日是我的紀念日。我想到美國的心存了好久，總未能辦到，今日是我啓行赴美的日期，我搭京奉車不知多少次，都是到國内各地，今日是我搭車出國的日期，所以在我個人方面今日最有記載的價值。今日我起床很早，六點鍾的時候就出門，先一我在我的家兄心如家中寄宿，他住在東城，就到東城方面朋友處辭行，當時天氣還早，他們多未起床，就是有起來的也正在穿衣洗面，我也不便煩擾他們多談，因此兩三點鍾時候就跑了十幾家，九點鍾以後到西城，又跑了好幾家，十二點鍾回到法校收拾行裝，三點半鍾到東車站。此次送行的較多，約數十人，多半是有事相託，或賜送相片的。送行的舉動，我本不贊成，因爲送一個人要消耗許多人的光陰，實在不經濟。譬如有一百人送行每人耽擱兩小時，合計就是二百小時，拿每日作事七小時計算，共計有一月的功夫，這一月的工夫拿來作事，精神的或物質的生產品，一定不少，倘發送行的更多，所損失更大，我這一次出京在午後四點，正是各機關辦公和各學校上課的時候，有人問我搭車的時間，除非不得已我總不願告訴他，因爲少一人送行，就少消耗光陰兩小時，(北京尚無電車從東西城到前門車站送行來回至少要兩小時)世界上就可以多點生產品也是一種公德。四點二十分的時候，鳴笛開車，同行有楊君孝斌，黄君爲綸和舍姪正芳都是送我到天津，楊君和我同事有年，黄君是我的舊友，此次因國際律師協會在北京開會，他是代表湖北方面律師來京赴會的，到天津已經七點多鍾，同赴三馬路，拜會楊君鳳翱，然後到飯店晚餐，并畧爲遊覽，黄楊二君和舍姪住河北旅館，我寄宿楊君寓中，因爲車行疲乏，就寢很早。

津　浦

二十日七點起，畧食早點，即赴河北旅館，適黄君等已出外遊覽，當即到河北公園訪直隸公立第二圖書館館長嚴君臺孫，嚴君熱心圖書館教育，我託他轉請他的老兄範老爲我作一篇圖書館學的序文，他已應允，他并説範老也熱心圖書館教育，倘若身體不病，一定可以替你作序。十點鍾赴天津總車站搭津浦車南下，到站的時候，適家兄心如也由京來津，有事相囑，并携有家母相片給我，我同家兄出門多年，純恃家母一人料理家政，近數年因忙於冗務，從未回里省親，前年暑假家母因念我等過甚，曾來京一次，不久即行返里，留有相片以誌紀念，不覺又已兩年，我此次赴美又須數年才能回國，特把家已相片携同前往隨時瞻仰，以慰孺慕，臨行時曾囑姪女正容檢出給我，不料他忘記了，所以家兄第二天纔替我送來。十點二十分火車開行，同伴有昨晚下塌的主人楊君，他和我是法校同事，他在一班裏邊成績最優，可稱是學長了，他供職津浦路局，專辦鐵路職教育，今日特送我到上海，未上車以前，他曾替我定一個包房，等到上車的時候，我們定的那間房裏有一個軍人在坐，不讓我們進去，中國軍人坐車向來是不花車錢，不守規則，這種現象當然不希奇，不過我們没有坐位，總不甘心，因此找車守和他交涉，車守來了，連説帶笑的和他交涉了好久，他才肯出來，不然我們恐怕永久不能進去，定坐也是空定了，午後六點車過濟南，徐君紹谷上車叙談，我赴京的時候，曾替他的家中带有物件交給他，先一天家兄曾寄他一信，請他來站取去，所以他按時就來了，他在車上和我談叙好久，他并且説他和問渠(他的太太)商議，爲我買物送行，因爲别種物件太俗，擬買遊美指南相送，不料書店裏已經賣完了。未能買得，實在對不住，我也説這種辦法，我很贊成，你們文明夫婦有這樣文明舉動，令人佩服，可惜未買得，令我不能沾染文明風化，但是你們盛意我已心領了。

三十日今日仍然車行，我和楊君時常聚會，雖有遠行也没有多的話可談，我在車中第一種任務就是校閲圖書館學。先是去年春上，我翻譯日人田中敬所著的《圖書館學指南》一册問世，適逢是年暑假北京高師開圖書館講習會，銷行很遠，尚志學會林宰平先生囑爲會中編輯關於圖書館的書籍，以提倡圖書館教育，我當時應允并自定是年年内脱稿，不料説起來容易，做起來困難，我從去年九月開始編輯，因爲蒐集圖書選擇材料，很費工夫，到了今年九月經過一年還未脱稿，因爲信用關係，勢不能不如約，因此兩月以來，夜以繼日，赶速編輯，到臨行的時候才勉强完卷，但是還未點句和改錯，不得已只得拿到車中辦理此事，不料火車行走振動太甚，僅能閲覽，改正錯字已不容易，至圈點句讀更不用提，只得等到上海再辦。今日午後三點到浦口，五點到下關，因爲食飯洗澡理髮寫信等事，耽擱數小時，十一點搭滬寧特别快車赴上海，滬寧路築造極好，車也清潔，在中國稱第一，收入雖然不豐，旅客却稱便利，我同楊君卧睡很安。

上　海

三十一日上午八點到上海，我到上海這是第三次，但是道路仍然不熟，并且帶有行李，搬運不便，特同楊君雇馬車一輛到大行台旅社，畧爲休息，并檢點行李畢後，即到通濟隆洋行問開船日期和更換船票，(我的船是在北京通濟隆洋行定的，僅有收款單據船票要在上海通濟洋行換取)據該行辦事人説，船三號午後可以開駛，但是未上船以前，要驗身體，我説船公司應當有人驗，他説要先請外邊醫生驗過，我説我已經請北京協和學校驗過，并有證明在此，他説這種證明書無用，要附有相片的證明書才可以，我説請什麽醫生驗才好，請本地丁福保醫生驗可不可以，他説要請美國醫生，别國醫生他們不信服，我説不認識美國醫生，他説可以介紹，他就寫了一信給我，教我請某醫檢驗，要備檢驗費銀十兩，并且給我船公司印就的檢驗證明書三張，囑我連同四寸半身相片交醫生簽字，我拿了信以後，就到相館照相，然後到各處拜會朋友和校閲圖書館學。

十一月一號早九點，到相館取相片，因爲催索太急，印的太壞，我取了相片以後，我想我在北京的時候，未聽説要另外請人驗身體，驗身體也不必花十兩銀子的手續費，我就跑到環球留學生會去問一個詳細，或者他能介紹一個醫生省一點費也未可知，不料會裏邊的招待部辦事員出門去了，要等午後才能回來，我恐時候不夠，我也不再向他打聽，只得到某醫生處去檢驗，美國入境最忌的是 Trachoma(一種眼病)和 Hookworm(一種蟲症)，檢驗的時候也只就這兩種檢驗，據醫生云，Hookworm 中國人患的很少，檢驗也不大注意，我問他船公司還驗不驗，他説有他簽字，船公司就照例簽字不再驗了。以後我把他驗了簽字的證明書交給洋行轉交船公司，果然不再驗了。

我有好久未到上海來，我現在一到這裏，最惹我注目的就是交易所的衆多，交易所效能本來可以平衡物價，活動金融，無奈到了中國就成了橘移淮變爲枳的情形，效果就大不同。中國人對於交易所是本着一般人徼幸的心理去辦，自從北京有了一個證券交易所以後，各市鎮都效尤舉辦，上海一處更其衆多。據本地人説，大概有百餘家，依我看起來，到處都是還不止這些，在歐美工商業發達的國家，每國也不過可數的幾家，中國工商業幼稚的國家，反這樣興盛，豈非怪事，考查他們的内容，定在都是虚張聲勢，并不遵守定章，不但對於一般人民有害，就是辦交易所的也無利，聽説已有因爲辦理不善倒閉的，我想不久倒閉的更多。

二日又到通濟隆洋行開船期，據船公司通知，果然定於三日午後開駛，這隻船前數月的廣告，本來是十一月二日由上海開駛，現在改爲三日開駛，只遲一天，還不算太慢，因爲有許多船實在開行的日期比廣告上的日期有遲好幾天的，令人等的不可忍耐。是日晚在王君敬文處晚餐，在坐有張君東孫，潘君公展，高君承光等，談論甚久，極爲暢快，談到著書方面，高君説在中國越是專門的書，價格越是賤，因爲書局恐看的人不多，銷路不廣，不肯出高價收買稿子，并舉他所著的《國音學》和我所著的《圖書館學》做例子，大家都以爲他的話很對。我并且説我所著的《圖書館學》只可和尚志學會講生意，别處不但不肯出高價，恐怕還不肯要呢。張君又説著書賣書的苦楚，他近來著了一本關於社會問題的書，（我記不得他的名稱了）。費了很多的工夫纔成功。交共學社出版，并未得多大的報酬。我到上海已經三天，因爲買物會人等事耽擱太多，《圖書館學》還未看完，因爲第二天要上船，無可推諉，只得連夜把他校閲完畢，是日晚除閲書以外，并寫信數封直到三點方就寢。

三日午前買應用物品，午後收拾行李。三點到三馬路海關碼頭搭東洋汽舟公司駁船至吴淞口上大洋丸輪船，從上海到吴淞船行一點多鍾，天氣很冷，風浪很大，大洋丸并未泊在海岸，不能上岸。楊君送我到此，仍然要搭原來駁船回上海，定要受凍，我的心裏很覺不安。

大洋丸

三日午後五點登大洋丸。我所定的艙位是一一四號，在D甲板上，艙位甚寬約一丈有餘，裏邊有床四具，分上下兩層，上層床較小，只可供小孩睡卧，携有家眷一艙可住四人，若彼此都是生人，就有不便，我的同艙是一位顧君，他是北京中國銀行行員，赴美研究銀行業務，爲人精敏，曾留學日本，航海多次，情形熟習，助我很多。

午後七點到飯堂晚餐，餐堂在C甲板上，大可容三四百人，餐棹形式大小都不一樣，編有號碼，初次坐在某號棹上，以後每次就在某棹，雖然有時也有改動的，但以不改爲原則。西人極重視晚餐，雖在家庭裏邊，照例着夜禮服，然後會食。我在國内的時候，聽説船上也是如此，我臨行的時候，還以未能備置這種衣服爲念，其實船中并不須用，幸虧未製，免使行李徒然加多，惟進餐堂衣履要格外整潔，無論早餐晚餐，都是一樣，不然，恐怕别人看見一種討厭的樣子，雖不暈船，也要作嘔。進食的時候，除早餐以外，照例作音樂，音樂器具，不外提琴鋼琴等類，作音樂的人，都是從菲律濱聘來的，聽説别的船也多半是這樣，或者是菲利濱的人長於音樂的原故。

晚九點船開駛。我因爲恐怕暈船，就解衣就寢了。夜睡很安。四日早六點才醒，這時候風浪很小，船也不大動，比有時長江的輪船還平穩，但是覺得暈眩，不敢起來，或者住北方較久，未習於水性的原故。七點鐘的時候，茶房(通叫做波威Boy就是伺候用的人)來請入餐堂早餐，因爲食慾不振，僅僅教他拿點羹湯麪包冰其林等物來，但是也不能下咽，只得耽在床上，聽其自然恢復。直到夜晚纔入食堂，畧食麪包牛奶等物，食畢到B甲板冬季花園裏邊小坐，又到甲板上有欄杆處憑眺，精神尚好，從此以後，即不大暈船了。

這個船名叫大洋丸，原來是德國的，歐戰的時候，經日本取得了，現歸日本大藏省所有，租給東洋汽船公司航行，可載貨一萬四千多噸，頭等客四百多人，二等客二百多人，三等客五百多人。在東洋汽船公司裏邊總算很大的船，設備也很完善，頭等艙裏邊有書簡室、吸煙室、游泳池等都是供共使用，但管理規則極嚴，除吸煙室以外，不准吸煙，吸煙室裏邊的椅子，不准携出室外，倘若想在甲板兩邊閑坐，要出美金一元，租椅子一張，沿途自由使用，可見他們自由裏邊又有相當的限制，至於游藝器具，B 甲板上各處都有，可自由使用，毫無限制，人員約三百多人，上級辦事員概是日本人，但是茶房除日本人以外，還有中國人，不過所謂中國人的，都是廣東人，不能説普通話，雖曉英語，但是很簡單，并且伺候不如日本人週到。

五日早七點船到長崎，將到岸時，照例要檢驗身體一次，由茶房通知各客齊集食堂，聽候檢驗，其實對於頭等艙的客人，不過點名一次，對於二等客人稍爲認真，惟有對於三等客人要排隊鵠立船頭，聽候醫生，等到醫生來，又如同使用按摩術的樣子，逐一人檢驗，聽説到舊金山的時候，對於三等客更其嚴，對於頭等客人，仍然從寬，所以到美國的人，最好坐頭等艙，三等艙裏邊人太擁擠，固然容易得病，但是頭等艙裏邊就不得病嗎，我决不敢信，船在長崎停泊一天。

六日早晨，從此向神户開駛，是日船行日本内海，就是九州四國中間的海峽，整天風平浪静，精神安適，沿岸多山，草木蒼翠，青山和緑水相映，風景絶佳，憑欄遠眺，爽然若失。午後經過門司，兩岸都是市鎮，層樓高聳，屋瓦輝煌，但見人影，不聞人聲，如海市蜃樓，令人不忍遽然舍去，晚寫家信二封。

船中西洋人常聚衆演説，又常開跳舞會，有獨跳的，合跳的，合跳的大概是一男一女。共同跳舞，所用的音樂，就是船中餐堂的。又每逢星期日西人舉行祈禱，聚數十人在一處，畧爲演説，以後就低聲下氣禱告，不發一言，西人一動一静，都有一定的趣旨，令人佩服。中國人在船中毫無所表示，除食飯以外，都散在各處，間或有個坐在椅子上看書的，就稱不可多得了。

船中浴室很多，都和便所在一齊，門口用紅色或藍色電燈標示，以便和普通房間區别，我們初想起來，浴室和便所在一處，必定不清潔，其實不但很清潔，并且有許多方便的地方。入浴時間限制很嚴，每次不得過十五分鍾，以便别人入浴，其實人少的時候，雖然多洗幾分鐘，也没有人干涉，船中有醫藥室，可以診病配藥，我問他診病每次收費多少，他説除花柳病以外，不收診金，僅收藥費。

船中有圖書館，藏書數目，雖然不多，種類却很完備，日文的居多，也有英文的。貸出規則極簡單，凡是頭等客人，只要簽個名字都可以借出，外國注重圖書館教育，舟車裏邊都有圖書館，不同中國，往往數萬人居住的城市，還没有圖書館，這也可以知道他們文化進步的大原因了。

七日，船到神户，船中照例早七點以後早餐，因爲船到岸很早，所以先一天船中就有通告，請大家早起，早餐改在六點半，船到的時候，照例要檢驗身體一次，檢驗畢，我就同顧君上岸，自從上岸以後，就從神户搭車到東京，直到十一日午前十一點，纔由東京回横濱再上船，從船到神户的時候起，到船離横濱的時候止，共計五天，這五天的工夫我就和船暫時脱離關係，純是陸上生活了。

長 崎

長崎屬日本四國，距中國上海僅一日兩夜的路程，和吴淞口遥遥相對，襟山帶水，地勢險要，日人築有砲台，是日本西南要塞，我同顧君是五日午前九點登岸，步行不遠，見一新聞販賣所，買長崎新聞數份閱覽，知日本内閣總理原敬氏於先一日午後被刺身死。

原敬本政友會首領，他和貴族元老能夠携手，他又能籠絡各派青年，在日本現在總算不可多得的人物。他做總理已三年半，他在東景驛被刺以後，東京方面頗爲震動，一時呈混亂景象，最奇怪的，原敬氏被刺的兇手，當場捕獲，本是日人中岡艮一，但是第二日各報紙宣傳都説是朝鮮人，這并不是他們誤傳，實在是有意捏造，因爲他們國内鬧了亂子出來，他們總説是朝鮮人，考求他們所以這樣的，却有兩種心理，一則恐怕引起人民仇視政府的觀念，不願意把壞事加給本國人，二則素有嫉視朝鮮人的心思，偏把壞事加在朝鮮人身上。其實這兩種心理都是大錯，人民仇視政府和不仇視政府，單靠政府政策怎樣，倘若政策不合，一般人民心理，這種欲盖彌彰的舉動，不惟無益，并且有害。

原敬氏被刺，因傷中要害，所以頃刻間就畢命，但是他却有遺言好幾項，這些遺言都是平常的時候寫的，他平時屢次對家人説，凡是居高位的人，死的時候死的地方都不能一定，倘若我死了，你們應當照我的遺言辦理。就這一端看起來，日本人比中國人就高一等，中國人做事只顧頭不顧尾，一旦握有大權，就無所不爲，不留餘地，决不想到自己有死的一日，我勸現在中國野心家，不可過爲已甚，致不得正命而死纔好。

我到長崎主要的目的，就是參觀圖書館，因爲情形不熟，不知圖書館在什麼地方，特拜訪當地中國領事請其指示，郭領事派魏君引導我等參觀圖書館，并到各處遊覽。

長崎有一縣立圖書館，規模雖然不大，内容却很完善，有普通閱覽室一處，可容一百多人，兒童閱覽室一處，可容數十人，兩處都有目録橱，貯藏目録片，雜誌架設在普通閱覽室裏邊，出納台附近陳列雜誌很多，都是分格陳列，每格都標有類名，如教育文學，哲學等類。此外又有日報閱覽室，陳列日報數十份，多半是長崎當地新聞。日本圖書館協會今年定在長崎開常會，長崎縣立圖書館館長永山氏因爲要盡地主的義務，正忙碌籌備一切，聽説會期定在十月十五號，我想到那個時候日本全國圖書館都有人到會，必定有一種盛况。

日本圖書館協會是明治二十五年成立的，到今年已經三十年了，他的本部在東京，每年輪流在各處開會，其所以開會地點不固定在一處，一則使各處館員平均勞逸，二則使館員得以參觀各處狀況，中國還没有全國圖書館協會，無怪乎這種教育不能統一，不能改進。

長崎地方除縣立圖書館以外，還有商業學校，醫學校附設的圖書館。因爲時間不夠，未能一一參觀，出圖書館向左轉拾級上升，就到公園。

這個公園沿山建築，有天然美景，加以人工畧爲點綴，就成佳境，和圖書館比鄰，但地勢更高，登最高處眺望，長崎海港，都在眼簾，我以前遊覽西湖的時候，看見浙江省立圖書館和公園都靠山建築，登高遠眺，全湖了然，留戀不舍，不料今在長崎又遇這種佳境，不啻重遊西湖，雖然，西湖湖中有山，是長崎海港所不及，但是長崎地臨大海，波浪澎湃，巨艦往來，使人有波浪遠遊的意志，西湖就不能比了。

遊覽將畢，中途遇孫君士傑，又和他一同前往領事館，孫君是新簡橫濱副領事，搭大洋丸赴任，在船相談甚得，他上岸便訪長崎郭領事，不料郭領事因公外出，他的太太出來招待，郭太太爲人精敏，善於交際，北京話説得很好，他説日本物價昂貴，用費很大，占米一百斤要四十元，洋車一點鐘要八角錢，最奇怪的在中國很賤的日本貨，在日本也很貴，所談一切，雖然都是家常細故，但是就此也可以知道日本生活程度的大概了。

長崎以前是中國人勢力範圍，中國人很多，劃有中國居留地，現在勢力漸衰，居留地也歸日本漸次收買，不能再買回來，中國人也就一天少一天，現在全市不到一千人，鄉間雖有兩三千人，都是貧民經營紡織業，更無勢力可言，魏君向我等稱述，不勝今昔之感。

中國在長崎僑民，廣東人最多，其次是福建人，分三幫，一廣幫，二閩幫，三江幫，三江以及其他各省人都屬江幫，僑民教育機關在長崎市，僅有一小學校，經費并不充裕，有時還賴慈善家捐助，鄉間連小學校也没有，我問魏君他們可曾上日本學校，魏君説他們也不上日本學校，可憐我三千僑民何不幸做中國人民，連受教育的機會都没有。

神　户

神户是日本商港，在東京西南，在長崎東北，和大阪隔離極近，神户領事就兼管大阪僑民事務，我同顧君上岸，就到中國領事館，李副領事出來招待，談到參觀圖書館事，他説這個地方以前有一個市立圖書館，在公園裹邊，規模較小，現在已經改造，規模很大，所有建築都是仿照新式，領事館方面接有他的通知，定於本月十七日舉行開館典禮，邀請各界觀禮，現在布置還未完備，不能參觀，我又問他這個圖書館還未開館，不能參觀，但是建築既然壯麗，我們可以看看外表也不枉來這裹一次，他説這個圖書館仍然在公園裹邊，現在這個公園因爲翻修馬路，不讓人進去。我聽他説到這裹，就非常失望，遂改談别的事情。

十二時李君請在中國飯館食飯，所食大概是魚蝦雞雀等物，三人共食六七件，在北京不過值兩元左右，在這裹非十多元不可，這是日本所説的中國料理，若是西洋料理，更其昂貴，日本料理雖較賤，但是中國人多食不慣。

神户公園有三處，最大的就是圖書館所在的地方，現在既然翻修馬路，不讓進去，不得已只在較小的公園去走一次，然後去看瀑布。

神户瀑布最著名，在日本算第一，凡是到神户的人，没有不看神户瀑布的。神户瀑布就在市内，從中國領事館雇車前往，不過二十分鐘就可以到，一處有兩個瀑布，日本人分爲雄瀧，雌瀧；一個在山頭，長約十餘丈，上窄下寬，寬處約七八尺，窄處也有三四尺，有如重練，數里以外，可以看見，這就是雄瀧；一個在山峽，長約三四丈，寬三四尺，兩邊懸崖壁立，有如懸河，非到附近不能看見，這就是雌瀧。兩瀧地位雖然不同，意致各别，相得益彰。真所謂天湊其妙，無獨有偶。

神户本是日本商港，貿易最盛，聽説近年來輸入超過很多，銀根因此吃緊，實是日本的大患，但是同時中國方面却有一很好的現象，日本向來唯一市場就是中國，輸出貨物最多的就是棉紗和火柴，中國火柴業近來非常發達，還輸運到南洋羣島，久已不仰給日本，棉紗一項，近年來中國各地新立紡紗廠也很多，出産很旺，從上海華商紗廠聯合會季報裹邊可以考查需用日貨的程度，因此大減，從這種現象視察起來，我們可以有兩種覺悟：第一，中國和日本勢力互爲消長，中國勝利的地方，就是日本失敗的地方，所以日本遇事非抑制中國不可；第二，中國軍閥專横，政治混亂，可爲傷嘆，但是實業界却有進步，還有一綫生機，不可過於悲觀。

神户和長崎不同地方，長崎商務不若神户的發達，富商大賈較少，因此街市多沿日本舊式，不如神户的層樓疊閣，多是西式，但是想看日本本來面目，不可不遊長崎。

中國僑民在神户的，約三千多人，都在市内，多半是廣東人，聽説有某君在歐戰前曾購日本歇業的水泥廠一處，歐戰開始以後，外國水泥不能輸入，日本水泥缺乏，不數年價值大漲，獲利萬千，這種有先見之明的僑商，不可不把他表白出來。

大洋丸在神户停一天一夜的工夫，八日才能開駛，九日才能到横濱，十一日又離横濱，倘若坐船到横濱，再由横濱赴東京，在東京僅能勾留兩天，特和顧君商議，從神户先搭車往東京，八日就可以到，照這種辦法可在東京勾留三天，神户離東僅十點鍾鐘，火車船上可以按等級發給火車票，不另收費，這是搭日本船的特權，也是日本船的特點。試問中國招商局輪船能不能發上海和天津中間的火車票。我同顧君是七日晚十一點上的車，因爲這次車是特別快車，要加價三元，另外再加上卧車票七元，每人共花十元，就可以安睡一直到東京了。

東　京

八號午前八點二十分鐘，車到東京驛，先一日我在神户的時候，曾給我的朋友王君載常打個電報，説我某時乘車從神户出發，某時可以到東京，請他到車站指示一切，等車到時，并不見王君，心裏很爲奇怪，或者電報還未收到，不然王君何以不來呢？不得已和顧君雇摩托車一輛，先到中國公使館休息，然後再乘電車，到王君處，臨我到王君處，王君却不在家，據館主説，晨早七點就同朋友多人到車站接楊君去了。我對他説我就是姓楊，他才請我進去，并且有一位余君出來相迎，説王君已經去到車站接閣下，我特在此候駕，余君留日已十年有餘，嫻習日語，余君知道我到東京要參觀圖書館，預先就邀請他替我翻譯，并指導一切，所以我初到，余君就在座并盡欵洽的責任，王君爲友辦事這樣懇切周密，令我感佩，坐談不久，王君和彭君就從車站回來了，相談之下，才知道他們和我錯過了，因爲東京車站很大，有兩個通路，一是乘車口，一是降車口，普通從各處到東京的車都停在降車口，所以他們在降車口等候。我搭的這一次車，不知因爲什麽原故停在乘車口，我就由這裏下車，因此一時不能相遇。我到東京本打算先參觀帝國圖書館，因爲時已過午，恐時間短促，觀察不能周到，午膳後臨時改遊公園，并參觀賽菊大會。

日本菊花最有名，每年秋季都有賽會，當舉行賽會的時候，參觀的人，往來如織，和觀櫻會觀楓會同是日本盛會，裏邊尤以達官顯宦名媛淑女爲多，因爲日人嗜菊，有錢有勢的人多半種有菊花，到這個時候除擇尤出賽以外，并携眷屬赴會，以廣眼界。今年賽菊會在日比谷公園舉行，任人參觀并不收費，種類很多，種植法畧同中國北京，人工比北京更多，一本多枝互相錯綜，花頭繁榮，葉片掩仰，有最大一株，枝長十三尺，花共五百六十朵，編如山形，高約五尺，花頭都橫行層疊，更是絶色。其餘各株，花頭雖少，編製都能獨具匠心，各色菊花，凡在一本的都是一色，雖然不如北京的紅綠交錯、黄白相間，但是他的純一不雜的精神，却有不可忽視的地方。此外有花頭很小的不加人工剪折，聽他自然生長，垂的如串珠，仰的如羅星，枝葉扶踈，各盡其妙。又有一處不用盆栽，專折花枝，插安瓶内，彷彿是標本似的，每種只一朵。櫛比排列，花色紅綠黄白，各種俱備，花形有細長，如馬鬃的，有勾曲如蟹爪的。更有重疊如層樓的，花樣繁多，不勝枚舉。此外又有許多盆景盆形，方圓不等，深不過數寸，用泥木堆成山水形勢，并雜以種種草木，使世界名山大川，都在一室之内，這裏本是賽菊會，居然陳列各處山水模型，正如遊五都之市，珍錯俱集，飽覽以後，必到公園一游，醒豁心目，免使精神專注，過於疲勞。聽説這種盆景創自中國，製作的人，要有特別技能，必先學得繪畫以後，才能從事這種事業，不然，决不能惟妙惟肖。日本精於這種事業的非常的多，極爲一般人所愛好，價格最貴的每一盆可值數百元，他的價值可想而知了。

九日由馬君伯援介紹參觀帝國圖書館，馬君是革命巨子，憤本國政治腐敗。避地日本，現充日本中國青年會總幹事，爲人熱心友誼，和我有同鄉之誼，所以尤其樂爲介紹，他先以爲我不暗日語，顧盡通譯的義務，我告他已有友人代爲翻譯，不敢勞駕，我對於日本文法雖然懂得，至於方言從未習過，不習日本語來游日本國，直同啞旅行。這次游歷所以還不大隔横的，全賴危君誥生余君士誠二人的鼎力，危君和我是舊友，他鄉故知更覺親切，余君就是王君介紹的，雖然初次相識，却是一見如故。是日上午十時至帝國圖書館，由司書横井私三郎引導參觀，到午後，才出來，今把參觀所得的大概情形，畧舉如後：

(一)建築和設備　帝國圖書館在上野公園裹邊，全盤計書是，一個正方形，約二萬四千平方尺，中有一極大的庭園，現在已經竣工的，僅屬東邊的一部，占全體四分之一，約六千平方尺，加以臨時建築的房屋約三千平方尺，共計九千平方尺。除地下室以外，藏書室分八層，其餘的只分三層。第一層有大門，右邊是應接室，更右邊是貴賓室，新聞紙室，和目録編纂室，貴賓室構造尤其精美，是用槻木黑檀花欄三種材料，并鋪絨氈。此外又有階梯室，是用磨光的白丁場石鋪地，沿梯上升，到第二層，經過大理石和人造石的走廊，到目録室，特別閲覽室，和婦人閲覽室，更從廊下上鐵製的階梯，到第三層是普通閲覽室，大約二千四百平方尺，以每人占十八平方尺計算，可容一百四十人，因爲圖書館閲覽室空氣要清潔，求閲覽人的安適，不同戲園，以營利爲目的，地少人多，每人只占一二平方尺，中國北京方面的圖書館，閲覽人也有比較多的，但是閲覽室坐位太擁擠，如同以前舊式戲園裹邊的池座的樣子，出入固然有防礙，空氣更其不潔淨，倘若暖天進去，簡直不可當，我希望他改良纔好，縱然限於地基，限於經費，在夏天的時候，儘可把坐位搬一些出來放在天井裹邊，凉棚下面，也不失爲補救的辦法。普通閲覽室高約三十尺，周圍有柱十六對，四垣都是用白漆塗抹。此外就是藏書室，廢書室日本人叫做書庫，和其他各室都相毗連，和他室各層都有可以自由關閉的鐵門可通，預備有火災的時候使用。共分八層，每層大約一百四十平方尺左右，高各約七尺，各層都有鐵製階梯，互通往來。又有水力昇降器，以便傳送圖書藏書室，和其他各室，總計全高八十餘尺，根脚都是用磨石造成，各層的梁柱都用美國式的鐵料，極其堅牢，各壁面都用白色藥製的煉瓦石，可以防火，正面的大窗，用中國金製的花樣做裝飾品。聽説這些花樣，是東京美術學校發明的，極其美觀。地下室約八千平方尺，有閱覽人待合所，食堂下足置場，便所，物置，洗手所，乙部圖書一部的貯藏所。閱覽人待合所，預備閱覽室滿坐的時候，倘若有人來館，就在這裏等待。食堂是預備閱覽人食飯用的。日本式和西洋式的飯菜都有，并有茶點，取價并不大貴，一爲閱覽人謀便利，可稱無微不至。下足置場是脱鞋的地方。這是日本特有的情形，他國不必仿效。物置是閱覽人寄存物件的地方。洗手所是閱覽人洗手的地方。這種洗手的地方，中國各圖書館亟應仿照設置，因爲圖書館的圖書，所以供多數人閱覽，多數人裏邊倘若有一人有病囊，這種病囊，就可藉圖書做媒介，傳染到別人，在疫癘正盛的時候尤其危險，把高尚純潔的地方，變爲藏垢納污的場所，使人視圖書館爲傳染病的製造廠，因此裹足不敢前進，很爲可惜，中國各圖書館閱覽不多，所以尚未發見這種現象，但是防微杜漸，不可不及早注意，幸勿以爲是小事，把他忽畧了。

（二）藏書和使用　藏書和使用，可分三項説明：（1）藏書册數；（2）閱覽册數；（3）閱覽人數。這三項數目，帝國圖書館裏邊製有近四十年的比較圖。看他歷年增減的數目，極其明瞭，并且很有趣味。據最近的統計，從一九二〇年四月到一九二一年三月一年裏邊，新添的圖書六千二百三十四册，連舊藏的共計三十四萬八千零五十二册。裏邊有西文的八萬二千六百零八册，約占全數三分之一。閱覽册數六十九萬一千二百七十二册，裏邊文學語言最多，占百分之二十六强。科學宗教最少，僅占百分之二。閱覽人數二十四萬六千八百三十六。閱覽人的種類，學生占最多。在館内閱覽的，約占三分之二；带出館外的也占三分之一。又以上所舉的藏書數目，是指藏在書庫供人使用的圖書説的；至於複本缺本雜書和鄙俚等不供人閲覽的圖書，還有二十三萬多册。又雖供人使用，是他人臨時寄存，所有權不屬於圖書館的，約八千多册，也不在内。他的藏書方法，採用大小排列和分類排列兩種。不常用的或舊的書用大小排列法，并且排在藏書室頂上層，離閲覽室遠的地方，常用的或新的書用分類排列法，并且排在藏書室中層，離閲覽室較近的地方。又最新的書，常不分類。就排在閲覽室附近的地方，無非謀出納的便利。他還有許多中國和日本的不經見的古書，另藏在專室，不輕易給人看的。聽説要是專門學者并且要有特許的手續才能看。因爲他不願意給我看，我也就不便多問他。我看他的書架上有很厚册的地圖，和畫片，有些是中國内地的名勝和要塞，這都是印板印的，或者可以在書店裏邊買得出，但不知道他不給我看的那些書架裏邊還有多少關於中國的秘笈呢。他的藏書室裏邊又往往爲個人所寄贈的圖書另設一架，叫做某氏文庫，以誌記念的，也有好幾處，大概都是捐助較多的，若是捐助很少，僅在書上標記就是了。

(3)分類和目録　帝國圖書館圖書分類很特別，他把所有圖書分爲八門，每門裏邊又分幾類。今把他的門類并藏書的分配數目列舉在後邊：

第一門神學宗教　一六・三九二

第二門哲學教育　二九・〇一三

第三門文學語言　六四・五〇七

第四門歷史傳記地理紀行　六二・七四四

第五門國家法律社會經濟統計　四四・五六二

第六門數學理學醫學　三二・五〇六

第七門工業兵事藝術産業　六三・六四五

第八門類書書隨筆雜書　三四・六八三

他這種分類有没有科學上的價值，譬如每門裏邊的各類有没有共同的地方，何以應該把他列在一門以内，都是有可疑問的地方。并他把中國的經史子集都放在科學一起分類，這是中國不可效顰的地方。

他的目録就形式上説，分目録片和目録簿兩種。目録片中，日文書有書名目録片，件名目録片，西文書有著者目録片，件名目録片。目録簿中，日文書有分類目録簿，件名目録簿，西文書有件名目録簿。此外最新出版的書和國内的各種雜誌都另有目録片。又各種叢書有詳細目録簿，著名的雜誌有種種索引。

(4)閲覽和貸出　帝國圖書館，凡年齡在十五歲的，無論什麽人，都可以購買求覽券，换取閲覽證，到目録室翻閲覽目録，填寫書名，册數，書架，號數，住所，姓名，職業等，交出納台取閲。圖書求覽券分兩種：(1)特别求覽券，一次的一枚五錢，十次的一枚三十錢；(2)尋常求覽券，一次的一枚二錢，十次的一枚十二錢。尋常求覽券在普通閲覽室閲覽，每次借取的圖書較少。特别求覽券在特别閲覽室閲覽，借取的圖書較多。圖書的貸出除約定的教育機關或學術團體以外，要有特許帯出證的人，才能貸出。凡住東京府以内年滿十五歲以上有土地或家屋的，到館填寫願書和證書，就可以取得特許帯出證。又雖没有前項資格，但是有前項資格的人保證，也可以取得帯出特許證，每枚收費五元，一年有效，每次借書册數和裝五册，洋裝二册，借出限期依於圖書種類自十日到三十日不等，并且可以續借。凡是有特許帯出證的人，到館閲覽，和特别閲覽人(有特别求覽券的人)受同等待遇。除此以外，還有優待券，分甲乙兩種。甲種和特許帯出證有同一的效力，乙種和特别求覽券有同一的效力。

(5)館員和委員　館員分四級：(1)館長一人，(2)司書官二人，(3)司書十一人，(4)書記三人，都是見於帝國圖書館官制的；不見於官制的雇員，約十人；合計二十多人。員數雖然不大多，但是人人都能作事，館内各室幾乎到處都有館員，不同中國的某圖書館雖有館員二十多人，有一半是拿乾薪的，實在作事的不過十多人。除館員以外，又有商議委員會的委員。這種委員會是爲議决館内重要事件的，就是普通所稱的評議會，所有的委員都是文部大臣任命的。

以上所記各節，是帝國圖書館大概的情形，因爲時間短促，觀察未能周到，所以記載不能詳盡。但是我還有幾句話要説明的，長崎的圖書館在公園鄰近，神户的圖書館在公園裹邊，我前邊已經説明過。現在東京帝國圖書館，又在上野公園裹邊。這裹邊自然有重要的根據(這種理由今年六月我已經在新社會報上説明過不贅述)，就是就表面上看，公園和圖書館却有不可分離的關係。今年六月北京有許多人主張把中央公園裹邊的圖書館搬出來，當時我雖然反對，他們還不肯信服，幸虧中國教育當局向來是不顧輿論，未遽然替他搬家。從此可見集羣愚不能成一智者，衆議有時也不可採納。參觀圖書館完畢以後，就到美術展覽會。

日本有帝國美術院，每年徵集國内美術品開美術展覽會一次，供大家觀摩。這是第三次。這個會議在上野公園，離帝國圖書館不遠。裹邊的美術品分三大類：(一)日本畫；(二)西洋畫；(三)雕刻。日本畫共計一百七十一件，分十六室懸掛，彩色的居多，墨水很少。看他的畫法，十九是中國式的，間或有一二件和中國不大同的，也是仿中國式，都可以叫做東洋畫。西洋畫共計一百三十三件，分七室懸掛，純是西洋油畫。雕刻分木雕，石刻，鑄造三項。石刻有大石的，鑄造有銀的，價值當然很貴；但是木雕裹邊也有價值數千元的，可見他的評價在人工不在物質了。雕刻共九十四件，裹邊裸體最多，肌肉分明，神情畢現，能包含真和美兩種要素。合三大類，共計三百九十八件，數目雖然不多，都是很有價值的。有許多是非賣品，其餘的出賣品裹邊有加上小簽寫有賣約濟的，是參觀人已經定買的。日本美術品最發達，各市鎮賣畫片的小本營業非常的多。聽説這種營業已經推廣到美國各州，進而和西洋各國爭勝負。

以上是時間的美術。至於空間的美術，日本音樂也很發達。研究音樂高等的機關，有東京音樂學校，設在上野公園裹邊，東京美術學校附近。音樂學校，歐美各國都很多，日本後進的國家，也設立很多年了。惟有中國向來稱爲禮樂之邦的，還未設立，僅僅北大有個講座，真是孤路的明燈。聽説北大將來要開音樂學系，但不知什麽時候能夠實行。日本民間研究音樂的機關更多。音樂教授的招牌，市内各處多有。并且時常開音樂會。此外，日本對於兼有時間空間兩種美的性質的戲劇歌舞，也很研究。帝國劇場是日本最大的劇場，裏邊的戲劇，已漸改良，并且參加歌舞，演藝，佈景，都是花樣翻新，所費甚大；想顧一曲的，多則要代價十餘元，少也要三四元。其餘東京市内各小劇場也多有歌舞，不像中國北京三慶園，華樂園，裏邊裝飾古怪，鼓樂喧天，不可入目，不可入耳，毫無美的作用。日本演劇的多半是游學西洋的青年男女，曾經專門研究戲曲的，所以有這樣的好成績。總而言之，日本島國，山水秀麗，有天然的美景；而對於人爲美術，竭力研究，行將成爲東亞美的國家，爲世界人士爭遊的地方。

參觀美術展覽會完畢，時已午後五點，晚飯後同胡君危君等坐談。

胡君問我到日本以來最足以引起注意的是什麼事情。我説是日本的國民性。日本國民，謙恭和悦。上等社會的人，温恭有禮，藹然可親，自不待言；就是下等社會裏邊，人也很客氣。車夫受錢，必舉手道謝；下女進食，必鞠躬致敬。至於他們勇敢的精神，殺人報仇，所在多有，雖三尺童子過市，也没有人敢欺負他。外交問題發生，如華府會議一事，尤能舉國一致，各報都極力鼓盪民氣。總之日本國民性外柔内剛，决不像中國國民，色厲内荏，遇事凶狠，等到有更狠的人，他也就擱下了。中國對外的精神，也是這樣虎頭蛇，只有五分鐘的熱血。

危君提出婚約的問題討論。危君前年新和同鄉袁姓某女士訂婚，後來因某女士求學的問題，彼此意見不合，由危君提議解除婚約，招鄉里許多非難。他恐怕我不明白他的意思，所以提出討論。危君説，男女中間，講到婚姻問題，和自由戀愛有别，本應當受形式上的制限。但遇有意見不合的時候，儘可自由，不必拘於形迹，如解除婚約離婚等事，無非是伸張自由，不拘形迹。他又説，解除婚約和離婚，都是取銷婚約的手續。但就我個人觀察，在中國方面，解除婚約比離婚還普通易行。危君對於婚姻抱寧缺勿濫的主義。他説倘若不得合意的配偶，終身不娶也没有什麼不可。危君又對我説，“我前此回國的時候，聽説你已和某女士結婚，這話確否”。我説，這話不確。我和某女士雖然見過幾次面，却未談到結婚。我見過面的女人很多，不能説見面就有結婚的意思。并且結婚的要件，是情投意合。我和某女士談話的時候不多，我無從知道他個人的意志，和他對於我的感情。我和他是一個朋友還可以説，至於結婚的話，程度還未到呢。

十日午前九時，到東京帝國大學參觀帝國大學附屬圖書館，由司書島山源之指導一切。

(1)建築和設備　帝國大學圖書館建築如十字形，前邊是學生閱覽室，後邊是書庫，左邊是事務室，右邊是大門和新聞室；左邊樓上仍然是事務室，右邊樓上是休息室，特别閱覽室，和教官閱覽室。書庫每層高約十尺，書架約八尺，取書不便，不如帝國圖書館。但是他已在舊書庫旁邊另修新書庫，概用新式，不日就可以完工。

(2)分類和目録　中日文書分爲哲學宗教等十七類。西文畫分爲總記哲學等一十三類。雜誌叢書分爲三十一類。目録分目録片和目録簿兩種。學生閱覽室用目録片。自明治四十年以後，每月增加的圖書，都有月報，也是一種目録簿的性質。

(3)閱覽和管理　凡是帝國大學學生，給予閱覽票，憑閱覽票借覽圖書。大學院學生，分科大學卒業生，或高級生，有教員保證的，可以入書庫。此外法科大學學生，也可以入書庫。但是限於法律政治經濟書庫，并且一時在庫的只限六名。又分科畢業，和大學院學生，可以到特别閱覽室閱覽。閱覽室除星期日從午後六時到九時可以閱覽以外，其餘的日期通常從午前七點到午後九點。又放假期間，星期日休館。普通閱覽室裏邊有新書陳列架，貴重書陳列架，又有字典辭典等必要的參考書，陳列在前面桌上，任人自由參考。各分科教室和研究室，都備有圖書閱覽，時間都很長，所以不庸貸出。管理方面分四部：(一)監理部，管理書的出入和其他監視各事；(二)目録部，管理編目；(三)閱覽部，管理藏書和閱覽；(四)庶務，管理文牘庶務會計。

午後參觀植物園。東京植物園附設有帝大農科試驗場。雖然比北京萬牲園地方小，風景却較好。萬牲園有水無山，植物園有水有山。裏邊有一池，養魚很多，大的長約二尺，浮游水面，不怕人影，就近看起來，不啻西湖的花港觀魚，是植物園兼有動物的趣味了。植物方面多屬松柏，四季常緑的樹木。又有楓樹，冬季雖然彫零，當秋末冬初的時候，滿樹都紅，景色極其可愛。日本大正皇帝手植五株，現已成陰，是二十年前植的；現今的皇太子也植有三株，大不盈握。保護培植，極其周到。附近立有木牌，大書某某所植字樣，彷彿是使人致敬的意思。從此可以知道他們尊崇皇帝的心了。

日本人民不但尊崇皇帝，并且崇拜神仙。東京神社很多，有許多地方整天燈火輝煌，往來的士女必净手膜拜，或撞鐘捐款，有時西服革履的文明人經過，也釋杖脱帽鞠躬致敬，迷信比中國更其厲害。

我們未到東京的，以爲東京大學和專門教育極其發達，都是屬於男子的。其實他的女子教育也很發達。女子高等教育機關有女子學習院，女子大學，女子高等師範。中等教育機關有很多的女子高等學校。女子高等學校是中學程度，服飾整潔，舉止嫻雅。但是受高等教育的學生，除女子學習院是貴族閨秀以外，多半是形容憔悴，精神委靡的。這并不是中國古人所説的天欲豐其才而嗇其貌，實在因爲女子美於豐姿的，當高等畢業的時候，多被人競爭求去，遂有室家之累。其餘少數能受高深教育的，多半是無所匹配，或境遇不良的。聽説歐美也是這樣，女律師女醫士女教授等屬於絶色佳人的非常的少，從此可見東西洋社會人情風俗大畧相同了。

（見《晨報副報》一九二二年二月八日第三版至一九二二年二月二十七日第三版）

人民對於公共圖書館的權利義務

在未説權利義務以前，要先説公共圖書館的性質。公共圖書館必須具有左列兩種特性：

(一)公有；

(二)公用。

第一即所有權的問題，凡屬公家所享有的事物，都有這種性質，加官署官産等類都是。第二屬於使用權的問題，凡事物可供公衆使用的，都有這種性質，如道路橋梁等類都是。這兩種性質可以并存，但無因果的關係，更無連帶的性質。公園可以公有，同時又可以公用。電車可以共用，并不限於公有。公立學校實屬公有，并不能公用。公共圖書館，屬於第一種，必須屬於公有，同時又可以公用。因此公家所有的圖書館，僅限於一部分人使用，如省立參考圖書館，公立學校圖書館，并不能叫做公共圖書館。至於私人所有的圖書館，一部或全部公開的，也不能叫做公共圖書館。因爲這類圖書館，既然不是公有，所以供公衆使用，全屬個人的恩惠，并無法律的關係。倘若私人捐欵設立公共圖書館，供公衆使用，或者私人把自己所有的圖書館讓與公家，供公衆使用，所有權屬於公察，又供公衆使用，當然可以叫做公共圖書館。

公共圖書館既然應當公有，又當公用，至於收費不收費，并不是重要條件。學理上，公有事物，供公衆使用，不防收費。證例很多，不勝枚舉。但是事實上，公共圖書館多不收費。若在教育不普及的國家，更應當不收費，使貧者多得讀書的機會。所有維持費，可取用社會政策的租税，使富者不致過富。

公共圖書館既然具有公有公用兩種性質，人民對於他，一方爲所有主，一方爲使用者，遂有權利義務的關係。這種權利義務，和人民對於他種公物的權利義務大概相同，分別説明如左：

(一)人民對於公共圖書館的權利

這種權利大概可分四種：(甲)使用權；(乙)監察權；(丙)建議權；(丁)請願權。

(甲)使用權：這是各種權利中顯而易見的一種。圖書館的目的也就在這裡。古代圖書館專重保存圖書，實無使用之可言。近世圖書館任務日漸繁重，這種權利也就日漸廣溥。又可分爲直接間接兩類，直接的，就是人在直接使用圖書和建築。圖書館的使用，包含閱覽和借出。兩樣缺一，不能盡使用的權利。建築的使用，不僅指閱覽室。公共圖書館，没有講堂供講演的用，又用相當的房間來開各種補習班，或作人民俱樂部或研究室。間接的使用，就是人民假借館員使用圖書，公共圖書館設有參考室，所有的館員有答復人民詢問的義務。這種詢問，範圍極廣。凡是可以在圖書文字裡邊查得的都在其内。詢問的方法，無論用電話用書信或面詢都可以。無論能讀書不能讀書，能到館不能到館的人民，都能享這種權利。以上所有對於圖書館的使用，本來源於普通公物使用，但是範圍更其廣泛，無種族，無國際，無屬性，無年齡，無階級，無職業的區别。最合於平民主義，或社會主義。

(乙)監察權：公共圖書館，都有議事機關。任務極重，主要的是管理財産，監督館員。所有的人員，或是由人民選舉，或是由地方長官任命。但是有一定數目，能夠選出各界人才。有一定任期，能夠代表真正民意。

(丙)建議權：可分兩項。一對於圖書的建議，二對於館務的建議。公共圖書館雖然有代表民意的機關，却是人數有限，思慮難週，所以特與人民建議購書的權利。凡人民所願讀的書，公共圖書館未曾有的，可以由人民請求圖書館購買。又其他關於館内事務，有應改良的地方，人民也可建議到議事機關請求改良。這種建議權，可以適合社會隨時的需要，又可以補議事機關監察所不及。

(丁)請願權：這種權利更爲重要。人民對於公共圖書館倘若無請願權，所有使用權，督察權，建議權，都無從發生，無處行使。同是人民，對於教育應有均等的機會，圖書館又是平民教育唯一機關，所以人民對於地方政府有請願設立圖書館的權利，窮鄉僻壤，人烟絶少，萬難設立公共圖書館的地方，也可以請求政府或附近公共圖書館，設立性質相同的巡迴圖書館或游行書車。

(二)人民對於公共圖書館的義務

這種義務，可分兩大類：一積極的，二消極的。積極方面，就是納税義務。消極方面，就是守法義務，尚公義務。

(甲)納税義務：公共圖書館既爲公家所有，一切維持費用，當然出於租税。這種租税，可分三類：(子)圖書館税，就是直接爲圖書館所收的租税；(丑)特別税，就是指定某種特別物品，如狗馬玩好等類税收，歸入公共圖書館；(寅)普通税，就是從普通地方税裏邊抽出一部分作爲維持或建設公共圖書館的費用。以上各租税，經過法定手續(議會通過或市民投票)，人民就有負擔的義務。

(乙)守法義務：公共圖書館可以任人使用，隨時使用。自從開架制度施行以來，人民更可接近書架，自擇圖書。可算極自由的能事。所以有把公共圖書館叫做自由圖書館的。但是自由裏邊，仍有相當的限制。若漫無限制，反不能達真正自由的目的。公共圖書館爲維持多數人自由起見，常有種種法規，人民應當遵守。圖書館裏邊，不得喧嘩，不得偷竊，違者警吏可以干涉。借出圖書，也有規則，愆期罰金，損失賠償。都是限制少數人法外行動，使多數人得享自由。

(丙)尚公義務：公共圖書館是公家的財産，非個人所得私有，一花一木，盡當愛護，對於圖書尤當如此。我既不願用毀損的圖書，我若毀損圖書，他人就不能再用。凡事要存公德心，對於公共圖書館，更當有這種義務。

以上所述各種權利義務，今再列表如左，以清眉目。

- 公共圖書館
  - 權　利
    - 使用權
      - 直接的
        - 圖書
          - 閱覽
          - 借出
        - 建築
      - 間接的—詢問
        - 面詢
        - 電話
        - 書信
    - 監察權
    - 建議權
    - 請願權
  - 義　務
    - 積極的—納税義務
    - 消極的
      - 守法義務
      - 尚公義務

説明人民對於公共圖書館的權利義務既畢，特順便畧述我中國人民對於公共圖書的情形。

就義務方面説，外國人民從幼就有訓練，守法尚公幾成第二天性。中國人民未必能如此，實爲實施公共圖書館的大障礙。但是公共圖書館，又可以養成人民守法尚公的能力，二者有互相爲用的關係，不但不可因噎廢食，不設立公共圖書館，爲促進人民守法尚公起見，更有急於設立公共圖書館的必要。這是消極的義務。講到積極的義務，中國雖然無圖書館税，但各地方所謂教育經費的，莫不從普通税收而來，實可分多潤寡，辦理公共圖書館。又各地方特別税，名目繁多，挹彼注兹，不虞缺乏。

就權利方面説，四項權利裏邊，僅有使用權，并且使用權，多限於圖書的閱覽。不能借出圖書，又少使用建築。詢問的使用，因爲設備不完，館員缺乏素養，也未行使。因人民不慣參政，不知行使監察權，一任少數人自由處理。因爲人民缺乏素養，不能行使建議權，非緘口不言，即隨便議論。至於請願權，更未前聞，通都大邑，多無公共圖書館的設立。間有一二形似公共圖書館的，利益又僅及於少數人民，多數人民坐失其固有的利益，不知起來請求，大可歎息。

（見《晨報副刊》一九二三年三月二十四日第一、二版）

民九籌備鐵路職工教育計畫書

民國九年冬季，鄭洪年次長（在路政司長任内）主辦鐵路職工教育，委高元（今事務處長）楊昭悊（今編審股長）二先生擬就了籌備鐵路職工教育的計畫書。這計畫書裏面蘊蓄着高楊二先生縝密的思想和遠大的眼光，不特是中國鐵路職工教育史的重要史料，尤其是從事鐵路職工教育的同人們一面最有價值的明鏡。倘若這計畫已經全部實現，那麽，鐵路職工教育的前途，已經是夠贈的光明了；中國的前途，也多著一線曙光了，可惜受着政局的影響，到今天還衹實現了一部分，現在因爲篇幅的關係，將計畫書中的一部分——鐵路職工教育會大綱草案、董事會議規則草案和執行委員會議規則草案畧去，將其他比較重要的部分揭載出來。其條目如左：

（一）鐵路職工教育會全部組織系統圖。

（二）鐵路職工教育會幹事處規則草案。

（三）實施鐵路職工教育大綱草案。

（四）實施鐵路職工教育半年中進行程序。

民國十四年十一月十四日，編者章鐵民附識

鐵路職工教育會全部組織系統圖

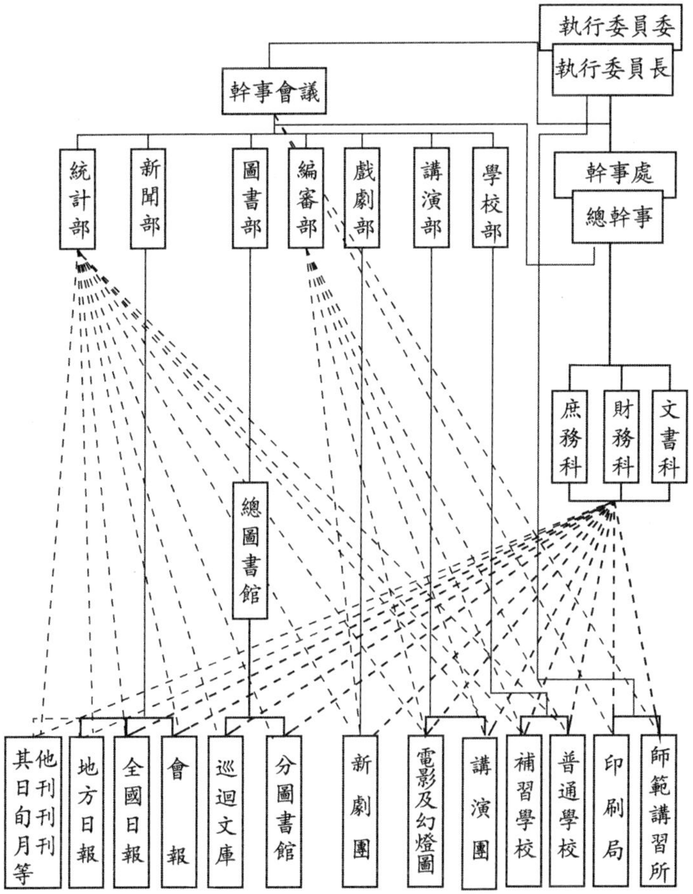

鐵路職工教育會幹事處規則草案

第一條　幹事處依大綱第五章第四節之規定，組織之。

第二條　總幹事依上章第二十條第二項之規定，爲本處之領袖，總掌事務。

第三條　幹事處設下列各部及各科：

甲，學校部；

乙，講演部；

丙，戲劇部；

丁，編審部；

戊，圖書部；

己，新聞部；

庚，統計部；

辛，文書科；

壬，財務科；

癸，庶務科。

編審部置主任二人，其他各部置主任一人，均由幹事互選任之。文書，財務，庶務三科，由總幹事直接管轄之，各部之詳細組織，由各部自定。

第四條　本處得隨時斟酌情形，設處員若干人，書記若干人，分任各部及各科事務。但所支經費，不得超於預算所定。

第五條　本處得延聘名譽職顧問，以備諮詢。

第六條　總幹事及各幹事，應組織一幹事會議。

左列各事項，應提出幹事會議：

甲，各部有關聯事務之進行；

乙，各部間權限之爭執；

丙，對執行委員會之建議；

丁，下列各項人員之任免；

一，本處處員，

二，各職工學校教員，

三，各講演團講演員，

四，各新劇團主任及正演員，

五，各圖書館館長，

六，各日刊，旬刊，月刊等總編輯及總經理，七，印刷局總經理。

戊，顧問之延聘。

幹事會議開會時，總幹事爲主席，文書科員爲書記。

第七條　前條第二項丁欵所列各項人員之任免，及顧問之延聘，應由總幹事之商請，用執行委員會之名義行之。

不屬於前項所列之實施教育人員，及本處書記，均由總幹事委任之。

第八條　本規則自執行委員會議決之日施行，并得隨時修正之。

(編者註)民國九年的鐵路職工教育籌備處，是依着這幹事處規則組成的。民國十年的鐵路職工教育委員會幹事處，民國十四年一月的鐵路職工教育委員會幹事部，以及現在的事務處，内容的組織，差不多全是採用這幹事處規則做样本。可見這規則的重要了！

實施鐵路職工教育大綱草案

第一章　總則

第一條　本大綱係規定鐵路職工教育實施之大方針；其詳細節目，委任於幹事處定之。

第二條　本會業務所及，以撥欵於本會之各鐵路爲範圍。

第三條　享受本會實施教育利益之鐵路職工如左；

一，車務工人；

二，機務工人；

三，工務工人；

四，材料廠工人；

五，路警；

六，管理局工人；

七，及其他。

第四條　實施職工教育機關，暫定爲下列五種：

一，鐵路職工學校；

二，鐵路職工講演團；

三，鐵路職工新劇團；

四，鐵路職工圖書館；

五，鐵路職工日報。

(説明)右列五者中，學校、講演、圖書、日報四者，人皆知其切於實用；獨新劇團之設，難免起人疑惑，以爲不急之務。然其實新劇之功，其於職工教育，當冠諸餘四者之上，蓋依新教育之原理，教育愈能接進於實際生活以至於與生活一致者則愈善。誠以教育與生活一致，則施教者與受教者之間，情達意通，無所捍隔，此種教育，在英語爲 direction，效力最爲偉大；而其入人之深，感人之切者，究莫如戲劇。戲劇之價值，在能以文學家之藝術，現身説法，自擋人生之真際。及其至也，則常能令人手舞足蹈，真情流落，日遷於善，而不自知也。西洋現代文學，如詩歌、小説、戲劇等類，各報社會，無不家喻户曉；至於戲劇一類，其價值近且高出於詩，歌，小説之上，此中舊有原理存焉。以美學論，詩歌之價值，在能由歌唱面表出難達之情，難言之隱，是爲時間之美；小説之價值，在能借文字描寫事實，使之活現紙上，是爲空間之美。凡斯兩種，其所以爲美，不偏於空間，則偏於時間。至於戲劇之價值，由横的方面言之，登場説法，千變萬化；以竖的方面言之，描寫事情，盡致淋漓。由此言之，戲劇實兼有空間，時間之美，故實施社會教育者，無不視爲效力至大。

由以上之説明，可知新劇之重要。然經費浩大，似滋疑問，但細較之，真可以無費而舉，教育戲劇，裝飾布景，均不必華麗，計其費用大約如左：

一、創辦費

甲　服裝費…………………………………………………… 五〇〇元

乙　布景費…………………………………………………… 三〇〇元

丙　其他用品(樂器及陳設等費)　……………………… 二〇〇元

共計……………………………………………………… 一〇〇〇元

二、每月經常費

甲、薪俸

a 主任 …………………………………………………… 一〇〇元

b 演員(二十人自二十圓至六十圓)…………………… 八〇〇元

c 職差(二人)………………………………………………… 十六元

合計…………………………………………………… 九一六元

乙、化裝(每月演十五次) ………………………………… 四五元

丙、雜用………………………………………………………… 八〇元

合計…………………………………………………… 一〇四一元

開辦費一千元一項，衹於初成立時，在北京開演售券一二次，即可得其數。若再多售券一二次，則開辦費可得二千元以上，規模更爲宏大，至於經常費之維持，則每次演奏售價值三元以上之名譽券十張，衹須售十次，即得三百元之數；另每月在大都會演一次，全場售券至少可得七八百元，合平時所得三百元，當足一千餘元之數，而經常費又可無虞不足矣。如此，言費用最省，言功則最大，豈可忽而不舉乎？

第二章 鐵路職工學校

第五條 鐵路職工學校爲二種：

一，普通學校；

二，補習學校。

普通學校收容未曾受普通教育，或受普通教育尚未完全者，而授之普通教育或完成之。補習學校收容前項之畢業生或其他受完全普通教育者，而授之以進步的鐵路職業教育與公民教育。

(説明)外國職業教育，大概言之，可分三級：一爲職業補習學校預備科，二爲職業補習學校，三爲高等職業補習學校，更或有設大學補習學校，則爲第四級，第三四兩級固無論，以我國工人教育程度之幼稚，恐不特第二級未易施行，即第一級尚難企及也。所謂補習教育云者，在德語原爲 Eortsetzungsschule，在英語爲 Continnation School 或 Improvement School，譯言繼續或進步之意，蓋對於已受完全普通教育之人(在德國制

爲國民學校畢業生，在英法制爲高等小學生）繼續而施以進步的教育，以期（一）養成善良之公民，與（二）培植熟練之職工者也。日本譯爲補習學校，實於原意未盡妥愜。至若補習學校預備科，亦臨非收容完全未受教育之人，其設立之目的，不過對於曾受小學教育而未畢業，或雖畢業而受普通教育尚未完備其程度未足與補習學校御接者，而謀所以完成之而已。今我國鐵路工人，不特曾受完全普通教育者（在高等小學畢業）不多，即全未受普通教育者亦不少。夫補習教育者，進步教育之謂也；補習的預備教育者，完全普通教育之謂也。今初步之未能，遑言進步，未嘗受教育，安論完成？此本會實施鐵路職工教育，所以不能不於歐美通制之外而另圖蹊徑也。爰參酌實際，定爲兩級，即普通學校與補習學校，普通學校，即施小學教育者，以工人多屬年長，其腦力當視兒童遠進，故可期於二十個月每週六小時以上，習畢小學之課程，畢業以後，如尚在年富力强者，則可升入補習學校，以受進步的教育，如年齡過長，則不必勉强。然既得普通學校之教育，亦得稍以養成公民之資格焉。

第六條　鐵路職工學校，得分別職工年齡之高下及工作時間之長短，强迫入學。

强迫方法，採用扣薪或解僱之手段，由本會商請鐵路管理局各執行之。

第七條　鐵路職工學校，不收學費。凡學生所用之書籍，及各種學校用品，均由學校供給之。

第八條　普通學校及補習學校修業期間，均爲五百小時，但於某種科學程度高者，得酌量免習而縮短其時間。

第九條　每五十公里以内，至少須有一普通學校；每二百公里以内至少須有一補習學校。

第十條　鐵路職工學校，應擇於較大之車站設立之。

第十一條　鐵路職工學校，設專任教員若干人，共同負責。

若干學校之聯合，得設巡迴教員若干人。

第十二條　前項專任教員及巡迴教員，由鐵路職工師範講習所畢業生充之；但補習學校之專科教員，得另就專門人才延聘之。

有必要時，得請路上員司自車務分段長以下，機務分段長以下，工務分段長以下，機器製造廠廠長以下，工廠廠長或修理場場長以下，材料廠廠長以下擔任前條義務職教員。

第十三條　鐵路職工學校，得依職工種類、工作時間分別教授之。

第十四條　普通學校之主要科，爲國語，算術，生活及公民科，鐵路要項等。補習學校之主要科目，爲生活及公民科，及鐵路專門技術科。

第十五條　普通學校及補習學校，每期授課至少四小時。

第十六條　每一普通學校，附設一游藝部。

第十七條　鐵路職工學校辦事細則，另定之。

第三章　鐵路職工講演團

第十八條　鐵路職工講演，在各路各段巡迴行之。一路得設數講演團。

第十九條　鐵路職工講演，於每星期以内，每段必須舉行一次以上。

第二十條　鐵路職工講演團，每團設主任講演員一人，講演員若干人。

第二十一條　前條主任講演員及講演員，由職工師範講習所畢業生充之；但有特别講演時，得就專門人才延聘之。

第二十二條　鐵路職工講演團講演方法，分左列四種：

甲，演説；

乙，電影；

丙，幻燈；

丁，留聲機。

前項講演方法以外，得助以音樂戲曲。

第二十三條　鐵路職工講演團辦事細則，另定之。

第四章　鐵路職工新劇團

第二十四條　鐵路職工新劇團，在各路各段巡迴演奏。

第二十五條　鐵路職工新劇團，每團設主任一人，正演員若干人，助演員若干人。

第二十六條　前條主任及正助演員，由鐵路職工師範講習所畢業生充之。

有必要時，得延聘專門人才擔任。

第二十七條　鐵路職工，應得聽演新劇之便利。

第二十八條　鐵路職工新劇，得依照下列，條件行一部售券，以助經費：

（一）每券價值須在三元以上；

（二）售券席位，不得超過全場席位二十分之一。

但有必要時，得依於執行委員會之許可，解除右列條件而行無限制售券。

（説明）本條前項規定售券之制限，誠恐執行人員徒貪售券之利，致妨碍職工聽演之利益故也。後項設一例外，蓋爲每月在大都會演全部售券一二次，以博經費終用，留一地步。又恐此禁一開。幹事處轉因以爲利，故特加之以條件，使執行委員會保留其節制之權，則弊將不至發生矣！

第二十九條　鐵路職工新劇團辦事細則，另定之。

第五章　鐵路職工圖書館

第三十條　鐵路職工圖書館分左列三種；

甲，總圖書館設在會所所在地，

乙，分圖書館設在車站；

丙，巡迴文庫設在車站或車上。

第三十一條　鐵路職工圖書館職員，分左列三種：

甲，總圖書館，設總圖書館長一人，及館員若干人；

乙，分圖書館，設分館長一人，館員若干人；

丙，巡迴文庫，設文庫員一人或二人。

第三十二條　總圖書館館長，由圖書主任幹事兼任，不另支薪。圖書總館館員——除一部由幹事處圖書部部員兼任，不另支薪外，——及圖書分館館長、館員、巡迴文庫員，均由鐵路職工師範講習所畢業生充之。

第三十三條　鐵路職工圖書館藏書，分左列五類：

甲，關於鐵路之法令、歷史及技術者；

乙，普通科學；

丙，通俗文學(如小説、戲曲、詩歌等)；

丁，通俗報誌；

戊，鐵路職工教育應用參考書籍。

但戊項書籍，惟總圖書館得藏之。

第三十四條　總圖書館應藏書在二千册以上，分圖書館五百册以上，巡迴文庫一百册以上。

第三十五條　鐵路職工圖書館所藏書籍，須以最簡易之方法，供給閱覽或借出。

第三十六條　鐵路職工圖書館辦事細則，另定之。

第六章　鐵路職工日報

第三十七條　鐵路職工日報，分爲二種：

一，全國鐵路職工日報；

二，地方鐵路職工日報。

全國鐵路職工日報，於文字之旁，用注音字母注其國音。地方鐵路職工日報，於文字之一旁，用注音字母注其國音，而於其他一旁注其方音。

(説明)查注音字母之作用有二：其一爲統一讀音，其二爲輔助識字，第一作用祇可施之國民學校之兒童，斷不能强迫已成年者，誠以對於年長者而强其恢復久廢的發音機關之使用，而禁止其慣習的發音機關之使用，爲甚難事也。故教育部强迫各學校採用注音字母之教習，祇限於國民學校，而中學校尚不與焉。中學生且不能强迫，何况三四十歲之職工？在京漢、京奉、津浦、京綏、汴洛、正太各路，國音教習可以無碍，當然可以强制行之，惟在滬寗，滬杭甬，粤漢，廣九，廣三各路，所經區域，皆語言與國音相去特遠。此種工人，若必欲强其學習國音，事實上之所必不能。於此地域，若不同時採用方音閏母，而僅强其依國音字母讀書報，勢必至視此種書報等於天書，無由通曉。此不特使注音字母之第一作用不能達到，即第二作用亦將全失矣！若同時於書報并注國音及方音兩種，則不特可以使其依方音字母以輔識字，更得以方音注音與國音兩相比較，而有以使國音之觀念，漸次浸漬而入於其腦海之中，此其收益豈不大乎？以是之故，教育部讀音統一會，所以有容許製閏母之議，决以爲語言殊異之區，推行通俗教育之助；而方今國語統一籌備會，所以有調查方音製造閏母之職務也。吾人須注意於國音字母，衹可於國民教育，强迫施行。至於通俗教育，則非藉方音閏母之輔助，决無以神其用也。

第三十八條　全國鐵路職工日報，設編輯所及總發行所於會所所在地。

於各地方語言與國音特殊之區，印行地方鐵路職工日報；於其同一語域中最大車站所在地，設編輯所及發行所。

第三十九條　鐵路職工日報，每日印行一張。

第四十條　鐵路職工日報設總編輯一人；編輯若干人，经理若干人。

第四十一條　全國鐵路職工日報總編輯，由新聞主任幹事兼任，不另支薪。全國鐵路職工日報編輯經理，——除一部由幹事處新聞部部員兼任，不另支薪外，——及地方日報總編輯、編輯、經理等，均以職工師範講習所畢業生充之。

第四十二條　鐵路職工日報内容，分左列四種：

甲　關於鐵路職工教育之論著；

乙　中外緊要新聞；

丙　鐵路法令及技術記載；

丁　鐵路瑣聞；

戊　通俗文學（如小説、戲曲、詩歌等）。

第四十三條　鐵路職工日報，須以最淺顯文字發表之。

第四十四條　鐵路職工日報，須用最簡易之方法，供給閱者。

第四十五條　鐵路職工日報辦事細則，另定之。

第七章　會　　報

第四十六條　爲宣布本會業務進行情況及討論其計畫起見，特設鐵路職工教育會會報。

第四十七條　會報編輯所及總發行所，均設於會所内。

第四十八條　會報每月出一册。

第四十九條　會報登載之内容如左：

1. 關於鐵路職工教育之專著及其譯著；
2. 本會會務進行録；
3. 本會預定進行之計畫；
4. 鐵路法令及技術記載；
5. 其他相關之著作。

第五十條　會報總編輯，由新聞部主任兼任，其他職員，均由幹事處人員兼任，概不支薪。

第五十一條　會報之詳細規則，另定之。

第八章　鐵路職工師範講習所

第五十二條　爲養成實施各種職工教育人才起見，特設鐵路職工師範講習所一所於會所所在地。

第五十三條　本所講習期間爲三個月，但新劇組則爲六個月。

第五十四條　本所招收學生，應以師範學校或中學校以上畢業，或有同等學力者爲合格。

第五十五條　本所不收學費，講義及應用書籍，均由校發給，每月津貼膳宿費八元。

第五十六條　本所課程，另定之。

第五十七條　本所職員如左：

一　所長一人，由總幹事兼任，不另支薪；

二　總務員若干人，由各幹事兼任，不另支薪；

三　總務長一人，由所長委任；

四　教務長一人，由所長委任。

第五十八條　本所教員，由所長經總務會議同意聘任，其薪額另定之。

第五十九條　本所應以總務長及總務員，組織總務會議；以教務長及主任教員，組織教務會議。

第六十條　本所辦事細則，另定之。

第九章　鐵路職工教育會印刷局

第六十一條　爲印刷鐵路職工教育用品之便利起見，特道鐵路職工教育印刷局於會所所在地。

(説明)本會印行書報，多用新格式，舉其要端，即如注音一事，已非一般印刷局所能勝任，今國内印書局，稍能印新式書籍且具備注音字母鉛字者，惟上海商務印書館及中華書局耳。職工學校課目，尚可寄印，至於職工日報，每日出版，勢必不能。若托一般印刷局或鐵路印刷局代印，從增製鉛字及新式標誌等件，得其允肯，然無熟練之排字工以運用之，必至難訛錯亂，不可紀極。爲印刷敏捷及精良計算，如自辦一印刷所，訓練一班排字工人，教以新式書報之排印，庶可楷置如意。且印刷之精良與否，排字工之技術比印刷機之效能爲尤重。要苟有價值四千餘元之設備，使熟練之工人運用之，勝於不熟練之工人使用價值數萬之印字機，其遠已甚，且作業收益，以抵經費，儘有餘利。以每日作業收益二十五元計算，每月發得七百五十元，每月經費約需六百五十元，(參觀預算表)收支相抵當溢純益一百元。不過四年，開辦資本，亦可回復。則是不費一錢，而又以得印刷敏捷且精良之利也。再進至五年、六年計算，且年有盈餘矣！既得方便，更可營利，此其開辦，又豈容緩？

不特此也，以本會每日印刷品之數量計一，亦有自辦印刷局之必要。計本會每日印刷品之數量如左：

一，師範講習所講義　約三十篇，每篇平均一百五十份，共四千五百篇。

二，日報　一張，二千五百份。

三，會報　每月一冊，約六十篇，平均每日兩篇，一千五百份，共三千篇。

四，職工學校課本　平均每日約八篇，每篇五千份，共四萬篇。

五，其他。

以右開數量，如欲托鐵路印刷局代印，恐彼未必有此閑暇。如請外間印刷局印刷，則所需印刷費，總在每日八十元左右，每月二千四百元，如此鉅費，不如自辦！

第六十二條　本所有餘力時，并得承印會外用品。

第六十三條　本所設經理一人，總理所務。

第六十四條　本所組織細則，另定之。

第十章　附　　則

第六十五條　本大綱有未盡事宜，得由執行委員會隨時修正之。

第六十六條　本大綱自執行委員會議决之日施行。

實施鐵路職工教育半年進行程序

自民國十年一月至六月半年中，實施鐵路職工教育之進行，擬分爲三期：自民國十年一月及二月爲籌備時期，自三月至五月爲試辦時期，六月爲擴充時期。兹將每期進行事項，略舉大綱如左：

第一期　籌備時期：

十年一月　成立幹事處。

舉辦預備實施教育的統計，先從事搜集材料，發出調查表於各路。

派出人員赴各路考查實際狀況。

開辦四星期講演會，爲現有人材充三月開始事業之用者，講演教育精神。

二月　收回調查表，製統計表。

四星期講演會完畢。

籌備設立總圖書館，規定辦事細則。

規定學校講演團辦事細則。

籌備設立職工學校及講演團。

編定學校課目，教案，及講演方案；着手編教科書。

第二期　試辦時期：

十年三月　開辦師範講習所，爲六月後擴充事業准備人才。

總圖書館成立。

成立職工學校十六校，講演團十團，發出實施教育結果調查表於各學校，講演團及圖書館。

規定日報及圖書分館辦事細則。

籌備全國職工日報及圖書館分館。

四月　成立圖書分館八所。

全國職工日報出版。

五月　規畫學校，講演團，及圖書館之擴充。搜集實施教育結果之調查材料，而製統計表。

改良教案，及講演方案。

修正教科書并付印刷。

第三期　擴充時期：

六月　師範講習所畢業。

擴充職工學校、講演團及圖書館，舉辦巡迴文庫及地方日報。

修正教科書出版。

着手編纂教科以外書籍。

（見《鐵路職工教育委員會會報》一九二六年第一期，本篇由高元、楊昭悊合擬）

美國勞工部和英國坎拿大勞工部的比較研究

這是楊君在美國南加大學提出的碩士論文，現由楊君譯成國文，交本社發表。篇中敘述美國和英國坎拿的勞工部之組織，微而顯，簡而賅，實爲吾國將來勞工部成立之一良好的參考資料。

編者識

（一）導言

在未提出這篇論文以前，勞工的分類必須明白。就一方面說，勞工可分兩種：即勞心的和勞力的，前者爲薪俸的工人，後者爲工資的工人。勞工部是管理工資的工人。再進一步説，工資的工人可以按照工人的屬性及工作的性質分爲男工人女工人，或手工的工人職工的工人，勞工部是爲這兩種的工人，無屬性及性質的分别。

爲維持他們的利益和保護他們自己起見，勞工有種種結合，如勞工聯合會（Labor Union）或勞工大會（Labor Congress），這都是勞工自己組織起來的，并且是爲勞工的。這些會的職員同這會所保護的人是一類，他們知道勞工的情形，格外明了，他們做他們的工作也格外熱心。雖説是他們有代表在議會，代表他們并是預備一些保護他們的法律，但是不能擔保這種法律實行，爲解除這種困難起見，必須有一種機關，在政府方面代表他們，并且和他們表同情，無怪美國實業會議和英國商業聯合，向政府極力要求設立勞工部。

最不幸的，勞工同資本家爲保護他們各人利益起見，常互相爭鬭。爲維持平和起見，勞工部如同“魯仲連”居間調停一切，所以我們可以把勞工部叫做實業界調和者。

因爲罷工事實非常繁多，資本家損失也非常的偉大，狡滑的資本家變更他們的態度，反來聯合他們，以抵抗消費者，這是經濟界的新現象，名叫消費者罷工。現今實業界罷工不僅是嫌工資的人或給工資的人損失，并且對於一般公衆也是一樣。換一句話説，實業界的罷工，直接影響到工人，是因爲損失工資。間接的影響到資本家，是因爲損失利益。其結果一般的人民因爲物價騰贵，而受損失。勞工部他能對於這事和解，不但是勞工階級的恩人，并且是全國國民的福星。

在以前的時代，人民只要求在立法機關有平民自主權。到了現在，行政機關也有平民自主權了。因爲有許多勞工部，有顧問院，這些顧問，都是資本家和勞動者兩方面的人，這固然是新的制度，現僅適用於勞工部，將來其他各行政部也都要適用。

此外還有一件可注意的事情，就是夏威夷勞工部尚有一種公斷的機關，這機關是勞工部和資本家、工人共同組織起來。這種觀念可以當做平民自主權的先趨。

我在寫這篇文章以前，曾經寫信到美英加拿大各勞工部，承他們的好意，寄來許多報告，并且許多勞工法。又有許多勞工部來了個人的書信，把勞工部的歷史組織和職權告訴我。南加大學政治科教員和圖書館員，羅生公共圖書館、社會科學圖書館員，都曾幫助我尋找材料。

（二）美國國家勞工部

(1) 歷史

美國中央十部之中，没有像勞工部設立這樣新的，也没有像勞工部設立這樣難的。他有六十年歷史，是隨時發達的，可以分三段説明：就是胚胎期；誕生期；長成期。

A　胚胎期

在這個時期，有很多的困難發生。這個部的名稱是從這時候出現的，并且做了許多關於勞工的事體；不過未經法律認可和别的部平等，僅僅的附屬别的部。這個時期比較的長，可以分做下列四段：

甲　勞工部的運動　自從美國内亂以後，有很多的工人覺得他們受經濟的犧牲很大，没有人能當得起。并且没有人能知道他們和他們的家庭都受缺乏顧傭工人的苦痛。并且很重的工作很低的工資，他們當時自己方面雖有會社，但是在政府方面却無保障。他們的利益的機關，一八六五年在 Louisville，Ke，有一般勞工代表，開一次大會。在這會議時，他們所决定的就是設立勞工部。在一八六六年八月這種决定又經 Baltimore 勞工大會議决一次，并且同時他們又組織一個全國勞工會（National Labor Union）。在一八六七年這個會在芝加哥開大會，對於勞工問題，採用一個更進步要求，這個要求對於勞工問題更爲緊張。

這個會的舊職工，一八六八年在紐約開第三次大會以後，謁見 Johnson 大總統要求他設立一個新部在華盛頓，名叫勞工部（Department of Labor）。

乙　勞工局之産生　一八七一年有一個議案，曾經議員 George F Hoar 提出於下議院，設立一個勞工科，并且商業聯合會，在當時曾經提出一個計畫，説他們將要繼續努力使勞工部早日告成。雖説他們這個議案未曾通過，但是這是勞工部第一次見於議會。

一八七三年實業會議臨時把一八六五年 Louisville 議案加以修正，設立一個勞工統計局。一八七八年商業聯合會與勞工聯合會開第一次大會，另外提議贊成這個辦法。

從一八七九到一八八四年，曾有許多議案曾經參議院、衆議院提出，他的結果，是把設立勞工局的議案，由兩院通過，并且經大總統 Arthur 於一八八四年六月批准。

丙　次等的勞工部的産生　因爲大家相信勞工問題是非常的重要，必須有一個獨立的部來管理這件事情。所以勞工部的議案，屢次提出於國會。一八八八年議會把勞工局提升爲次等的勞工部，成爲勞工部的名稱。

這個部因爲没有獨立的行政權，所以同現今的勞工部大有區别，爲區别這兩部起見，我名前邊的部叫做次等的勞工部。

丁　商工部的産生　在次等的勞工部産生以前，有好幾次議案提出，設立平等的行政部。到這個時候，仍然繼續進行這些議案，常用不同名稱。例如農工部，勞工部，農實部，并且實業部。其主要目的是有一個總長，在内閣代表勞工，并且同總統和各部部長討論勞工問題。這些議案多半是關於商工業。從此十五年以後，在五十八次會議時，國會把各種議案彙合起來，設立一個商工部，這個議案是一九〇三年二月十四日，羅斯福總統批準的。

B　誕生時期

在這個時期，所叫做勞工部的方纔産生，商工部對於雇主利益，未免偏袒，仍不能得勞工的歡心。因此對於勞工方面仍然要勞工部加以保護他們的利益。一九一三年六十二次國會第三次會議，通過一個議案，設立一個勞工部，與原來的商工部獨立。從此以後勞工部成爲獨立機關，和别的部平等。商務部僅管理商業的事情，以前所管的工資工人的一切事情，都移到這個新部。勞工司改爲勞工統計司，在這新部之下，移民及歸化司分爲兩司，同在新部之下。

C　發育時期

自從這個部産生以來，發展非常迅速。在歐戰期間，他有許多臨時組織作戰時工作。最重要的，就是婦女司。世界婦女作工的人，一年增多一年，他們須要特别保護。但是這個部起初原無這一個局所。兒童司曾經作許多事情，關乎婦女。在一九一八年，婦女司曾經設立，如同實業科的婦女課，在戰時所作的事情。以後縱然歐戰停止很久，婦女作工的仍然不見減少，在一九二〇年五月五日經過參衆兩院聯合委員會審查一個議案，經國會通過，設立婦女司在勞工部。

（2）組織

各部的組織，因職務不同，也隨之大異。不過因爲各種重要問題，如人員及附屬部分各部都是相同，以下特就四項問題分别敘述：（A）部址，（B）各司及分科，（C）職員，（D）經費。

（A）部址　這個部是占在一個新式九層樓建築的中間。曾經保過火險。有八萬四千九百八十一方尺樓板，在G街一千七百一十二號和一千七百二十二號。一年費二萬四千美金租金。這所房屋計有秘書廳，移民司，統計司，歸化司，并且有一大部分爲美國顧工事務處。兒童司，婦女司，及顧工事務處，占二萬六千三百一十三方尺樓板，在二十街及D街西北的四號，一個暫時建築。實業的房屋及運輸司占五千九百三十五方尺，樓板在Moltby建築裏邊，坐落New Jersey街二百號。

一九二三年二月議會通過一議案，看護這部的建築物，歸外交戰爭及海軍等部的看守機關看守，這個議案，是同年七月一號施行。

這部的各司，不幸散在各地，最好是最近的將來，公共建築委員會覓一個地位，把全部都放在一處。

（B）司及科　按照通例，各部均有附屬部分。附屬部分的數目從來没有限制。單看他工作性質和種類怎樣。

這個部自從一九一三年成立以來，即有各司及各科。到一九二〇年，經兩院的同意，又有婦女司。總共這個部内含總務廳内有四科，并且五個司如下：

總務廳

（一）出版及供給科；

（二）和解科；

（三）全國雇傭事務科；

（四）全國房産及運輸科。

統計司；

移民司；

歸化司；

兒童司；

婦女司。

這個部有一個圖書館，内藏很多關於勞工問題和兒童幸福的圖書。

（C）官吏和雇員　這部的首領是總長，他管理全部并且出席國務會議。他有兩種重要職務：一是供給總統和議會的報告；二是照法定事務動慎其職。爲實行他的職務起見，他能招集政府各部，要求關於他的職務的統計材料。

次長是帮助總長管理以上所舉的事務，并且遇到總長臨時死了、辭職，缺席，或者有病的時候，由總統命令代理總長職務，此外又有一副次長，他像次長一樣，做法定的事務，并且做總長臨時指定的事務。

除上述各職員外，又有些人員在總長公事房中，如辯護士，總秘書長，會計，銓叙官，等等。

辯護士是司法部的一位職員，但是他有辦事室專爲這部辦事，所辦的事完全關於法律案件。

秘書長由總長指揮，有大概管理秘書和雇員之權。并且實行部内各種法律所規定的事情。

會計是保管財政，并且預備預算案，爲要求分配財政之預備。監督財務職員，作成支出之報告。

銓叙官是預備屬員的任命、移任、增進、減少、請假、退職等事。

每一科有科長及副科長。每一司有一個司長或幾個司長。

這個部除在華盛頓以外，尚有許多職員，因爲事務年年增加，職員的數目也不能不增加。尤其特别增加的是美國雇工職務、移民職務，和解等職，人員的總數，在一九二二與一九二三年中間，是三千七百一十五，今分别列表如左：

總長室	八一
出版供給科	六
和解科	七四
雇傭科	五一〇
房産運輸科	四八一

統計司	一四六
兒童司	二四一
移民司	一・八四一
歸化司	二八八
婦女司	四七
總共	三・七一五

（D）經費　因爲工作及人員的增加，經費數目也隨之擴張。一九二二和一九二三年之間，係六百零六萬六千六百一十元零一角三分美金。在這些費用中，移民一項，要占百分之七十，職員薪水共占百分之十，列表如左：

總長室	一三五・一六九・六七
統計司	一五七・八五九・三七
移民司	六八・二九八・八九
歸化司	八六・九〇二・七三
兒童司	九一・五二六・一二
婦女司	九〇・〇一八・四七
總共	六二九・七七四・九五

但是移民司和歸化司曾有收入，他們的收入，幾乎能供給全部，在一九二二和一九二三年之間，總數是五百一十二萬六千零二十七元四角四分，如左表：

移民司	
人頭稅	四・〇七一・七三四・六〇
罰欵	一九六・八七九・七七
債票罰金	一六一・二〇〇・〇〇
租金和變產	四・二〇八・〇三
電話	八五九・八二
政府財產變賣	一・二四四・二〇
雜收入	四・二〇六・二八

總數	四·四四〇·三二三·七〇
歸化司	
歸化費	六三一·一二八·四五
歸化人頭税	三四·〇七〇·〇八
雜收入	
政府財産出賣等等	五〇五·二一
總收入	五·一二六·〇二七·四四

（3）職權

一九一三年成立這個部的法律説這部所以成的目的，是保護增進發展全國工資工人福利，改良他們作工情形，增進他們作工的機會。爲達保護增進發展全國工資工人福利，這個部本無權力保護工資工人特别權利，但是改良作工情形，增多雇傭機會，却是這部的目的。爲達這種目的起見，却有很多事情要作。不但是爲男女工人，并且爲他們的小孩。照前邊説的，這部有各種的科和司，這個部的職權特分舉如下：

（A）出版和供給科　照例各部都有一科，專買各種用品。勞工部的這一科，是同印刷事業合在一齊。他的職務是搜集統計材料，印刷并且散布這種統計。這個部并且印刷空格紙，預備取得統計材料。這科事務繁重，比哪一部的這一科，都爲重要。在一九二三年，有一百九十四種書籍和小册子出版，共有一萬六千五百零三頁，共計印刷一百零五萬七千五百六十一本。至於空格紙在那一年送出去的有八百六十萬零八千一百張。爲寄送這些東西起見，有六十五張郵政地名表，包含有一百多萬通信地址。

（B）和解科　這科在這部占很重要位置，爲保護工資工人福利起見，勞工部由這一科圖謀實業界的和平。這種辦法，是從設立勞工部法令得來，這種法令規定勞工總長遇到工人爭執的時候，有權作中間人，并且指定和解委員會委員加以調和。這個科的職員的職務，遇到工人發生爭執的時候，就是調和人。他們工作完全是外交行爲，他們是實業界的調和人，常使競爭的兩造合在一起，請他們自己斟酌讓步。

因爲罷工之事日益增多，這科的事情益見紛忙。在一九二二年及一九二三年之間，有五百三十四件商業爭辯罷工等等事情。這些事情直接牽連二十九萬四千三百二十工人，間接牽連十萬零一千三百五十八工人。內中有四百二十八件。這科得以和平解決，有一十九件是幫助各州官吏、各市官吏和地方委員會解決的。

(C) 全國雇傭事務科　爲幫助工資工人覓得工作，議會特令其設全國雇傭事務所，在這部裹邊。直接維持一個國立雇傭公司和全國各公共雇傭公司并駕齊趨。按照律令，國家的雇傭公司，已經和三十六州雇傭公司聯絡，并且和别四州市立勞工事務所聯絡，其結果雇傭事務有四十州和一百七十六個城辦理這種事務。從國家的、州的城市的雇傭事務，差不多每月有三萬人掛號爲求作工的地位。十七萬人要求幫助，有十三萬五千人覓得地位。對於工人和雇主均無所取。

有好多年代，全國雇傭事務科，曾設立一個農工局，同各州勞工部聯合，總事務所設在 2014 Main St. Kansas City Mo. 有好幾個州立勞工部、府立農業機關，和農商協會，幫他的忙。

雇傭事務科又有一個少年部，專管理本國少年由作工年齡至成人年齡無分男女。他有地方機關在十七市十三個州以內。專研究年輕的工人指導和安插的方法。

(D) 全國房産及運輸科　這科的事務就現時情形可分述如下：

一、租金和賣價；

二、租金和賣價的徵收費；

三、運輸和公債；

四、Norfolk County 輪渡；

五、政府旅館。

這科的財産有六百多所房屋，有的是旅館，有的是寄宿舍，散在十七州裹邊。

這政府旅館，是亞美利式最大旅館，專爲政府下級人員預備的。

這科收入，在一九二三年有三百八十四萬七千五百九十八元零八分。

除開以上所舉的，這個科收入，關於旅館的共有九十三萬六千零一十五元八角九分。

(E) 統計司　爲研究增進工人的福利計，首先要找出工人的事實。必須知道工人所有之環境，然後遇到他們生存競爭，才能幫助他們，爲達這種目的起見，統計司特地做成一表以便調查一切，其内容如左：

(一) 貨物整賣價格；

(二) 零賣價格和生活費；

(三) 工人工資和作工的時間；

(四) 傭工和失業；

(五) 工人保險和養老金；

(六) 工業損傷和衛生；

(七) 國内及他國工人法律。

曾經發行一種雜誌，Monthly Labor Review 專門載以上所述各事，這種雜誌，自從一九二〇年以來，人人皆可購閲，但是公共機關各州勞工官吏，公共雇傭官吏并且與各機關互相贈閲。

除開上述雜誌以外，又曾發行印刷品關於本司所特別調查材料。在一九二三年，四十五種印刷品曾經發行。計包含七千六百七十頁，三百五十一份航線圖，四十八種説明圖，三十二種表格，三種地圖。

(F) 移民司　這個司是執行關於移民的法律，他的目的是在斟酌閉門自守，以抵制外來民族，免得他們進來了以後對於美國國民生活有防礙。他的第一件職務，就是試驗外來人民想在美國居住有無特權。他的試驗方法是在三千英里海岸，并墨西哥加拿大交界處，到處設立機關，檢驗行旅。

爲節省經費起見，多年有許多不合法的外國人檢驗退回本國。在一九二二到一九二三年之間，有三千六百六十一人被檢驗不及格退回。計墨西哥數目最多，有一千零一十二，英國四百零一，法國三百零二，中國二百二十四。

自從百分率於一九二一年五月十九施行以後，移民數目大減，一九二一到一九二二年，只有三十萬零九千五百五十六名移民到美國。拒絶中國人民的法律，自一八八二年就施行。和日本所訂的條約，凡是工人不準到美國，是從一九〇八年施行。自從 So Called Asiatic Barred Zone 於一九一七年規定在移民律以後，就是合法移入，如印度南亞洲各國的人民，也在禁例。

在總長以下，有總長會。成立於一九二二年，凡是外國人都可以由他的領事或親戚朋友介紹到這會裏審查。在一九二二和一九二三年，有六百零六個案子由這裏審判或復審判。

（G）歸化司　現今美國有一千四百萬外國生的百姓，内中有一半尚未成爲美國國民，不能與美國人享同等權利。這是歸化司的義務，使他們能説美國話，服從美國習慣，并加入美國人所組織的會社。

現存的歸化法律，是一九〇六年六月二十九日通過的，同年九月二十七日實行的。從此以後，歸化的手續會更加煩重，一九二三年一切國人在未入國以前，必須考驗，從他各處官吏，調查外人欲入本國國籍資格。

在一九二二年至一九二三年之間，有二十九萬六千六百三十六人宣言要求入籍，有十五萬八千零五十九個請入籍願書曾經填就，有十四萬五千零八十四入籍證書曾經審判廳書記官發出。所收的費用，共有六十三萬六千一百三十二元九角。

這個司關於要入籍人民，曾經二千四百六十一個鄉村學校要求加以教訓，爲他們組織班次，教以相當的課程。

（H）兒童司　用心照顧全國的小孩，是兒童司的惟一職務。照一九一二年五月九號塔虎脱總統所批准之議案，這個司是調查和報告所有關於各級人民的小孩幸福。尤其特别注意的，是小孩死亡率、生産率、孤兒院、小孩審判廳、危險職業、小孩危險或有病等等，凡是關於州或屬地各小孩事情。

又印刷東西送給小孩的母親，并答復各種看護的法則。

這個司共有五科：衛生科檢查各工廠小孩有無疾病并且時時發信給

各州兒童衛生科科長，告以保育兒童方法；實業科考查實業界的兒童情形，并且發行印刷物報告這種狀况；社會服務科研究兒童審判廳組織及管理方法并且十八歲以下小孩作奸犯科等事；編審科發行印刷品；統計科管理統計製造。

（I）婦女司　現在時代，婦女多爲經濟所迫，到工廠作工。其實婦女爲將來國民的母親，他們的幸福是非常重要，不可不特別注意。爲達這種目的這個司於是成立。他的目的，是提高程度，增進婦女職工生活程度，改善工作境遇，添加他們的能力，擴充他們作工機會。

這個司是由婦女來辦事。總辦事的也是婦女。所辦理的事情，無非是關於婦女幸福。自從一九二一年發行一種月刊，專門記載各州和中央政府行動對於工業界的婦女有何影響。

這個司又曾輪流展覽教育成績，又曾預備并演習電影，以寫婦女在工傷之情形。最近并且演習短段談話用無線電話傳達到各處。從每年十月到第二年六月每星期一次。

一九二三年曾開一次婦女工業會議，由這司司長召集，共計開了三天，在華盛頓，從正月十一號到十三號。

（4）改組

最近有許多遠職的人，曾經思量，并要求改組國家政府的行政機關，因政府是不合邏輯的組織，行動也有很重覆的。長是這樣，政府不單是耗費金錢，并且耗費精力。

塔虎脱總統雖然是對於成立這個部的議案是簽字，但是很反對，因爲這個議案是和他個人的意見不相同。他想九部是可以辦理政府的事情，勞工司可以作很多關勞工的事情，其餘的事情，可以讓別的部做。這種意見，當然新部成立以後，就消減了。

哈定總統曾經建議政府設立一個社會服務部，這個部能够做很多的勞工部所作的事情。并且能把別部社會事業都拿來作。這種意見，頗得多數民衆同意。

中央將來必有所更改，這個新部必定爲新思想所轉移。就個人的意見，這個部的組織是有許多應行改革的地方。這個房産和運輸科，應當歸商業部。移民司，應當歸外交部。歸化司，應當歸内務部。至於這個部應當把别的部的職務如慈善醫院、公衆衛生、勞工保險等等，拿來才好。

（三）各州勞工部

（1）設立

部的這個名詞應用在這篇文章裏邊，是一種大概的稱呼。實際上說，各州勞工機關他的名稱是因州不同，有十一州仍然用司的名稱，有些州是用委員會的名稱，或者局，或者辦公署的。除開 Alabama，Arizona，Mississippi，New Mexico。四州没有總勞工部以外，這個部的名詞，僅適用於二十一州，内中有很多的州中部，是由委員會或局所改充來的。但是這個名詞，較爲普徧，將來一定要通行，所以拿做各州通用名詞。

因爲各州情形不同，所以取的名稱也不一樣，有些是用部的名稱，如勞工部勞工統計部在 South Dakota 移民局管理勞工事情，在 Florida 是州的勞工調查員管理勞工事情，在别的州有的叫做實業部，有的是農業部，有的是商業部，或者還有别的名稱，也不一定，要之皆與勞工有關。勞工部是一個普通名稱一定無疑。

State	Name of Department
Alabama	No general department
Arizona	No general department
California	Department of Labor and Industrial Relations
Colorado	Bureau of Labor Statistics
Connecticut	Department of Labor and Factory Inspection
Delaware	Labor Commission
Florida	State Laber Inspector

續表

State	Name of Department
Georgia	Department of Commerce and Labor
Idaho	Bureau of Immigration Labor and Statistics
Illinois	Department of Labor
Indena	Industrial Board
Iowa	Bureau of Labor Statistics
Kansas	Department of Labor and Industry
Kantucky	Bureau of Agriculture Labor and Statistics
Louisiana	Bureau of Labor and Industrial Statistics
Maine	Department of Labor and Industry
Maryland	Office of Labor and Statistics
Massachusetts	Department of Labor and Industry
Michigan	Department of Labor and Industry
Minnesota	Department of Labor and Industry
Mississippi	No general department
Missouri	Bureau of Labor Statistics
Montana	Department of Agriculture Labor and Industry
Nebraska	Department of Labor
Nevada	Office of Labor Commissioner
New Hampshire	Bureau of Labor
New Jersey	Department of Labor
New Mexico	No general department
New York	Department of Labor
North Carolina	Department of Labor and Printing
North Dakota	Department of Agriculture and Labor
Ohio	Department of Industrial Relation
Oklahoma	Department of Labor

續表

State	Name of Department
Oregon	Bureau of Labor
Pennslyloania	Department of Labor and Industry
Rhode Island	Board of Labor
South Carolina	Department of Agriculture Commerce and Industries
South Dakota	Board of Immigration
Tennessee	Department of Labor
Texas	Bureau of Labor Statistics
Utah	Industrial Commission
Vermont	Commissioner of Industries
Virginia	Bureau of Labor and Industrial Statistics
Washington	Department of Labor and Industry
West Virginia	Bureau of Labor
Wisconsin	Industrial Commission
Wyoming	Office of Commissioner of Labor and Industries

各州勞工部按其設立時期，約可分爲三組。第一組設立於十九世紀後半期；第二組時期稍後，約在二十世紀歐戰以前；第三組設立在歐戰以後。最老的一個是在 Kantucky 州，設立時當一八七六年。最近的是在 South Dakota 州，設立時當一九一八年，茲分列於後：

第一組　二十七州

State	Date	State	Date
California	1883	Missouri	1879
Colorado	1887	Montana	1893
Connecticut	1893	Nebraska	1887
Idaho	1895	New Hampshire	1893

續表

State	Date	State	Date
Illinois	1879	New Jersey	1878
Indiana	1879	New York	1883
Iowa	1884	North Corolina	1887
Kansas	1885	North Dakota	1891
Kantucky	1876	Rhode Island	1887
Main	1887	Virginia	1898
Maryland	1884	Washington	1897
Massachusetts	1869	West Virginia	1889
Michigan	1883	Wisconsin	1883
Minnesota	1887		

第二組　十州

State	Date	State	Date
Arkansas	1913	Oregon	1913
Georgia	1911	Pennsylvania	1913
Louisiana	1916	South Carolina	1919
Ohio	1913	Texas	1919
Oklahoma	1907	Utah	1911

第三組　七州

State	Date	State	Date
Delaware	1915	Tennessee	1917
Florida	1914	Vermont	1917

續表

State	Date	State	Date
Nevada	1915	Wyoming	1917
South Dakota	1918		

所有的各州勞工部，都是由議會立法所成立的，至於各部所有設立各自法律，則由各州憲法或籠統或詳明規定。有五州憲法明白規定設立勞工部。至於組織和職權或規定一項，或者兩項都規定，那就不一定。

在 Virginia 憲法八十六條説議會有設立和維持勞工及統計司的義務。在 North Carolina 憲法八十二條，Oklahoma 憲法第二十條，Montana 憲法第十八章第一節，規定勞工部長怎樣選舉，任期若干年。在 Idaho 憲法第十三章第一節，規定勞工部長和職員之任務。在 Oklahoma 憲法規定議會可以設立公判和和解局在勞工部裏邊。

在五個州裏邊憲法規定勞工部，但是只大概組織，至於詳細情形，留在普通法律另行規定。自從社會情形變動迅速以來，憲法不大規定詳細情形，僅僅説明大概就算了。

（2）組織

在美國各州無統一規則組織州立勞工部，由遺傳及習慣來迎合社會需要。組織州立勞工部機關的職員，形式上是不同的，有很多的州這個部的部長是一個人，稱他爲委員長，或者指導者，或者部長。或由省長任命，或由議會選舉。有少數州是三五個分子組織一會，或者有會長，或者無會長。這個部裏分科的多寡，嘗由兩個至八個，并且有時這部長官可以任意加減。大概比較，可以分述如下：（A）官吏；（B）雇員；（C）分科；（D）顧問；（E）附屬機關。

（A）官吏　這部的權力，是在部長手裏。但是爲實行職務起見，有時因爲團體行動，較諸個人爲好，有三十三州包含 Massachusetts，New York 他們是委員會。在 Colorado 州的秘書長是名譽委員長，他另委一個人執行一切事務。在 Nebraska 叫做部長，在 Illinois，Ohio，叫做監督，在 Florido 叫做察閱使。六個州採用委員制度，Delaware，Indiana，Michigan，Utah 四州是有委員長；Minnesota，Wisconsin 是無委員長。

Main 規定勞工和實業部長是由省長任命，不過先要議會同意就是了。在是委員會的州，委員的任命用同樣的方法。在 Delaware 是五個人員組織的這個會，由他互選一個人員當會長。Indiana 有一個團體名叫實業局，是五個人員組織成立，内中有兩個是律師，有一個指定爲會長，這五個中間至多不過三個屬於一黨。會長的資格，必須是律師。在 Michigan 由州長選任三個爲會員，一個爲會長。在 Utah 一個會有三個會員，選舉一個爲會長。Minnesota，Wisconsin 委員會，是由三個會員組織而成，有三分之二會員，雖無會長，能組織一個會議行使權力，兼盡義務。California 這科科員保存舊日名義局和會。自從他們第一次會議以後，即選舉一個人爲會長，一個人爲秘書。

會長任期大概是從兩年到四年的，但是 New York，Utah 是六年，Idaho 是隨州長意思。委員會的任期是六年，并且多採輪流制，在 Delaware 每年更換一個，在 Wisconsin 每兩年更換一個。

各部部長或者委員會會員薪水很高，僅僅三個州，Florida，Nebraska，New Hampshire，是在兩千元美金以下。有二十多個州是在兩千元。有十三州差不多四千元。New York 到四千元 Pennsylvania 到一萬元。

委員會會長有權任免職官或雇員；指導和監督他們執行這部的職務，又有忠心任職的義務，并且製造報告表向州長報告他的職務。在 New York 他可以送給報告於州的立法機關，并且向之盡忠告。

會的會長或者部長，有很多的州，遇任職之時，必須對天明誓，以表白勤職奉公。又有些州必須先拿多少金錢作質，以備作事時有或損失作爲賠償。

除開這部部長或者委員會委員以外，尚有别的人員，多是由部長或者委員會任命，惟有 Nebraska 是由州長直接任命。

有些州的勞工部，必須選用婦女管理工廠的婦女。在 Kansas 必須任命一個婦人讓他管理關于婦女作工事情。如工人疾病衛生事項、工作時間，一切關於婦女作工的事情。

(B) 雇員　每部除正式官吏以外，還有代表、書記，并且速記，是由部長所任命，明白規定在官吏服務令裏邊。因爲勞工問題之增加，勞工部之事務亦漸繁多，因此各州勞工部雇員隨不得不加多，Massachusetts 有壹百六十多個，New York 有七百多個。

(C) 分科　在很多的州，這個部部長或者委員會委員長，看事情繁簡，可以設立多少科，并且能够合併或者裁減各科。但是在有些州的勞工機關，不能像這樣自由，法律規定科的數目，可以增添，但是要變動更或者要廢去，必須修改法律。譬如 California 法律規定四科，New Hampshire 法律規某科的組織和職務。分科數目多寡，因州不同，譬如 Indiana 有五科，Pennsylvania 有六科，New York 有八科。

紐約州的勞工部分科如下：

一　檢閱科；

二　統計和通告科；

三　和解和公判科；

四　實業和移民科；

五　雇傭科；

六　實業婦女科；

七　實業法令科；

八　婦女養老金科。

(D) 顧問院　往時平民主義只在立法機關，近來平民主義且在行政機關，有好些勞工部，有顧問院是由工人所舉的代表組織的。在 Pennsylvania 勞工部有實業會議，是由秘書長和四個別的人員組織起來，四個人員之中一個是雇主，一個是傭工，一個是婦女，又一個不限定哪一項人員。在 Illinois 有個顧問院，兩個非行政會議，一個會議是伊利諾自由顧傭機關的顧問，一個是伊利諾地方自由顧傭機關的顧問。每一個機關包含五個人員，兩個是被顧傭人的代表，兩個是顧主的代表，還有一個不論是哪一面的人。有些州如 Massachusetts 委員，是由工人顧主兩造選舉出來的。

（E）附屬機關　政府事體固然和商業事體不同，但是成功的組織，兩樣總是相同。勞工部通常有本部和附屬機關，本部是在州的首都，附屬機關是在部長或委員臨時指定。譬如 Minnesota 委員會有權設立并維持附屬機關以執行其職權。New York 勞工部有附屬機關在紐約，并且可以有同一機關設在別處，California 實業及勞工部的勞工統計科，能够設立分所在 San Francisco，Los Angeles，Sacramento，San Diego 并且能够隨便設立附屬機關，倘若視爲緊要。

（3）職務

各部職務比組織更其不同，倘若一一討論，非常繁雜，這裏只討論共通的地方。

勞工部本是行政機關執行議會所議决的法律，但是類似的司法權，也歸他執行。爲執行工人恤金法律起見，這個部能够决定工人受傷以後，應當付給恤金。除開這件事情以外，近年以來，嘗有付給立法權趨勢。以下特就三項問題討論：（A）純粹行政權；（B）類似司法權；（C）類似立法權。

（A）純粹行政權　在行政權裏邊，搜集、編纂印刷發佈統計材料，是很重要的職務。從勞工部最早歷史看來勞工部即有這種義務，所以各州的勞工部曾有以統計命名的。統計分類可以用兩種方法：（一）是勞工的分類；（二）資本家和勞工的情形。勞工的分類可以分爲五類：

（一）農工；

（二）機器製造實業工；

（三）礦工；

（四）運輸工；

（五）一切精巧和不精巧的工。

除開男工以外，還有女人在工廠作工，又有童工也是各州勞工部所注意的。并且有些州還專門設兒童科的。在 California 中國工人是他們很注意的。在 Minnesota 勞工局裏有科專門注意耳聾工人。

工人的和資本家的情形特分舉如下：

（一）年齡屬性、婚嫁，及健康；

（二）工資和工資的最高、最低、中等情形；

（三）時間，每日時間、每星期時間和夜間工作；

（四）生活之價值，衣、食、住；

（五）工場設備的衛生和安全；

（六）作工契約；

（七）遇着危險或者未覓得職業；

（八）工人和資本家之衝突如罷工等等。

勞工部的部長可以給他們寫的或者印的表格調查工人的一切情形；倘若作工的人、顧工的人，或管事的人，他們設若反對部長，輕視或者拒絕調查，或者報告不實，將按律科以相當的罪。所有州的官吏，或其他地方官吏，遇到這部有所詢問，必須盡量答復。

爲編製統計起見，在各處所得的材料，如有當守秘密，所有各員司即宜嚴守秘密，如有違反這種規則，即宜定罪罰金或監禁。

統計由統計員編纂，每次印刷不下二三萬册，由該會分給大衆，不取分文，這種統計材料頂少要保存兩年。

爲實行勞工法律起見，各部的長官或者長官的代表，有司法官的職權，能夠逮捕工人。

勞工部部長，或者委員會會員，或者别的法定的代表，能夠到各地參觀工人法律是否實行，倘若他們遇見犯罪的事情，他們可以寫一通知書給府或縣或者别縣的審判官，請他們帮辦。

有些州這勞工部發行一定的勞工證明書，或者工廠註册等等，或者設立義務傭工介紹所，或者設立教育處所，爲他們没有工作的時候取得知識。

（B）類似司法權　有許多州委員會或局所，專爲設立豫備審判所，審判一切案件，并且這些案件經過他們審定之後，就算終止，未能再上訴了。但是又有許多州，工人遇到這種判斷以後，可以申請復判，倘若仍然不服，也可到法庭起訴。

有好多的州勞工部以下有公判和和解的委員會。在 Pennsylvania 勞工和實業部，有權派代表到各地方爲勞工和資本家調處一切事情，倘若這種辦法不能達到目的，萬一有起訴的情形，勞工部就爲他們派一個無黨系人員，爲他們裁判一切。在 New York 有一個局在這部之下，凡是遇到雇主和工人有事情，可以請他公判，或者從中和解。

(C) 類似立法權　在國家和各州的各部，都由法律允許，能夠自己製造法律，以行他的職務。州立勞工部也是如此。譬如法律付給權力調查各地工廠，但是未説明如何調查法，在這種情形，這個部有設立法律或者規則，從事調查。委員會常有這種權力。在 Pennsylvania 這個部有製造法律以爲實行勞工法。Massachusetts 勞工和實業部有權力製造規則法律命令，適用於雇主，或者傭工，或者雇主傭工爲減少意外之事，或者實業界傳染病。在 New York 勞工部部長能夠製造修正廢止一切規則以聽國家勞工部的使命。

(4) 獨立機關

美國的習慣，凡是機關不大適用，仍然存留，另外設一機關，以補其缺限。照這種辦法，在勞工部的旁邊，各州多有獨立機關，執行總部所未曾行的事務。

有很多的獨立機關，是礦務檢察員、實業界的負傷局、勞工養老金局、和解和公判局。有四州没有總的勞工部，這種獨立機關，可以作勞工的事體。在 New Mecico 除開礦工檢察員以外，没有别的機關管理勞工的事情。Mississippi 有一個工廠檢察員，由衛生局指定，Arizona 三個礦工檢察員，一個雇工官吏在管理之下。Alabama 有一個兒童幸福部，在委員會之下。這個委員會，由州長、教育局長、衛生局長和六個由州長任命的人組織而成，爲執行兒童法律起見，除開這些機關以外，還有三個獨立機關，就是煤礦檢察員、礦務總理監視員、公判和和解局。

(5) 結合

由前邊所述的那些獨立機關觀察起來，不僅是權限複雜，并且是花用浩大，最要緊的是結合起來，以資解決這個問題。

一九一五年，紐約憲法會議，曾經討論結合各種州的機關，但是被州民拒絶。一九一九年州長爲使州政府組織簡單起見，曾組織無黨委員會，專門辦理這件事情。這個委員會提議把勞工部改定，於一九二一年實行。Massachusetts 一九一八年曾經修改憲法規定，行政部由議會改組，從一九一九年實行，這個新法律，規定設個新勞工和實業部，這個部的工作，包含以前事情，曾經勞工部和實業部所作的，并且以前統計局一部分事情，和解科的事情，最低限度工資委員會，度量衡會議，木材考查委員會，都合併在一齊。

California 曾經有一個勞工統計局，三個獨立的勞工機關，一九二一年法令規定組織一個勞工實業部，由勞工殘傷委員會、移民和房産委員會、實業委員會、勞工統計局而成。并且即分四科保存原來規模。

團結州政府的趨勢，將要使各州各種勞礦機關，都併而成爲勞工部。最好是各州州長委任一個勞工部長，并且組織一種會議，包含雇工雇主及第三者。

(四) 美國屬地勞工部

美國各屬地勞工部有很大的不同。大概説話罷，斐利濱勞工局是在商業交通部之下；波爾多黎各勞工局是在農業勞工部之下；在亞那斯加是一個勞工委員，他是礦務檢察員兼任的；在夏威夷除開各府實業局以外，無勞工機關，并且這個實業局，僅僅只管賠償金的法律。此後將把各處詳細情形順序説明。

(1) 亞那斯加

現在時就是亞那斯加是美國聯合屬地。那個地方的政府，很像美國地方政府。因爲亞那斯加富於礦産，礦務局成立好多年以前，勞工委員爲一切勞工所設，是一九一九年法令所設立的。在這個法令裏邊，規定礦務檢察員將兼任勞工委員。

勞工委員的職務照法律規定有三種：（A）製造統計；（B）執行法律；（C）檢察工廠。茲分述如左：

（A）製造統計　按照辦公署的性質説，統計詳細情形有關於各種勞工情形，尤其特別的是關於工人衛生和工作情形，并且實業狀況。此地統計幾乎完全屬於魚業，因爲這裏工作情形，除開礦業以外，完全是魚業。礦業局所作的統計，是礦産出産和勞工情形。勞工裏邊尤其特別注意勞工工資，并且金屬煤礦石油等礦場發生危險等事。在一九二二年魚業工場所雇的工人，約一萬四千七百九十四，論其國籍，則如下表。

國籍	男	女	總
白種	七・六九八	三三一	八・〇二九
土人	一・五七八	六〇六	二・一四八
中國人	一・〇四九		一・〇四九
日本人	七七七	七	七八四
墨西哥人	一・三二二		一・三二二
裴列濱人	一・二四七	七	一・二五四
夏威夷人	一一		一一
黑奴	一〇〇	一	一〇一
總	一三・八四二	九五二	一四・七四九

他們工資總數爲六百八十八萬一千四百六十九元四角四分美金，平均每名工人約得四百六十五元二角八分美金。在那一年受傷的工人約計五十六名，有五個死了，二十七個受重傷，二十四個輕傷。

（B）執行法律　爲實行勞工法律起見，他們特別注意賠償金律，在這種法律，凡是死亡，拇指、手、臂、耳、足、腿、鼻等損失，都有賠償。

（C）檢察工廠　委員可以檢察任何工廠，凡是工人所在的地方，凡是雇主，監督工廠管理人，都應當使勞工委員容易檢察，倘若他們違反這種規則，就應當受罰。

（2）夏威夷

如前邊所説的實業局，是夏威夷政府唯一的機關，管理勞工的事情。這個局，每一州一個，每一個局有五個人，由州長選派，任期五年。這是組織這個處所法律第八十段所規定的，每年改選一個，每年選舉一個會長。

這個會長有三種義務，以實行這種賠償損失的法律，計（A）製造規則；（B）公判；（C）試驗。

（A）製造規則　照法律所規定實業局可以製造種種規則。如實行這種賠償損失的法律，這種職務，可以當作類似立法權，但是爲實行這種法律可以説是一種義務。

（B）公判　倘若這種賠償損失的法律，不能得雙方同意，這個局可以給他們審判，并且得給以判給。

無論那一邊要求審判，這個公判所一定由三個人組織而成，一個人是這個局的人，由這個局委任，他將作主席，其餘兩個人，必定由兩方面指出。這個委員會，做審判的事情，并且送這個判決案到兩方面，這個判決案，雖然可以上訴，但是大概是最末的一次。

（C）試驗　這個局爲試驗負傷工人起見，可以指定一個雖經官家付給金錢而又無黨的醫生爲之試驗。

（3）斐列濱

斐列濱的勞工局是一九〇九年正式成立的，有局長、副局長，及其他的官員，共二百多人。這個局共分三科，爲容易明白這三科的職務可參觀以下五段。（甲）工廠檢察；（乙）勞工和雇主衝突；（丙）勞工法律；（丁）各島間的移民；（戊）顧傭機關；（己）庶務。

（甲）工廠檢察　這個局是檢察各種工廠，凡是實業界的機關，并且種植等所有之各種勞工集中地方，都得要設法搜得統計材料。這些材料，將包含以下各種。

A. 時間和工資；

B. 雇傭和未雇傭的工人；

C. 作工的地方安全和衛生。

（乙）勞工和雇主的衝突　照一九一七年行政法二千〇五十九段所規定，這個局是爲雇工和雇主調和一切而設立。遇到有時實業爭執起來報告到局，這個局立刻派遣代表到爭執地點，力求和平。倘若不能得結果，這個局的長官召喚兩造人證到他局裏和平審判。另外又有一種義務，就是依法律手續幫助工人取得正當賠償金。

（丙）勞工法律　這個局的義務，是在勞工法的執行。這個法律，限制十四歲以下人民，在礦場作工又有孕的婦人，禁止在工廠作工。

（丁）各島間移民　政府曾從事各島間移民，凡無業遊民，政府皆設法讓他們到人口稀少的地方以從事正當職業。

（戊）雇傭機關　在這裏邊有三種事務：

（A）招集存記并安插各種遊民；

（B）掛號并安插海員和別種水手；

（C）檢察并核準本地勞工到各處工作。

（己）庶務

（A）勞工運動的統計；

（B）調查編纂生活費和物價表；

（C）雇工節減的程度；

（D）調查外國顧工；

（E）刑罰機關的統計。

（4）波爾多黎各

波爾多黎各勞工局，是在農業勞工部之下，他是由農業和勞工委員會所任命。一九二一年法令規定副主任在這個局并有四個顧員。

這局的職權，可以分作三次説明：（A）實行法律；（B）考查生活狀況；（C）編纂統計。

爲實行法律起見，這個局的副主任有權搜集證據，并且關於各種勞工法盟誓。在檢察勞工情形，這局的檢察員，有權入各工廠調查安全和衛生之佈置。這個局的統計，分左列各種：

一、男女工人工資；

二、增進物質、智力、道德、幸福的方法；

三、勞工和雇主爭議之原因和事實。

爲增進工人幸福，改良作工情形；添加工作機會；這個局的人員可以到各地講演，并且出席。在各種會議，倘若有人請他辯論，某種事情，亦可出席。

(五) 英國和坎拿大勞工部

研究美國政府的人，常把英國和坎拿大政府，拿來比較，這不單是因爲美國在歷史上原來是英國屬地，只是英國和美國法律有同一背影，政府和自由權有同一觀念。坎拿大是英國屬地，政府裏邊受英國影響非常的多，并且坎拿大在美國北邊交界，地大物博，情形頗有和美國相同的地方。

以上那種見解我也是這樣，不過有一宗，我研究勞工部是把美國和坎拿大放在後邊，以代替那些把他們放在前邊，這不單是因爲英國勞工部正式成立在美國的後期，并且是因爲這篇論文的題目是注重美國，所以把美國放在前邊，英國和坎拿大放在後邊。

(1) 英國

英國和美國勞工部不同的地方，是在名稱。美國叫部做 Department，英國叫部做 Ministry，其實都是一樣。

(甲) 原始和發展

英國勞工部成立在一九一六年，比美國勞工部晚三年，英國勞工部的成立也很經時候。直至一九一六年始成立，成立正式勞工部之前，也曾有些勞工機關管理勞工的事情。

勞工部的設立，曾在一八九四年皇室勞工委員會的提議。在一九〇九年，又曾經貧民法律委員會提議。自此以後，曾有許多議案提出，設立勞工部。有許多議案，是提議合商業勞工爲一部，如同美國國家一九一三年以前一樣。有許多是提議勞工和救貧爲一部，因爲很多的勞工是貧乏。

最早政府從事勞工職務是下議院於一八八六年五月二號決議案，允許商業部實業局搜集印刷，統計關於勞工工資和時間、勞工市況、工作情況。在一八九三年這種職務，由職業局的勞工科執行，這個勞工科是由商業勞工統計等科成立的。

因爲勞工問題增多，勞工部從商業部的實業局獨立，一九一五年實業會議，決定致意政府任命勞工總長，他有權在國務會議列席，在他監督之下，一切的勞工機關，都併在一齊。一九一六年十二月二十二日議會通過新部的法律，勞工部於是正式成立。

在這個法律，一九〇九年實業局所有之權力議務，一九一一到一九一六年國家保險法律，一九一五年軍火法律，均移歸勞工部。在一九一七年正月實業會議雇工和實業局都移在勞工部。在同年七月勞工統計司，亦歸併這一部。在一九一八年任務局組織起來。在一九一九年勞工局和統計通信科都集一齊，湊成通信和統計局。實業局和實業議會聯合起來，成爲實業司。一九二〇年凡是司局都應當視爲某部所屬，并且同時任命增加一個秘書，以主其事。

（乙）組織和職務

這個部裏部長有兩個秘書，一個是兼勞工顧問，一個是專任秘書，管理以下七司。

一　實業司；

二　雇傭和保險司；

三　總務司；

四　財政司；

五 給料司；

六 辯護司；

七 訓練任命和公債司。

英國勞工部和美國勞工部裏邊的分科，英國叫 Department，美國叫 Bureau，其實實在都是一樣，不過他所分的小部分標準有些不一樣，特爲分述如左。

第一英國的勞工部，是按工作的性質分類，美國的是按工人的性質分類，例如美國有婦女司、兒童司，但是英國都把這些界限併入別的部分。

第二兩部的職務也不大同，譬如英國的勞工部，管理保險法律，美國的勞工部則不然。又如美國勞工部管理國民入籍的事情，英國勞工部則不然。

第三美國勞工部有些職務如會計和任命，是由總長辦公室的人員管理。至於英國勞工部，有一定分科，專門辦理這件事情。

這地方以下，將分別討論這部的職務。

A 實業司 這裏邊的和解官吏，散處各城鎮，專門和解各處爭執。這個司是擔任一八九六年和解律所委任的事情，并且一九一九年實業審判廳律令也由他執行。再者這個司把實業會議的事體，都可以拿來做，并且關於別種事體，如平允工價律，是否實行，這個司很同美國勞工部内和解科相類似。

B 顧傭和保險司 這個司是專門管理交換勞工，并且勞工保險。第一次交換是一九一〇年正月開始的，到現在有四百個交換機關。在英國本國和屬地，每一個交換機關，有一個總公署，或者清算所，和美國雇傭公司相同。并且他有一個總公署在倫敦，和美國總公署在華盛頓一樣。

爲實行管理勞工保險法起見，有七百五十個經理，在七個監理官之下。

婦女和小孩由各司分管，一九二〇年外國傭工到英國作工，英國顧工的人，必須到勞工部請得許可的執照，以後才能行。這很像美國勞工的移民所管的事情。

C　總務司　這個司有三科：就是（子）職業科；（丑）統計科；(寅) 國際勞工科。

(子) 職業科　這個科的事務是由職業局移轉來的，實行這個職業局，一九〇九年至一九一八年所有之法律，包含工資比例。

(丑) 統計科　這個科做和美國勞工部統計司一樣事情。

(寅) 國際勞工科　這個科保持國際勞工會和英國勞工部所有一切事情。他是注重國際勞工會所有之行動，并照料一切勞工問題要到國際勞工會去解決。

D　財政司　這個司專管財政。這個司司長好比美國勞工部出納科科長，是財政顧問，并且是核算官，管理這個部的各司財政。

E　給料司　這個司職務可分兩種説明，一個是和美國勞工部的任命秘書相同，另外一個是如同美國勞工部的出版和供給科。前面的專管添補、任命、辭職、提升、請假和其他一切人員屬於本部範圍以内的事情。後面的是管理設備電話和文具等事。

F　辯護司　這個司和美國勞工部辯護司是相同。管理没有工作人的保險，并交换勞工等事務，又管理各種反對這個部的事務。

G　訓練任命和公債司　這是一個暫設的部，有三種職務：一是訓練無能力的人，并且訓練無能力的看護婦；二是幫助工人覓得工作；三是幫助傭工購買公債。

(丙) 批評和結論

如前邊所述，這個勞工部組織，像那樣複雜，職務像那樣繁多。但是仍然不能做盡勞工的事情，甚而至於比美國勞工部範圍還窄。由於政府有很多的部分，管理勞工的事情，所以很缺乏統一的性質。

家庭公所，實行工廠和工作舖店的法律、工人賠償金律，實業局管理礦業和煤礦的事情。健康部有很多的事情關於作工的人保險金，以防禦疾病，又有貧民救急金律。農業部有農工律。關於小孩作工的事情有許多是教育局管理。

爲管理方便，免去重疊起見，這些職務如實業部和其他部分，都應當集中。以前曾經提議改正家庭公所所有權力義務，如工廠和工作舖店律，工人賠償金律，都歸入勞工部，雖然未曾通過，但是很希望最近的將來，對於勞工部的法律有所改正。

(2) 坎拿大

坎拿大的計畫和美國很相同，有中央和各省的勞工部，中央叫做勞工部，各省勞工部有各省的名稱，以下分別討論中央和各省勞工部。

(A) 中央政府　坎拿大中央勞工部，設立於一九〇〇年，他的最主要的職務，是在禁止和解決勞工的爭議。政府曾經公布公平工資政策，以保護雇工。又從事發行統計，和其他材料，有關勞工情形，發行月刊 Labor Gazette 以紀載勞工的事體。

這個部的範圍，自從一九〇七年議會通過實業爭執調查法，隨行擴張。他又曾在一九一六年管理顧傭公司條例，這個條例是和各個省政府維持六十七個自由顧工公所。一九一九年又曾執行當時所訂的工藝教育的法律，這個法律曾經規定各行省共集資金一千萬元，爲十年擴充工業教育。這個部又曾管理一九〇八年政府年金的事體。一九二三年執行政府聯合調查會的法律，這個法律是在禁止聯合的實行，以免有損傷公衆利益。

在勞工統計和報告科，這個部是編輯和印刷中央國會和地方議會所通過的法案，又搜集印刷統計關於工資、時間、罷工、生活程度、實業損傷、工人組織，并且商工業聯合等事情。這個部又從事編輯調查實業界關係和勞工情形。

這個部職員，曾有住在境内各地，以管理各處所起之勞工爭議。

自從坎拿大加入國際聯盟這個勞工部，從事搜集遞送屬於省政府勞工和顧主組織和其他一切事情到國際勞工事務所，并且會議。他又代表坎拿大在國際勞工會和其他一切國際會議。

(B) 省政府　在坎拿大省有七個勞工部茲列舉如左:

Department of Labor ·································· British Columbia
Department of Labor ··· Ontario
Department of Public Work and Labor ···························· Quebec
Department of Public Work and Miner ······················ Nova Scotia
Bureau of Labor ··· Alberta
Bureau of Labor ··· Manitoba
Bureau of Labor and Industry ···························· Saskatchewan

各省勞工部歷史彼此不同，如美國各州一樣。大概説罷，在最早的時候，有些獨立局所曾經作些事情，關於勞工，以後這些局所聯合起來。最近勞工部纔和别的局所分立名叫勞工部，或者勞工局，在Saskatchewan勞工局，是一九一一年設立，爲農業部一支部，到了一九二一年，才脱離農部，另外成爲勞工局，在Manitoba一個修正議案，關於勞工局是説可以設一個勞工局在别的部裏，Quebec規定勞工部名譽部長，他是受公共職務和勞工總長指揮。

這部的長官稱部長，司的長官稱司長，部長之下，有代表，都是由省政府參事會會長所任命。部長對參事會負責，代表對部長和參事會負責，司長是對參事會負責。倘若這個司是附屬於某部，并且對部長負責。别的官吏例如書記檢察等官，大概多由參事會任命，并且都是按照民事服務律執行，如同美國各州一樣。

部長和司長，都是由參事會會長隨意去留。其餘人員，都是終身任命，只要他服務勤慎。

這個各部和各司職務，除少數例外，大概都是相同，可以分述如左：

（一）勞工統計；

（二）勞工律令；

（三）爭議和解；

（四）工廠檢察；

（五）顧傭交换。

這五項工作的性質，曾見本文前段，無須贅述。但是有些事情必須說明的。

勞工法曾管理很多的事情，在 Quebec，Nova Scotia，British Columbia 曾經管理活動電影。在有些省管理母親撫恤費，是在附屬的部分，最少限度工資法律是各部所注重的，勞工和資本家衝突解決的法則，是和美國一樣，檢察員不僅檢察工廠，并且檢察公共建築物，這個原因，是因爲那省勞工部，是和公共幸福部連合在一齊。

除開二三省以外，各省勞工部多有顧傭機關。勞工部或局做顧傭的事情，或者勞工部或者勞工局或者部局以外的獨立顧傭機關。像 Alberta 曾維持很多分所，在這一省重要地方，他們職務可以分爲三種如下：

（一）覓得作工地點；

（二）聯合雇主和傭工；

（三）分配勞工到各省以輔助中央政府。

所有勞工乃指男女和手工技術工人而言，他們的工作，當然完全免費。Alberta 甚而至於用法禁止人民或公司或會社，辦理顧傭事情，爲取得報酬從工人方面。

（六）勞工部和國際勞工組織

自從國家主義漸次進行到國際主義，曾有很多的國際機關設立，爲研究勞工問題。一八九〇年柏林會議，一八九七年到一九〇〇年國際勞工會議，一八九七到一九〇〇年國際大會，爲勞工立法。到現在時代有三個臨時最著名的國際組織：就是實業顧主國際組織，實業組合國際同盟，國際勞工組織。有一個密切的關係，是在國際勞工組織和國家勞工部。

國際勞工組織，是在國際聯盟之下，《凡爾賽和約》第八章第三百八十七條到四百二十七條所組織。他包含三個機關：一國際勞工公署，同管理機關；二總會議；三研究會。國際勞工公署，是在國際聯盟所在地，他是國際勞工組織的一部分，這個公署的行動，是在管理機關手裏。

管理機關是由二十四人組織起來的，有十二個是國際勞工組織的代表，六個是雇主代表，六個是工人代表，國際勞工組織的十二個人，八個是從實業代表的國家派出的，四個是由政府代表會議派出的。代表的國家從一九二三到一九二五年經國際聯盟會議指定如下：

英國	意大利	佛蘭西
日本	比利時	德意志
坎拿大	印度	

美國在一九一九到一九二二年，原來是八個實業代表的國家的一個，因爲他不是勞工組織的分子，所以丹麥舉一個代表做他的替身。在前章曾經説過，坎拿大中央勞工部，曾經代表出席國際勞工組織管理機關，英國勞工部，有同一義務，坎拿大勞工部 Hcr. J. Murdcck 并且英國勞工部國會秘書 Major A. B. 兩個都是管理機關的代表。

從國際聯盟開始以來，總會議代表同國際勞工組織，至少每年開會一次。在國際聯盟所在的地方，或者總會議在前此聚會的時候決定的地方。總會議是四個代表所組織，在他們四個之中，兩個是政府代表，一個是雇主代表，一個是傭工代表。每一個代表可以攜帶顧問同到總會議，每次開會，每個議案至多只準兩人到場，凡非政府的代表和顧問，是由該國實業組織同意由該國政府選出。

條約上言明第一次總會議必須在華盛頓開會，時期定在一九一九年十月，并且邀請美國政府出席會議。無奈美國不是國際聯盟的分子，他没有權力加入國際勞工組織。但是美國勞工部部長曾經請求，一九一九年八月國會通過，美國總統曾有權力招集國際勞工會議，并且政府是非正式代表，勞工總長他是被舉爲會長，主持會務。

在這個原始法律，曾經説過，勞工狀況包含許多貧民不公平和困難，産生不平安的事情，所以世界和平陷於危險。世界和平僅能産生在社會公平之上。爲達這種目的起見，國際勞工組織有兩種工作：

第一種工作是搜集分散各種報告，關於國際勞工狀況，從這一點看來，這個機關是各國勞工部清算所。爲立定編輯發行勞工統計，勞工統計會議隨一九二三年十月總會來開會。在這個會議，坎拿大統計家 Coats 曾經舉爲副會長，英國勞工部統計科長 Hilton 曾被舉爲主席。

第二種工作是探問各處勞工人類情形組織，并要求國際勞工法的設立，總會可以由三分二出席採用關於勞工提議。這是可以用推薦會議。

(七) 結　論

由此可以知道美國國家勞工部有極迅速的發達，極有用的經歷，極有希望的將來。在這個國内，差不多没有一個機關能夠這樣有力，影響這國的命運。因爲有一個勞工黨在這國内，這個勞工部，隨到他爲一般人類謀幸福。

我們不單是看到美國勞工界能夠組織起來出席國務會議，并且美國屬地工人也是在各地勞工部享受同等的利益。

這勞工的利益，英國也看得很重，我們可以看見英國勞工部管理勞工的事情，放眼觀察歐洲大陸，有同一運動。有些人預言政治生命的變化將要到美國。因爲美國也是注重勞工的事體。凡是傾向激烈主義的勞工，我將指導他們來看英國、坎拿大、美國各勞工部。

如各州對於中央政府讓步，中央政府對於國際也讓步。在擴充這個國際主義，勞工是一件很重要的事情。國際聯盟曾經設立國際勞工組織。自從他成立以後，很多的事情，曾經他做過。并且更有很多的事情，也希望他做。

美國曾經有一個運動，爲修正憲法，禁止兒童工作，及憎惡黑奴等，勞工部也將要注意這種事情，可以説美國國家勞工部，在現在是很有意思，并且是每件事都可以希望成功。

參考書

Andersen, R. J. Capital, Labor, and Public. Ind. Management, 50:

117-119 F. 1920.

Bogardus, E. S. Introduction to sociology. U. S. C. Press. 1922.

Brown, P. W. Striks and the Public. Outlook 114: 147-148 S. 20, 1916.

Chennery, W. L. Department of Labor: an Appraisal. Survey, 45: 766-5 F26, 1921.

Davis, J. J. Humanity in Government Print. Office Wash. D. C.

Davis, J. J. Peacemaker in Industry in his Humanity in Government. u. s, Bur. of Labor Statistics, Bul. No. 343. 1923.

Davis, J. J. Serving the Wage Earner and the Nation. H. Nat. Educ. Assn. J12: 405 D. 10. 1923.

Hanna, H. S. Organization and Resources of Administrative Agencies. Tables, U. S. Bureau of Labor Statistics Bul. No. 211 P. 140-150 Ja. 1917.

Harley, J. E. Selected Documents and Material for the Study of International Law and Relation. L. A. Times Mirror, 1923. P. 40.

Tunner, J. M. Democracy in Administration. Amer. Pol. Sci. Rev. Ma. 1923.

Alaska

Biennial Report of the Ferritory Labor Commissioner, 1921-1922.

Hawaii

Eighth Annual Report of Industry Accident Board of City and County of Honolulu for 12 Month Ending the Year 30 June 1923.

Philippine

Quarterly Bulletin of the Burean of Labor, Dep. of Commerce and Communication, Vol. IV, No. 1-4, 1922.

Porto Rico

Annual Report of Bureau of Labor to Legislative Assembly of Porto Rico, 1915-21, 8 Vols.

英國

Ministry of Labor of Great Britain. J. of Comparative Legis. 99: 199 F

1923, 189-205 N. 1923.

Monthly Journal of the Ministry of Labor. January December 1923.

Summary of Labor Legislation in Great Britain in 1919 Monthly Labor Re 10: 794-796 Mar. 1922.

坎拿大

Eleventh Annual Report on Labor Organizations in Canada. 1923.

Report of the Department of Labor for the Fiscal Year Ending Mar. 31. 1923.

The Labor Gazette. Vol. 24 No. 2 F. 1924.

British Columbia

An Act Respecting the Department of Labor. 1917.

Ontario

Report for 1922 of the Workmen Compensation Board, Outaris.

Quebec

Inspection of Factories and Public Buildings Labor Law. 1921.

Nova Scota

Report on Mines. Nova Scota, 1922.

Alberta

An act to Establish a Bureau of Labor of Alberta.

Manitoba

An Act Repecting the Bureau of Labor Showing Amendment to Date. June 1st, 1922.

Saskatchewan

Annual Report of Bureau of Labor and Industry of the Province of Saskatchewan. 1922-1923, 2 Vols.

Annual Reports of Department of Labor, (Reports of the Secretary and Reports of Bereaus Consolidated) 1913-1921, 8 Vols.

Annual Reports of Secretary of Labor. 1913-1923, I1 Vols.

"Creation of a New Federal Department" Review of Rs. 47: 397-

398 Ap. 1913.

International Conference of Labor Statisticians. Intl. Labor Review. Jan. 1924. 13-31.

International Labor Directory. 1923. Geneva, International Labor Office. 8-9.

International Conference of Labor Statisticians. Intl. Labor Rev. Jan. 1924. 13-31.

Laws Providing for Bureau Statistics. U. S. Bur. of Labor Statistics Bul. No. 343.

Laws Providing for Bureau of Labor Statistics, etc. U. S. Bur. of Labor Statistics, Bul. No. 343.

Montgomery, Rerth. Organization of Labor Departments of Various States as Shown by Laws. 6 tabls Jan. 1921.

Organization of Massachusetts Department of Labor and Industry. M. L. R. 10: 803-807 March. 1920.

Proposed Organization of New York State Department. M. L. A. 10: 266-269 Ja. 1920.

Quties and Organization of State Labor Departments. Am. Labor Leg. R. 3: 511-532 Dec. 1913.

（見《學林》一九二七年第三卷第三期）

中華圖書館協會第一次年會報告

各種各級學校應有有步驟的圖書館使用法指導案

北平圖書館協會/南開大學圖書館 }原案
李小緣/楊昭悊/胡慶生/楊希章/陸恩涌 }

大會合併議決通過。

【理由】詳附列各案。

【辦法】請教育部通令全國各級公私立學校，按照下列圖書館使用法指導，步驟列入正課，并于入學試驗時舉行此項測驗。

1. 幼稚園：培養愛護書籍之習慣。
2. 小學：灌輸關於書籍之基本造法及圖書館目録性質功用等。
3. 中學：指導圖書館管理法及其用法。
4. 大學：訓練目録用法及實用目録學。

一、各種各級學校對於學生應有有步驟的圖書館使用指導案

李小緣

理　由

（一）養成學生自幼稚園起至大學止，人人皆有自動使用圖書館之習慣，酷愛圖書之嗜好，利用圖書之習慣能力。

（二）凡受過此種訓練者，在校求學時，不須督促，而可以課外研究，自求深造；卒業後不致遠難學問，可以自動研究，一生享用無窮焉。

辦　　法

（一）在幼稚園先培養愛護書籍之習慣，如洗手看書等。

（二）在小學則灌輸關於書籍之基本造法，及圖書館目録性質功用等。

（三）在中學則指導圖書館管理法及其用法。

（四）在大學則訓練目録用法及實用目録學之編製等。

由教育部通令全國各級公私立學校，按照以上步驟酌量施行。如：

1. 按年級分班演講及訓練——若能進一步按級正式設班，尤覺有益。

2. 各學校舉行入學試驗，宜有此項測驗。

二、請中華圖書館協會轉請教育部通令全國大學及師範院添設圖書館學案

北平圖書館協會

理　　由

大學教育，注重學生自動研究參考，利用各種圖書；尤應使學生明瞭各類重要參考書之内容性質，以便研究時有所參證辨别。此皆今日讀書者之緊要工作，惟查現在大學課程中，列有斯種科目者甚鮮，此應添設圖書館學者一。每作論文，須先參閲斯類書籍，以何著者爲善，何人註解可讀，何本爲善，何本係僞，當一一識别，方能下手作題，此應添設圖書館學者二。予以圖書館組織與管理方法，使學生知圖書館大概情形，易於檢閲圖書，蒐羅資料；而於畢業後又能得機爲圖書館服務。設若授課時，有指導學生增進用圖書之能力，并可養成之良好讀書習慣，此應添設圖書館學者三。讀書須知選購圖書方法，此應添設圖書館學者四。

辦　　法

（一）教授資格：圖書館學專家；或對於圖書館學素有研究，而著有成績者。

（二）課程名稱：圖書館學。

（三）內容大綱：

1. 圖書使用法。
2. 圖書分類編目概論。
3. 圖書館購選法。
4. 實用目録學。
5. 圖書館組織。

（四）鐘點：每週二小時。

（五）期限：以一年讀畢。

三、各大學應設實用目録學課程以爲指導學術研究之入門案

李小緣

理　　由

（一）實用目録學爲自動研究之重要工具。

（二）實用目録學爲大學一切課程之入門方法。

（三）實用目録學可指示各學問之範圍與途徑。

辦　　法

（一）由教育部規定，各大學在第一學年，皆應有實用目録學一門，作爲必修課程。

（二）如第一條不便施行時，各大學圖書館應自動規定於入學首數星期内，即施以圖書館及目録學等之講演。

（三）由各大學教授，於其所授各課程開始時，即有關於其課程範圍内之目録講演。如近代哲學史，必有研究近代哲學史之書目。

四、减少科目令學生閲覽參考書和作論文案

楊昭悊

理　由

中國學校圖書館，所以看書的人太少的原因，由於學校功課鐘點太多，以致學生無暇閲覽參考書。

辦　法

查美國專門或大學校一二年級功課，每星期約十八點鐘左右，三四年級功課，約十四點鐘左右，研究科的功課，約十三點鐘左右。學生每日上課，不過兩三點鐘，是以有功夫看書，大概所看之書，除每星期有報告表（Report Card）記明某書某頁起某頁止，學期之末，必將筆記呈驗；論文一項，三四年級學生，至少有兩三篇，每篇約數千字，每篇之末，必將所用之參考書，一一録列；教員月考及期考，尤不一定在本門教科書以内，凡是講演和指定學生所看之參考書，都可以問。中國專門及大學校，多半有圖書館，但是功課總有二三十點鐘，宜明定學生至少必須習某項科目，餘則可以任意選擇，仿美國成例，或者鐘點稍多，責成學生看書，不加甚嚴，學校功課，儘可多設，以憑學生選擇。至於學生程度，不能看外國文參考書，而中文參考書，亦復不少，專門及大學校三四年級學生，亦可閲覽外國書籍，不過限制稍寬就是了。

五、中學校或師範學校於課程中宜酌加圖書館學識一門

天津南開大學圖書館

理　　由

學生多不解利用圖書館，故學識方面難期速進，必授以圖書館學識使其明瞭圖書館之組織，而有以利用之。

辦　　法

能特聘專人講授固佳，否則即請教職員中之明瞭圖書館學識者兼任，亦無不可。每週一二小時足矣。

六、中等學校應於最後一學期大學或專門學校應於最初一學期添設圖書館　利用法一科每週授課二小時案

胡慶生　楊希章

理　　由

求學之道，有賴於圖書館者甚大。故學校應設一圖書科，將圖書館之利用法，分部説明，一則就圖書館本身而言，可擴大其效用，增加其地位；一則就閲者而言，可以知讀書之方，參考之法。否則學校之圖書館等於虛設，而學者始終不能利用圖書館之門徑。

辦　　法

呈請教育部通令各學校，遵照辦理。

七、請各中學增設圖書館學科案

陸恩涌

理　　由

（一）大都中學學生不知利用圖書館者甚多，設此學科，俾學生得明瞭圖書館之重要，而知利用。

（二）因學生不明圖書館之重要，故對於管理亦多感困難，若設此科，則知愛護而能諒解，因此館中辦事自然易矣。

（三）此事一方面示學生以讀書之門徑，第二方面，乃引導學生研究圖書館學，以造就人才。因入大學即須選定何科，若無根基，則中學畢業後，鮮有入圖書館科者。

辦　　法

請呈請大學院通令各校，祇少須增設圖書館選科二學分。

400　圖書館建案

理　　由

中國圖書館。創辦雖早，編制不外舊法。由民國以來，有西方文化灌輸以後，始有圖書分類之改良。然改良之道，往往以個人之心理而成一家，遂因此而不能統一。因不能統一，即不能普及圖書館教育。何也？

例如在上海某圖書館，採用此法，而首都地方，又是一法，甚至於同一地方，也有不同編製之説。圖書館的讀者，何能明瞭如此之多？所以要得中國圖書館教育普及，非有統一分類不可。

辦　　法

請照主文辦理。

十六、應編制標準分類法俾全國圖書館遵守以照劃一案

天津南開大學圖書館

理　　由

查各圖書館之分類法，雖大都以杜威氏之十進法爲標準，而删改增加，率皆各出心裁，殊不一致。爲後進之圖書館便利起見，應規定新法，庶不致茫無適從。

辦　　法

採取各圖書館現用之分類法，彙交協會，經協會審定，再爲編制。

531　由協會編訂中文編目條例案

文華圖書科　呂光渭
李小緣　楊昭悊
黄星輝　秦毓鈞
（原案）

大會合併修正議决通過。

理　　由

（一）西文編目法不盡適用于中文。

（二）編目無條例則缺嚴整一致之效。

（三）有標準編目條例，庶各圖書館有所遵循。

辦　　法

根據上列理由交編目委員會，編訂條例，于下屆年會發表。

【附原案七】

一、規定中國圖書編目規則案

文華圖書科

理　　由

目録爲圖書館載籍之匙鍵，仰且爲研求學術之門徑。故完富之圖書館，賴有精確詳備之目録以彰表之。我國舊有之圖書編目法，簡拙而不便於用，於是今日之編目者，不得不採借西法，以應急需。但中西書籍，著者姓名，及數字索引等，各有歧異，斷不能取用他人成法，而貽牽强之弊。故我國當自立適合國情之編目法，以作標準，而便全國圖書館採用。

辦　　法

（一）由圖書館協會編目委員會，執行下列職務：

1. 調查收集全國圖書館編目法及著作。

2. 審定及編製新編目規則。

3. 通函全國各圖書館採用。

（二）在國立中央圖書館試用各種編目法，取具最通用者，定爲中國標準編目法。

二、規定標準編目條例案

李小緣

理　　由

（一）編目無標準條例，則缺嚴整一致之效。

（二）缺少標準編目條例，各館編目者無適當根據，其或發生編目疑問時，無以稽考。

（三）缺乏標準編目法，則不能印行編目卡片。

（四）現今缺乏編目專門人才，倘有標準編目條例，即易指導訓練。

辦　　法

（一）徵求各館之現行編目條例及舉例。

（二）由本會編目委員會，招集討論會，酌取各法之優點，歸併一種。

（三）以決定之一種，送各館暫時施行，并徵求問題及意見。

（四）再爲最後之審查修改，決定一種而後公佈之。

（五）依此條例印行卡片，以便各館採購。

三、協會應積極進行制定漢文卡片編目法案

黃星輝

理　　由

各圖書館採用卡片目録者，日見其多。因無規定之編目法，坊間也

無專書，足供參考，以致所編目録，在内容形式各方面，多有不合原理及不便應用者，雖名卡片目録，實無目録之用。

辦　法

協會執行部，原設有編目委員會，可擴充并指定負責委員，從事編訂，期於一定時間之内發行。

四、請協會統一編目案

呂光渭

理　由

各地圖書館編目方法，多不一致，管理檢取，諸感不便。

辦　法

請協會規定統一編目法，呈請教育部施行。

五、圖書館編目最爲困難請求討論劃一辦法以利進行案

無錫縣立圖書館館長秦毓鈞

圖書館編目，昔稱四庫。自航海大通，歐學東漸，新出書籍日多，四庫分類法，斷斷不適於用。本館以舊時圖書近時圖書，分爲兩大類，舊時用四庫，近時用十進法，亦非折衷至當之道。查分類法有二：一便於學術者，二便於尋檢者。訓政時期，民衆教育，主在普通，來館閲覽者，不必盡爲研究學術之人，四庫分類法，似尚偏於學術，一方面且歧而爲二，新書與舊書，往往有分析不清之處。同一史地也，何者當以四庫分類？何者當以十進分類？亦爲編目上一大困難問題。今者羣彦雲集，應如何討論統一方法，謹提鄙見，請求公決。

六、編目應如何改良進行案

秦毓鈞

圖書館編目，約分簿式片式兩種，以片式論，有著者目録，書名目録，分類目録多種。近來各圖書館，往往偏重於簿式一方面，片式目録，缺而不全。爲閱者使用計，似以片式爲宜。著者與書名，是否均須兼備？至於雜誌月刊，多爲新思想新學術之研究報告，有普通亦有專門，雖區區小册，亦應編目。然非尋常編目法可以通用，究以何種編目最爲適宜？請求公決。

七、編制中文書目方法案

楊昭悊

參觀平津滬漢各地圖書館，中文編目方法，至不一律，約計之有七點，急宜酌定。

（一）中文書目書名人名號碼，用中國字還是用阿剌伯字？

（二）登記號數，是否有入目録片之必要？加入目録片，寫在左方抑在右下方？

（三）目録用片是否有點標之必要？

（四）書之頁數印刷處所，出版年期，抑寫在著者片，還是寫在書名片，還是兩種都要寫？

（五）書之形式大小，在大學圖書館，應否記入？

（六）書局是否連地名亦行記上？如光華民智等書局。

（七）書的寫數，還是寫中國字，抑寫外國碼字？（即阿剌伯字）

535 中籍應採用協同編纂法案

南開大學圖書館原案

大會議決修正通過。

理　由

中籍編目，殊費時間，若採用此法，則各籍之編目清晰，且可節省館中經費。

辦　法

交由協會編目委員負責辦理。

560　組織標題編纂委員會案

杜定友　李小緣　徐家璧　朱家治　原案

大會議决合併通過。

理　由

詳附原案。

辦　法

由執行委員會組織標題委員會。

（見《中華圖書館協會第一次年會報告》一九二九年七月，議决案匯録）

荆楚文库

圖書館學

編書人的序

去年北京高師開圖書館講習會的時候，我本主張譯書的，爲什麽現在又編書呢？這裏邊有三種原因：

（一）外國圖書館學的著作，屬於分科的多，屬於通論的少，倘若把他譯出來，只合於圖書館員參考，不足供一般人研究；

（二）外國圖書館學的著作，關於應用的多，關於原理的少，倘若把他譯出來，只可供應用不能示提倡；

（三）外國圖書館學的著作，多半是發表自己的意見，或敘述本國的狀況，倘若把他譯出來，只能供參考，不能資比較。

有以上三種原因，所以我暫時不譯書，率性就來編書。

中國各省圖書館數目，總共只有一百多個，比日本不過十分之一，比美國不過百分之一，其所以不發達的，實在因爲缺乏這種學問。歐美各國，大學校或師範學校多設有專科，中學校或小學校也有這種課程，專門館員固然有辦理的技能，就是普通人民也有利用的知識，圖書館當然是發達無疑。

我這本書爲推廣我國圖書館的學問起見，要使無論何人，一看就知道圖書館的原理和應用。所以他的內容，先通論後分科，學理技術，兼收并蓄，十分八九是參考各名家的著作，自己也參加十分一二的意見，來比較他們的理論，聯貫他們的學説，貢獻於國人之前，先得一個普徧的統系的概念，再由博而反約，精益求精，就是我編書的本旨和希望了。

十，十，十，楊昭悊

蔡孑民先生序

一種事業發達到一定的程度，便有産生一種有系統的理論。有了有系統的理論，那種事業的發達，纔有迅速的進步。這是各種事業的通例，圖書館也就不在例外。我們國内藏書的事業，雖然在幾千年前，早已發起。而且幾千年來，也是緜延不絶，一點一點的擴張。但是還没有到發生有系統的理論的程度，所以還没有圖書館學，因而全國圖書館發達的程度，也是有限。現在我們既得著國際上互助的便利，不必候一定的程度了。西洋各國，尤其是美國，已經發布了很完備的圖書館學，且設了許多圖書館學校。我們只要有人肯到他們的學校去研究，肯多讀他們的圖書館學，已經可以發達我們的圖書館，自己可以建設圖書館學校了。近年爲圖書館問題，到美國去研究的，已有幾人，楊君昭悊，就是其中之一。他想到有出洋研究的機會者，必定不多，而國内圖書館辦事的人，却已經需要的很多，特地在出國研究以前，從自己讀過的圖書館學，與關於圖書的經驗，輯成一書。對於圖書館識員的養成，經費的籌劃與分配，書籍的購置保管與貸出，目録的編置，從村落的巡迴到國際的互貸，從古代最幼稚的，到現今各國最復雜的情形，作明瞭的敘述，切實的判斷。不但説其當然，并説明其所以然。在我國今日，真最應時勢的好書。不但辦理圖書館的人一定歡迎，就是想享用圖書館的人，也是不可不讀的。

十一，二，二七　蔡元培

戴志騫先生序

我國舊有之圖書館，對於搜羅保存，固已盡其能事，而歐美之於圖書館也，則不獨加意於搜羅保存，而尤能使之活用於個人學校，以及於社會，俾人人藉以增長智識，獲其利益，其法誠美備矣。美國圖書館協會之格言有云："集最有用之書籍，施以最合經濟之方法，以供給大衆之應用。"誠近時圖書館管理之南針也。自歐美文化東漸以來，中國教育逐漸推廣，各種學術，均須參考研究，平民教育之聲浪愈唱愈高，欲達普及教育研究學術之目的，則活用圖書館尚焉。庚申夏，北高師辦有圖書館講習會，雖值直皖之戰，而各省圖書館員，前來聽講者，仍形踴躍，此可見國人對於改良舊有圖書館之積習，固甚亟也。講演者衹能就西文或日文圖書館學中之教材譯而編之，以爲講演之資料，故對於改良本國圖書館一方面，未盡得其領要，楊君能見及此，不憚其煩，編有《圖書館學》，對於圖書館之原理，及應用之方法，無不條分縷析，而於建築上及管理上，亦適用於我國之圖書館。吾知是書一出，其有裨於中國圖書館之前途者，實匪淺尠。

十，十二，二十　珠溪戴超序

林宰平先生序

新近這兩年，自動教育的聲浪，彷彿已經遍滿全國了。而一方面圖書館教育，熱心的人還不多，讀書先生們，對於需要用圖書館的要求，似乎也不大注意，這豈非很矛盾奇異的一樁事情麽？歐洲如德奥等國，當此新敗之後，他們國内困難情形，實在比我國現狀還不如，奥國尤其困苦到萬分的了。然而柏林維也納的大圖書館，還是辦得整整有條，到館看書的也非常之多，星期日尚且坐滿一屋子的人，這種現象實在能令人感動。英法等國，和圖書館教育最進步的美國，那更不待説了。總之他們在圖書館方面，對於時間上和活用上的經濟，真是我們所亟宜取法的。

圖書館教育，是一種專門的學問，歐美社會所以能得圖書館的好處，完全是由於這種教育得來。我們中國目録之學早已發達，而圖書館學不但不發達，乃至如今還是這樣幼稚，嚴格説來簡直是没有，這是甚麽緣故呢？(一)因爲社會公共生活來得不慣，所以辦圖書館的，也是收藏之意多，流通之意少。至於把他當做一種社會事業，認做一種重要學科，熱心提倡或研究的人，自然是很少的了。(二)中學以上，實際仍舊是講義的教育，因此學生可以不看參考書。教習多半兼許多鐘點，拿一本舊講義到處應用，没有工夫再看書。學界以外的人，能讀書識字的如政客議員官吏商家之類，他們來到圖書館做甚麽，至於圖書館學，自更無人過問了。(三)我國出版界向來沈寂，著作者寥寥無幾。凡不急於搜集參考書的人，自然對於圖書館很冷淡。外圖書報既不大到中國來，兼通數國語言文字的人又很少，所有外國人覺得圖書館種種便利有用的地方，我國人大多數都没有這種感覺。以上爲圖書館及圖書學不巡發達之最大原因。餘如經費人才等等，自然也是很有關係的。我們現在要排除諸種原因，第一要在圖書館教育上著手。

圖書館學這一個名詞產生不久，他的年齡，不過比我們民國稍爲長幾歲罷了。至於我國人關於這一門專科的著作，除有一兩種小册子外，楊君這一部新著，在今日算是最詳備的了。當民國九年夏天，北京高等師範學校開了一回圖書館講習會，楊君當時曾經譯了一部圖書館學指南。現在又爲尚志學會編成此書，整整費了一年多工夫，去年十一月楊君赴美研究圖書館學，臨行時還把這部原稿帶到路上校正一番，抵日本東京纔把此稿寄回來，要我做篇序文，後來他到了美國加州，來信還提到序文一事。這部書的長處，書的本身已經很明顯的表現出來，我只把楊君編著《圖書館學》的缘起，和我們讀此稿時所發生的感想，大略一説。但望此後圖書館教育日益發達，海内注意的人，一天多似一天，我想楊君所最希望的，也就在這一點。

十一，三，一四　林志鈞

凡　例

（一）本書用科學的方法，説明圖書館的原理和應用，所以叫做《圖書館學》。

（二）本書共分八篇。第一篇第二篇，是關於原理的，第三篇到第八篇，是關於應用的。

（三）經費、建築、設備，是經營圖書館的要素，所以列入第三篇。

（四）管理部、評議部，是組織圖書館的要素，所以列入第四篇。

（五）廣義管理法本包含分類編目在内，因爲他比較繁難，所以另立專篇。

（六）管理法比較復雜，説明也比較詳細，佔全書三分之一。

（七）第八篇以後，另有附録，記載中國關於圖書館的法規，作爲創辦圖書館的根據。

（八）本書内容除有不得已情形以外，概用中文，末尾附有《圖書館學用語英漢對照表》，預備能閲英文書籍的人參考。

（九）本書出於自己意見的十分一二，參考各家著述的十分八九，今把參考書的名稱列舉如左：

中文的

《圖書館指南》　顧實著

《圖書館學指南》　楊昭悊譯

《中國各省圖書館概況》　北京法政專門學校圖書館調查

《無錫縣立圖書館彙刊》　無錫縣立圖書館編

《浙江公立圖書館季報》　浙江公立圖書館編

《圖書館講習會講義》　北京高師圖書館講習會集

日文的

《圖書館小識》　　日本圖書館協會著

《圖書館管理法》　　文部省著

《教育和圖書館》　　植松安著

《圖書館教育》　　田中敬著

《美國圖書館事情》　　文部省著

《圖書館雜誌》　　日本圖書館協會發行

英文的

1. Ayres, L. P. and Mekimie, A. The Public Library and the Public Schools, Cleveled (Ohis), 1910.

2. Blades, W. The Enemies of Books, London, E. Ilios Stock, 1896.

3. Brown, J. D. Library Classification and Catalaguing, London, 1912.

4. Bostiwick, A. E. The Ammerican Public Library.

5. Cutter, C. A. Expansiue Classification, Boston, 1891.

6. Clark, J. W. The Care of Books: An Essay on the Development of Library and Thier Fittings, from the Earliest Times to the End of 18 Century. Combridge, University Press, 1909.

7. Dana, J. C. A. Library Primer. Chicags, Library Burean, 1913.

8. Dewey, M. Decimal Classfication and Relative Index for Libraries, Clippings Notes , etc. 9 ed. N. Y., 1915.

9. Stewart, J. D. and others, Open Access Libraries, London, 1915.

10. Soule, C. C. How to Plan A Library Building for Library Work. Boston Book Co., 1912.

11. The Library Jaurnal, New York.

目　録

第一篇

總　論

第一章　圖書館的定義

圖書館的名辭現在用得很普及了，但是他的定義知道的人很少，不免發生許多誤會。有人説：圖書館是圖書的館。這種循環定義，謬誤已極，自不待言。有人説：圖書館是藏書的館。這種定義仍然不明瞭。因為定義的目的是在説明他自己的特點，畫清他和別的界線，世界上相類的事物極多，必在同德以外找出一種差德，藉以表示他的特質，使人明白他和別的事物不同，纔算真正定義。若果説圖書館是藏書之館，那末和書店裏面的儲藏室，圖書館裏面的藏書室，簡直没有什麼區别。但是這種觀念不單是現時中國人有的，就是西洋古代也是有的。

考求圖書館在西洋的原文，在英國是 Library，是從拉丁的 Liber 來的，有書籍的意思。在德國是 Bibliothek，在法國是 Bibliotheque 都是從希臘的 BcBλιoν 和 DηKη 來的，前面的字是書籍的意思，後面的字是地方的意思，合兩字爲一字，却有書籍地方的意思。那麼我們説圖書館是藏圖書之館，也不算大錯。不過這個名辭是很舊的，現在他的名辭雖然未改造，他的概念却是變遷了。我們要知道名辭是無自性的東西，概念雖然變遷，名辭可以仍舊不改。不過我們對於他現時所含的意義究竟不可不明白，不然就要生出以辭害意的毛病，不可不注意！

古代圖書館，本來以蒐集圖書保管圖書爲目的，只要圖書蒐集得多，保管得好，即盡辦圖書館的能事，所以有人把他叫做儲藏室。到了現在就大大的不同，不但要保管，并且要活用。館内所藏的圖書，怎樣能夠使閲覽人滿足慾望，都是圖書館應有的任務。因此他的内容也就復雜了。我們對於他的觀念，當然要改變，和以前不同。他的定義也不能像以前的那樣簡單。今把德國休葉氏所下的定義列在後面：

圖書館是蒐集有益的圖書，隨着大家的知識慾望，用最經濟的時間，自由使用的地方。

從這個定義看起來，圖書館實在包含兩義：(一)要把有益的圖書蒐集起來保存在那裏；(二)要把所蒐集的圖書隨大衆的需要自由活用。缺乏第一義，固然不能叫做圖書館，就是缺乏第二義，也不能叫做圖書館。從此我們可以知道前面所舉的種種定義的謬誤，和圖書館真正的義意了。

第二章　圖書館和圖書館學

向來一般人對於圖書館的謬見約有兩種：(一)圖書館没有多大用處；(二)圖書館没有什麽學問。現在隨着一般的需要，圖書館日見發達，對於第一種謬見早已化除。惟第二種謬見，相沿至今，多未改變。這種謬見不但普通人有的，就是專門學者也在所不免。他們把圖書館的定義看錯了，以爲就是一個藏書室，只要有幾個識字的人照料收發就得，不要有什麽學問。所以講起圖書館的歷史來，雖然有幾千年，至於圖書館學到了近數十年纔發明出來，要是説到中國更其幼稚了。

歐美各國圖書館學最發達的首推美國。他們把他當做一種專門學問，設立專門學校去學習他。其餘的國家雖然没有設立專門學校，他們大學或師範學校裏邊也多有這種分科。我們中國圖書館既然不發達，圖書學又無人去研究。雖然有幾册從日本譯來的關於圖書館的書籍，也是語焉不詳，偏而不全。想求一種原理應用俱備的圖書館學，可以説簡直没有。

照歷史上看來，事業發生在先，學問發生在後。先有圖書館，然後有圖書館學。必定圖書館發達，然後圖書館學纔能發達。但是照統計上看來，學問發達，事業纔發達。圖書館學最發達的國家，就是圖書館事業最發達的國家。必定圖書館學發達，然後圖書館越發的發達。美國圖書館學最發達，圖書館也最發達，這是人人都知道的。所以我們要使中國圖書館發達，非得先研究圖書館學。研究圖書館學的作用，簡單説有兩種：

(一)可以增進辦理圖書館的人能力；

(二)可以增進利用圖書館的人知識。

第一種是圖書館自身的問題，辦理圖書館的人，必定有圖書館學問然後纔能夠維持，纔能夠改良。第二種是圖書館利用者的問題，利用圖書館的人，必定有圖書館學問，然後纔能夠注意，纔能夠利用。這兩種作用，都能夠使圖書館事業日益發達。倘若不研究圖書館學，可以説圖書館事業永遠不能發達。

第三章　圖書館學和其他科學的關係

無論哪一種科學，都和别的科學有連帶關係，决不能獨立。我們想研究某一種科學，必定先研究和他有關係的科學，然後能收相得益彰之效。圖書館學也是這樣。并且這項學問内容豐富和他有關係的科學，非常得多。廣泛的説罷，圖書館以圖書爲主，圖書分類和編目，在某種圖書，就要有某種科學的知識，簡直和一切科學都有關係。嚴格地説罷，圖書館是一種教育，和學校教育相平等，因爲管理和設備種種問題，和社會學、心理學、經濟學尤有密切的關係。今把他分别説明在後面：

(一)和社會學的關係　社會學所以研究社會自然現象謀所以改良的方法。圖書館是社會的産物，意在適應社會，又是社會的明燈，意在改良社會。研究圖書館學的人必定研究要怎樣適應社會，然後圖書館纔能存在，要怎樣改良社會，然後圖書館纔有存在的價值。圖書館不能離社會存在、圖書館學就不能舍社會學獨立，可以説圖書館學，建築在社會學上面。從這裏可以知道他們的關係了。

(二)和心理學的關係　圖書館所以適應社會，因爲社會心理學也是研究圖書館學的人所應當研究的。普通圖書館要適合一般人心理，兒童圖書館要適合兒童心理，病院圖書館要適合病人心理，無論管理上、設備上總以不違反利用的人心理爲是。倘若違反人的心理，圖書館本身不能存在，圖書館目的更不能達到。可見圖書館學和心理學有密切的關係了。

(三)和經濟學的關係　經濟的原則在以最少的勞費收最大的效果，圖書館也是這樣。第一金錢要經濟，價值太貴的圖書難於購買，當特别保存；價值太賤的圖書，易於損壞，不可購買。第二時間要經濟，訂購圖書，要格外迅速、收發圖書要格外敏捷，不可故意遲延，浪費時間。

研究圖書館學的應當知道這種經濟的原則。除了這種原則以外，并且要考察各地經濟狀况，經濟不發達的地方，當多備關於實業的圖書，啓發生利的觀念。經濟已發達的地方，當多備文學的圖書減殺競利的觀念。這都是圖書館學和經濟學有關係的地方。

圖書館學既然和社會學、心理學、經濟學都有關係，研究圖書館學的人必定對於這三種學問都要研究，所以美國圖書館學校，多半限於專門或大學畢業生。西蒙斯女子大學圖書館學校并且把這三種科學列入正課以内，從此更可以知道他們彼此的關係重要了。此外圖書館所藏的圖書，非常繁富，往往羅列各國的古今圖書，尤非通曉各國及古代語言文字不可，所以紐約州立圖書館學校，凡入學的人必須通曉三國文字，照這樣看來和方言也有關係了。

第四章　圖書館學的範圍和他的分科

圖書館學，英語是 Library Science，德語是 Bibliothek-swissenschaft，英美是近來新有的名辭，十年以前還未通行。《大英百科全書》是美國新出版的書，如傳古氏的《斯坦達辭書》就没有這種名辭。但是美國圖書館學校所授的學科，統行叫做圖書館學，圖書館學校畢業生，也授以學位，稱爲圖書館學士或得業士。并且近來圖書館在教育上占重要位置，關於圖書館的著述，日漸衆多，因此圖書館學一語，用起來也漸漸普及，在德國這種名辭更普通，《馬葉氏百科辭書》在一九〇五年出版就有這種名辭。

《馬葉氏百科辭書》説：圖書館學的定義，是把關於圖書館的理論，和技術知識的，總和爲有系統的研究，因此分圖書館學爲兩大部：（一）Bibliothekenkend，（二）Bibliothekenlehre。前一部是指圖書館歷史和統計説的，後一部是指整理和管理説的。整理方面，如圖書館建築、書庫内圖書排列法、目録編纂法等，都是他所研究的；管理方面，如藏的保存，蒐集利用，和館員督率法，都是他所研究的。因爲研究建築，繪圖學也要研究；因爲研究圖書的保存，製本學也要研究；因爲研究圖書的蒐集，關於購入寄贈交换各方面的商業學、社交學都得要研究，説到這裏，圖書館學的範圍就非常的廣大。無論如何，我們一個人盡畢生的力量也只能研究一部分，决不能研究全部分，在專門研究的人，只能研究一部分，如學過建築的人，可以研究圖書館的建築，學過商業的人，可以研究圖書的訂購，其餘的分類編目各科，若是想研究他，都得要把和他有關係的科學，研究了以後纔可以，不然就要務廣而荒了。

圖書館學的範圍，既然很廣大，圖書館學的分科，自然也很衆多，美國丕咨伯格卞勒幾圖書館學校所修的科目，共有三十幾種，紐約州立圖書館學校也有二十幾種，各科裏邊又有細目。今用普通科學分類法，分爲兩大類：一純正的；二應用的。純正的圖書館學，專爲説明圖書館原理原則，或現有的事實，裏面又分兩類：甲具體的；乙抽象的。如圖書館史圖書館法令各科，屬於前邊的一類；如圖書館教育，屬於後邊的一類。應用的圖書館學，專爲指導圖書館實施的方法，裏面又分兩類：甲特殊的；乙一般的。編目分類屬於前邊的一類；管理法組織法屬於後邊的一類。今爲系統分明起見，把他列表如左：

- 圖書館學
  - 純正的
    - 具體的
      - 事實的
        - 歷史的
          - 圖書館史　印刷史
          - 圖書史　其餘……
        - 統計的
          - 圖書館統計　其餘……
          - 圖書統計
      - 法規的
        - 圖書館法規　協會章程
        - 館員優待條例　其餘……
    - 抽象的—圖書館教育　其餘……
  - 應用的
    - 特殊的（廣義管理法）
      - 編目法　打字術　參考書使用法
      - 分類法　印刷法　書架整頓法
      - 裝訂法　選擇法　打字機使用法
      - 評價法　簿記法　圖書館報告法
      - 登録法　廣告術　其餘……
      - 統計法　建築法
    - 一般的
      - 管理法（各種圖書館管理法）
      - 組織法（各種圖書館組織法）
      - 圖書館視察法
      - 圖書館經濟學
      - 其餘……

第五章　圖書館學的研究法

圖書館學，是近來新發明的科學，歷史很短，缺點尚多，正待有志之士潛心研究。這種研究的方法，和其他科學研究法相同。今分歸納、演繹、証實三種方法説明如左：

（一）歸納　歸納是由特殊到一般。就是精詳敘述，一一考察個別事實，使他毫無遺漏，然後由事實中間得個結果。至於考察的方法，自然離不了歷史和統計兩種。歷史屬於縱的，是考察時間的事實，統計屬於横的，是考察空間的事實。圖書館學關於歷史方面，如圖書館史、圖書史等，不乏專著。惟統計方面，研究的人很少。其實這種方法非常緊要，因爲統計是近代的事實，如什麽地方閲覽人多？什麽地方閲覽人少？什麽書籍閲覽人最多？什麽書籍閲覽人最少？都當隨時隨地調查，藉以考求他的原因結果。此外我們不但對於圖書館内容應當考察，就是和圖書館學有密切關係的社會狀況、人民心理、經濟情形，都得要考察，拿來做研究的材料。這都是關於歸納方面的方法。

（二）演繹　演繹是由一般到特殊。就是從所收集和觀察的事實，精細考察他的意義，用抽象方法，加以分類，使有組織，使有系統。這種方法，不但純正科學是這樣的，應用科學也是從這裏發生出來的。圖書館學裏邊各種應用科學，如分類編目組織各法，都是説應當怎樣，怎樣纔好，條分縷析教人遵守的。有人説：演繹法不能發明新理研究學問的時候，没有多大用處，我以爲這話實在不對，演繹法固然不能發明新理，要是講起應用來，却非常緊要。設若没有演繹法，學問上必無系統可尋，事實上也無軌範可守，前此用歸納法所收集的事實，也歸於無用。

（三）証實　証實是把一種學説，應用到事實以後，看他兩下所生的關係是怎麽樣，這本是各種科學，都應當遵守的法則。不過研究圖書館學的人，更其應當注重。因爲這種科學的性質，比别的科學有些不同，既不是宗教學空談玄理，使人信仰。又不是理化學，立有定則，屢試屢驗。就是要把他應用到事實，看他結果怎樣。若其有效，就繼續下去，照這樣辦；倘若無效，就得要設法改良。社會情形，人民心理，稍爲變動，辦法就不一樣，當隨時隨地加以注意這種科學，現在尚未大告成功，亟待試驗，試驗有了結果，學問纔有根據，所以証實一層在圖書館學研究法裏面，是很緊要的。

第六章　圖書館的種類

圖書館學因爲圖書館的種類不同，應用起來就不一樣。圖書館的種類很多，可用後邊的幾種方法來分別他。

(一)按閱覽人數量上分類：

(甲)公用圖書館；

(乙)特有圖書館。

公用圖書館可供一般人閱覽。從國立圖書館，至各省各縣各市鎮各鄉村所立的圖書館，都屬這一類。

特有圖書館不許一般人閱覽，僅許一部分人閱覽。這類圖書館或屬於特别團體；或屬於一私人各機關。各學校、各公會、各家庭所設的圖書館，都屬於這一類。

這兩種圖書館性質不同，管理和設備也不一樣。特有圖書館因爲閱覽人彼此具有關係，閱借規則比公開圖書館稍寬。但特有圖書館也有把一部分公開，供一般人閱覽。到這個時候，就不能嚴格區分了。

(二)按閱覽人程度上分類：

(甲)兒童圖書館；

(乙)普通圖書館；

(丙)參考圖書館。

兒童圖書館供給兒童閱覽，程度很低，應當搜集適合兒童所用的圖書，用簡便方法，使他閱覽。并且應當時常開展覽會或談話會，養成小國民讀書興會。

普通圖書館即通俗圖書館，供給普通程度的人閱覽。内中又分兩類：(子)簡易圖書館；(丑)普通圖書館。簡易圖書館，專以館外貸出爲宗旨；普通圖書館，館外貨出、館内閱覽都可以。

參考圖書館，供給研究專門學術技藝的人閱覽，當蒐集高深圖書。内中又分兩類：(子)普通參考圖書館；(丑)高等參考圖書館。中學校圖書館，屬於前邊的一類，大學校圖書館，屬於後邊的一類。

前邊(甲)(乙)(丙)三大類是大概的區别，兒童圖書館，往往附設在普通圖書館裏面，或者就是普通圖書館裏面，或者就是普通圖書館的一部分。普通圖書館，有時也備高等圖書供人參考，如省立縣立圖書館。參考圖書館，有時也備普通圖書，供一般人閱覽，如國立圖書館。嚴格的説罷，很難區分。

(三)按閱覽人性質上分類：

(甲)一般圖書館；

(乙)特殊圖書館。

一般圖書館供一般人閱覽，不問男女老幼，只具有人類性質，就可以閱覽。

特殊圖書館，供特種人類閱覽。這種人和一般人不同，有一種特性。這種特性又分兩類：(子)常有性；(丑)偶有性。常有性的如盲人圖書館，偶有性如病院圖書館。這些圖書館只能供這些人閱覽，對於一般人就不適用。

以上兩大類圖書館，性質固然不同，但是有時也有不能分别的地方。如盲人也是人類，一般圖書館不妨替他專設一部，以免有向隅之嘆。病人所閲的圖書，多半關於衛生方面，一般人也未嘗不可閱覽。

(四)按設立的機關上分類：

(甲)公立圖書館；

(乙)私立圖書館。

公立圖書館，是公法人或公法人附屬機關所設立的，又分三類：(子)國家設立的；(丑)各行政官廳或公立學校設立的；(寅)自治團體或自治團體所附設的學校設立的。

私立圖書館，是私法人或私人設立的，又分三類：(子)社團法人設立的；(丑)財團法人設立的；(寅)個人設立的。

公立私立是就法律上説的。若就事實上説，除個人以外，其他團體不是一人組織成的都有公的性質，公私的分别就難説了。

(五)按設立的目的上分類：

(甲)教育圖書館；

(乙)紀念圖書館。

教育圖書館，是爲教育設立的，一般公立私立普通參考各圖書館，十九屬於這一類。

紀念圖書館是爲紀念設立的，或是爲有功德的特種人，或爲重大的事件，都可以設立。裏邊有公立的，有私立的，種類也不一樣。

以上兩類，也有不能嚴格分别的地方，如紀念圖書館雖然是爲紀念設的，却是一方面也能達教育的目的，不是設立個圖書館就算完事。若是僅設一個圖書館就完事，失了圖書館的功用，也不能叫做圖書館了。

又以上各種分類，是就圖書館的實質説，名稱上有標明某類字樣的，有并不標明某類字樣的。大概特别圖書館，如盲人圖書館、兒童圖書館等類，多半標以類名，以示區别，其餘的多半不標類名。

第七章　圖書館的歷史

第一節　東洋圖書館史

（一）中國　古來河圖洛書，是中國圖書的起源。周朝春官宗伯外史掌三皇五帝的書、地官司徒土訓掌道地圖道地慝(註，地圖山川原濕之圖，地慝如瘴蠱之属)。誦訓掌道方志，道方慝(註，方志所記形勝事實之蹟，方慝所傳禮俗畏惡之事)。當這個時候，圖書已有專官管理，《史記》説老子是周朝守藏之吏。班固《漢書・藝文志》也説：老子做柱下史，博覽古今典籍，可知老子就是當時的圖書館長。孔子適周得覽周朝遺書，以後周遊列國，得讀一百二十國的寶書。韓宣子到魯見易象春秋。季札聘上國，聞詩的風雅頌。楚左史倚相能讀三墳五典八索九丘。墨子也説：他自己會見百國春秋。可見當時各國圖書館的多，藏書的富。漢朝的蘭臺、麒麟、石渠、天録、石室、延閣、廣内都是藏圖書的地方。并有許多大學問家，都是從這裏面造就出來的。這是官立的。至於民間也有藏書的，匡衡的主人就是一個。東晉官立的圖書館，如東觀仁書閣，晋的秘書中外三閣，東晋的秘閣，宋的總明觀，齊的學士館，梁的文德殿、華林園，北齊的仁壽文林，後周的虎門麟趾。晋的孫蔚家中藏書，可以任人閲覽，并且距離太遠的人，可以在他家宿食，可算體恤閲覽人無微不至了。隋的圖書館，在東都修文殿、東都觀文殿。唐朝買天下書，選工書者繕寫藏於内庫，用女子做管理員。又有四庫十二庫，藏書不算不多。其他如李磎的李書樓，鄴侯的鄴架，比近世小圖書館規模宏大的多。宋朝建崇文院藏圖籍，以後又另立書庫，叫做秘閣。又在龍圖閣、太清樓、玉宸殿、四門殿各藏書數萬卷。又以秘閣太小，分内庫的西庫當藏書庫，如同圖書分館。司馬温公聚書在讀書堂。李公擇藏書於白石菴。元朝改經籍所爲宏文院，徙平陽經籍所到京師，又立藝林庫專爲收藏書籍。無錫高士倪瓚家購書也多。他的清閟閣裏面藏的書畫圖籍極多。到了明朝，尤其發達。上自内府，下至民間，均皆搜集圖書。圖書館事業比較唐宋都爲興盛。洪武時代，大將軍徐達入元都，收圖籍致南京，又詔求四方異書，設秘書監管理。燕京的文淵閣也是一大圖書館。永樂時文淵閣藏書有缺略的，成祖用重價求購，并且使人取南京藏書一百櫃，用十隻船載到北京，於時秘閣藏書有二萬多部。私人設立的如浦陽鄭氏的御書樓，常熟毛子晋的汲古閣，湯鐵厓的萬卷樓，何良俊的清森閣都是很大的圖書館。毛氏的汲古閣，閱覽人尤其衆多，照歷史上説，四方到毛氏處觀書的，軸轤銜接，二十餘里，和近代小規模的公開圖書館效力尤大。此外，如天一閣、叢桂堂、静惕堂、傳是樓、西陽山房藏書也不少。天一閣設備尤其精緻。閲覽規則很嚴，在室閲覽的不許夜燈不許吸煙，和近代圖書館閲覽室規則相彷彿，不過他所藏的圖書，只准他自己的子孫閲覽，其餘的人都不輕易允許，只能算是特有圖書館。前清乾隆年間，開四庫全書館，徵求天下書籍，經歷十餘年，統計十六萬八千餘册，分鈔七分，藏在七閣。京城内文淵閣、圓明園文源閣、熱河文津閣、奉天文溯閣叫做内廷四閣。又在鎮江建文宗閣、揚州建文匯閣、西湖建文瀾閣各藏一分，供人閲覽。在南方的三閣，并且曉諭人民有願意閲覽裏邊圖書的，准他借出。派遣專員管理此事，設立收發檔案，閲借手續非常清晰。吴縣黄丕烈建百宋一廛樓，專藏宋代精本。杭州張氏在水中造書樓，閲覽人用小舟往來，晡後就停止閲覽。這種辦法有兩種好處：一可避火災；二可避塵囂。不過往來不大便當，閲覽人必定很少。照上面看來，中國有圖書館，約在四千年以前，歷史很長，不過名稱上、性質上和近代圖書館有些不同。古來藏書地方概是用亭臺樓閣種種名辭來代表，没有用館字的。名稱不同不用説了，就性質上説，也有好些不一樣。第一古來圖書館無論是官立或私立的只許少數人閲覽，不是供一般人閲覽，其有任人閲覽，不加限制的，如南北朝的孫蔚、明朝的毛子晋所藏的書籍，不過是少數例外。第二古來圖書館是爲有學問的人參考，不是通俗的，所藏的圖書，程度高深，不合一般人程度。以上是古來圖書館的劣點，以後再説他的優點。第一古來圖書館所藏的圖書，版本精良。官立的天禄閣，劉向、揚雄有名的學者，都在裏邊校書，即如私人所藏的書籍，都有存古的意思，多半是抄寫的，一切坊間誤刊的書籍，概不蒐集。第二古來圖書館所藏的圖書，目録詳細。目録學，我國研究最早，古來私家藏書無不注意編目，即如前清四庫書目，博大宏富，無與倫比，書名下面并載明書中大旨，和本書的沿革，比西洋圖書目録詳細的多了。

（二）日本　東洋圖書館歷史最長的，除中國以外，其次當推日本。日本圖書館歷史比中國短，以前本無文字，更無圖書。中國晋武帝太康年間，百濟王仁携帶《論語》十卷，《千字文》一卷，到日本，他們纔有圖書。大寶時代，大寶令規定設圖書寮，又設圖書頭管理圖書寮。這是日本公立圖書館的起源，於是禁中有御書所選集古今的圖書，天應中大納石上宅嗣創立書館，叫做芸亭，供衆人閲覽，是私立公開圖書館的起源，以後和氣廣世的弘文院，菅原道貞的紅梅殿，二條高倉的江家文庫，都是很大的私立圖書館。藤原賴長的文庫也頗可觀。德川幕府時代定圖書公開條例，紅葉山文庫、水户彰老館文庫、倚勢林崎文庫、江户昌平學文庫、淺草書籍館都是公立圖書館。明治維新把舊幕府的紅葉山文庫、昌平學文庫所藏的書籍移在淺草公園叫做淺草文庫。以後又蒐集諸藩學校圖書，網羅内外的物品，移在上野公園叫做帝國圖書館。以上是日本圖書館的歷史。日本開化很晚，國土很小，從歷史上看來，圖書館成績很少，但是自從明治三十二年公布圖書館令以後，就漸漸有起色，到現在簡直是日新月異了。

第二節　西洋圖書館史

（一）歐洲　歐洲圖書館歷史，要從歐洲東方説起。相傳洪水以前，諸王多建都於 Pantibible。這個地方的名稱，在希臘有書籍村的意思，是洪水以前已經有了圖書館。現今考古家，在那裏掘地還發見巡迴圖書館所用的運書木匣。在那個時代埃及哈西曼地亞斯圖書館藏的古書也不少，後來被亞述人燒了，現今所存的金屬文字，還可以考証。其次當推亞敘里亞王宫圖書館。亞敘里亞建國在紀元前十三世紀，極盛時代在紀元前七世紀，距現今已經二千五百多年。又其次希臘雅典城有第一圖書館，創於紀元前六世紀，後被波斯王攻入，取書東歸，藏在波斯庫中。以後希臘又奪回，希臘藏書的人很多，如底士多拉妥并且把自己所藏的書公開，供人閱覽。亞里士多得因爲亞歷山大王的援助，蒐集許多文集，於研究學術有莫大的利益，并且提倡圖書蒐集的必要，對於圖書館的設備，爲學理的研究，給圖書館的發達一個很好的指針，以後埃及隨建亞歷山士圖書館。亞叙里亞圖書館在歷史上雖然有最古圖書館的名譽，但是他規模不如亞歷山士圖書館的大。亞歷山士建都在埃及藩王家府城。那個時候正當紀元前四世紀，大王已經死了，埃及藩王家第一世梭德很好學問，想把雅典的文明移在他城裏，因此厚禮招聘有學問的人，同時并想照亞里士多得的學説，蒐集圖書，建立一大圖書館。他的兒子費爾得爾傅繼承父志，把這種事情做成功，建一大圖書館，并附設博物館，專爲學者研究著作討論講演的地方。這種圖書館，雖然名義上是圖書館，其實是一個唯一專門教育機關的大學校。亞歷山士在當時是世界學術的中心，於古代文化史上放燦爛的光輝。這個圖書館當然是當時世界最高知識聚集的地方，所藏的書籍，共有七十多萬卷，規模宏大，可想而知。紀元前四十七年，西撒攻伐，大部分被兵火燒毁。姑婁巴多拉嘆父祖歷代苦心經營的圖書館，一旦毁滅，很想復興。於是安多尼把小細亞伯爾哈文庫所藏的圖書移交於姑婁巴多拉，合燒毁的殘餘書卷，收藏在一處，規模仍然不小。羅馬古代圖書館本不發達，自併吞希臘後，他的領土以内，纔有圖書館。紀元前一六七年，公修爾耶密流保路把希臘境内的圖書館移到本國，於是羅馬市纔有圖書館。拉丁文學黄金時代，書籍日益增加，圖書館也日漸發達。内中還有公開圖書館，尼羅大火後，非斯巴先在平和宫内所設立的圖書館，實羅馬文學的根源。以後熱心文學和教育的哈多利亞帝和以後各皇帝，稱這個圖書館爲亞塞勒烏士，當做研究法學、政治學、哲學等高等學術機關。中世紀黑暗時代，僧院圖書館興隆，讀書人的範圍雖無限制，但是爲防止藏書損失起見，往往把書物封鎖，書架結合。直到十七世紀，這種習慣，仍然存在。自中世紀末葉，至近世紀初期，國立圖書館雖然發達，封鎖書物的僧院圖書館，仍然未廢止。紀元七五一年，法蘭克創立加魯令王朝，蒐集寫本，繼起的有沙爾大帝，以文教統一民心，熱心教育，文庫格外充實。到了夏爾五世的時候，雖然藏書不少，因爲貴族中繼續借出，損失很多，後起的人辦得没有大意味。一四二五年俾福侯爵把所有的藏書分賣到英國。一五一五年，佛藍西斯一世即位，直攻入意大利。法國雖然敗北，却是帶回書籍不少，圖書館又復充實。以後又屢派專員搜索典籍，或雇書記謄寫善本，携回。一六二二年，尼哥拉里哥又有刊本出現，當時書籍更較充實，藏書數目，古代寫本二千六十九册，中古寫本和刊本二千六百四十二册，合全部約五千册。路易十四時代，漸次增加，到了革命時代，更大加發展。一七九一年，曾經打算并合市内幾個圖書館，建設一個國立大圖書館。因爲有人反對，未能成立。一八〇五年二月六日，拿破侖自己起草圖書館章程，凡在當時法國治下的各種書籍，必以一部送存圖書館。法國境内所有的書籍，這裏邊都有這個圖書館，是法國文教的淵源。一八六三年，又集革命有關係的書籍十萬册，内容更其充實。現今刊本三百五十萬，寫本十一萬，圖譜五十萬，合計四百萬以上，規模可算不小了。十二三世紀，各地大學勃興，學校圖書館雖然漸次發達，但就牛津的波鐸業圖書館説，能夠利用這種圖書館的，僅限於貴族院議員的子弟，或者專攻哲學八年的學者，倘若一般學生，仍然不許借覽。烏士宅的監督哥布哈母在馬利亞教會傍邊設一公開圖書館，供大學生閱覽，但是監督仍然嚴重，書物統行繫鎖。十七世紀時代，本科畢業生可以借閲。一八二七年的時候，在校學生都可以閲覽。這個圖書館愛得温六世時代曾一旦破壞。一六〇二年重建，得國王和其他有志的贊助，内容豐富，并且出版令在國内刊行的書物須交納一部存在裏面，因此益漸充實，現今藏有八十六萬册製本，二百七十五萬種刊本，四萬册寫本，一萬八千五百册證書類，五千六百册最新出版物。大概一百二十年以前各圖書館多註重保存，到了十九世紀，就大不相同。以前以國或州爲本位，現在以鄉村爲本位；以前對於利用者有嚴格的限制，現在對於一般人民公開。因此有現代圖書館出現。

（二）美洲　美洲圖書館最發達的國家，當推美國。圖書館史最有趣味的也推美國。美國是新立的國家。當歐洲人民初移到那裏的時候，多半携有書籍，以便閒暇的時候閱覽，安慰長途遠征的寂寞。因此美國人民先天裏面就有一種愛書性。以後移住的人民漸多，也有藏書很豐富的，附近的居民遂互相借貸閱覽。這種辦法，實美國私有圖書館的起源。十七世紀時代，英國清教徒移住美國，到處設立大學和大學附屬圖書館。一六三六年，哈弗大學和大學附設圖書館，不過殖民後數年的事情。一七〇〇年，遂有耶路和威廉馬利兩大學圖書館。到了十九世紀初期共計有十九個。到了這一世紀的末年，驟然增至六百多個。進步可算迅速。以上兩類圖書館，因爲利用的人不能普及，如私有圖書館僅限於所有主或相識的人，大學附屬圖書館，僅限於大學生徒，於是有合資制度的圖書館。某一地方人民，集合資金，購買圖書，謀互讀的便利。一七三一年創始，到了十八世紀末年，已達三十二個。但是這種圖書館仍然要有資金的人纔能閱書，普通人不能享受這種利益。因此有免費公共圖書館的需要。這種圖書館的創辦費常年費，概由政府或自治團體負担，無論何人可以自由閱覽，不必出費。一八三二年，紐罕波西亞市首先設立，以後奥連治波斯頓市均先後設立，到了現今，全國圖書館十九屬於這種性質，閱覽人都覺便利，圖書館也因此日益發達。

第八章　圖書館的現狀

第一節　亞洲圖書館現狀

（一）中國　中國圖書館歷史雖長，但是視爲一種教育行政，始於前清興辦學校的時候。民國二年教育部公布圖書館令以來，各省均漸次設立，可惜教育部統計，對於圖書館一項未曾列入，日本人所作的支那年鑑，調查也不詳細，據武昌文華圖書館所調查，共計三十多處，這是民國七年的情形。近兩年來，熱心教育的人，漸知註意這種事業進步很速，就我個人調查所得，已經有一百多處，今把他分别敘述在後邊。

（甲）公立的。公立的，北京有京師圖書館一處，京師圖書分館一處，通俗圖書館一處，均歸教育部直轄。京師圖書館所藏的圖書，多半是前清四庫舊書，分三大部分；四庫書卷帙浩繁，讀的人很少；善本室所藏多宋元精本和唐人寫經，都是幾千年前的古物，其餘盡属普通書籍。因爲館中向無統計表，閱覽人數不可考，但是地方偏僻，往來不便，我想一定不多。京師圖書分館，通俗圖書館，藏書也不少，閱覽人每日共計平均不過五百餘人。京師人口近百萬，假如每千人中有一人閱書，應當有一千人。想達此種目的，不但管理上應當改良，建築上也當擴充。這三個圖書館的閱覽室，總共不能容二百人，要閱覽人多，非有能容多人的閱覽室不可。以上是中央的，以下再說各省的。各省大概都有一個公立圖書館，各特别區域也有設立圖書館的，規模較宏大的首推浙江。因爲文瀾閣書籍，概存在省立圖書館。組織較完善的，當推山東直隸。直隸第一第二圖書館，山東省立圖書館，省立通俗圖書館，内容都還可觀。圖書館數目較衆多的，當推山西、江蘇。江蘇除省立的以外，各縣設立的約有二三十處，南通常熟均負聲譽，無錫一縣，就有六個，成績尤其佳良。山西的圖書館數目更多，各縣大概都有一個，每館藏書從三四百册以至數千册，這種小規模圖書館，最易普及教育，我國各省當仿效他，不過因爲人才問題，管理上比較江蘇還比不上，此外各省更不待言了。

(乙)學校附設的。學校附設圖書館，北京方面首推清華學校圖書館，這個圖書館建築費花了二十多萬元，建築頗佳，藏的西文書很多，每年常年費約四萬元，辦事人多，圖書館學專家管理方法極其完善，在中國可算首屈一指。其次要數協和學校圖書館，北京大學校圖書館。協和學校圖書館所藏的多半是醫學專門書籍，管理方法也很完善，大學校圖書館所藏的多半是中國舊書，現正從事整理。其次高等師範學校圖書館。北京法政學校圖書館組織也略可觀，但規模比較狹小的多了。各省方面如文華大學校圖書館，約翰大學校圖書館，齊魯大學校圖書館，因有外人的資助，成績頗好。其餘中國所立的學校，也有附設圖書館的，但成績好的很少。

(丙)私立的。中國現時私立圖書館很少，如張元濟的涵芬樓，汪孺人的藏書樓，廉惠卿的小萬柳堂，藏書雖然豐富，但程度太高，且不公開，只可算歷史的圖書館，非現時的圖書館。

(二)日本　亞洲方面圖書館最發達的國家，當推日本。據明治三十八年度調查，日本全國圖書館公立的有三十處，私立七十處，兩種合計不過百處。到了四十一年八月調查，共有二百處，至最近有九百多處。内中有公立的，有私立的，有學校附設的。

公立的又分國立的，道立的，府立的，縣立的。國立的圖書館費用由國庫支給，如前章所述的帝國圖書館就是這種辦法。這個圖書館設在公園裏面，規模宏大，藏書約三十多萬册，每年增加一萬多册，閲覽人數每日平均約六百多人，閲借圖書每日平均約二千多册。此外各道府縣多有圖書館，市町村也有設立的，但不如府縣立的多。現今東京、神户、富山、福井、四日市、小樽等處均有市立圖書館，最近長岡市野本氏又集基金十餘萬元，設市立圖書館。以上各種圖書館，均努力蒐集對於本地方有關係的典籍，除文學歷史地誌以外，并註意於市民日常生活有關係的圖書。

私立圖書館，東京方面有大橋圖書館，竹貫少年圖書館。大阪方面，有永江爲政設的大阪圖書館。千葉方面，有林泰輔私立杜城圖書館。山口方面，有西島峯三郎青年圖書館。以上是舉出最有名的，其餘各處私立圖書館還多，不能枚舉。這種圖書館經費概由私人捐助設立，此外還有各處教育會所設立的，日本把他列入私立的一類。又有新瀉縣的戰役紀念圖書館，羣馬縣的凱旋紀念圖書館，奈良縣的戰捷紀念圖書館，静岡縣的征俄紀念圖書館，冲繩縣的戰勝紀念圖書館，都是爲紀念某一樁事情設立的。經費有由公家付出的，有由個人捐助的，一方面可以達紀念目的，一方面可以達教育目的，一舉兩得，比較中國中央公園戰勝紀念碑，有用的多。中國人很愛做紀念的事情，如節孝祠，昭忠祠，賢良祠，節孝坊，以及建築亭臺樓閣做紀念。花錢由數千元至數十百萬元不等。依我看來，不如設立圖書館做紀念，還對於人生上多得點益處。

學校附設圖書館，以東京帝國大學，東北帝國大學所附設的算最完備。這種圖書館，除設中央總館以外，對於校内各科在各教室設立部館。部館的圖書實行公開，學生得自由閱借，但對於管理上，如購書，登記，裝訂，交换，寄贈書的收受，各事項都歸中央圖書館掌管，以期統一，其餘各大學和高等學校中小學校多有附屬圖書館，組織也很完善。日本圖書館制度最良好的，尤在利用小學校舍，附設圖書館，因此圖書館易於普及。此外又有巡迴圖書館的制度，把一個圖書館所藏的圖書，能夠供各地方的人民需用，確能達到活用圖書的目的。在東亞方面，圖書館成績，總算最好的了。

第二節　歐洲圖書館現狀

(一)英國　英國圖書館發達最早，尤以公立的爲最盛。在一九〇二年，已經有一千三百四十一處，藏書數目達一千八百四十七萬部。近年以來，更其發達，各處偏設圖書館，尤以倫敦、曼闕斯他、牛津、壹丁堡、都栢林各市鎮爲最盛。倫敦市有公立圖書館八十一處，藏書册數有六百五十二萬八千部。

英國各種圖書館中間成績最好的，要算通俗圖書館。一八八六年通俗圖書館不過兩處，一八八七年已增至十處，從一八九〇年，到一八九一年，一年中間，又添設十七處通俗圖書館，藏書册數約二十三萬册。加以倫敦通俗圖書館時間是終日制，利用的人很覺便利，所以一年以内，貸出圖書數不下二百五十萬册。但是費用也不少，每年約三十三萬元，可以知道當局註重圖書館教育了。曼闕斯他市市長波達氏所創的曼市通俗圖書館，規模宏大，常年費每年有十二萬元，藏書極其豐富。閱覽室分三處：一普通閱覽室；二兒童閱覽室；三新聞閱覽室。普通閱覽室，閱覽書數每年有四十餘萬册，兒童閱覽室和他相等，至於館外貸出兩處共計有八十餘萬册，和在館内閱覽的數目相等。新聞閱覽室，每年約有三百萬人，總算發達已極了。英國各種圖書館多有公費補助，所以能夠發達，始於各首府，終於小町村，都有一定條例，分别補助。費用，是靠人民所納的圖書館税，這種税則，始於一八四九年各市鎮村落，納税十元以上的，附課圖書館税一辨士或一辨士以上。

此外還有許多紀念圖書館，如約翰雷蘭圖書館，亞爾沙勃圖書館，概是私人捐款設立，不須政府補助費用。英國各圖書館所藏的圖書，鈔本很多，牛津圖書館有三萬一千部，不列顛苗齊安國民圖書館有五萬五千部。英國圖書館數目雖然不如美國衆多，但圖書館法規極其完備，多爲美國所師法，研究美國圖書館狀況的，不可不先研究英國圖書館狀況。

(二)法國　法國圖書館，數通俗圖書館、學校圖書館最發達。通俗圖書館巴黎市内共有八十二處，館内備有各種事彙辭書和他種參考書，藏書多的并可借出館外。巴黎市共二十區，平均計算每一區有四個圖書館，這種圖書館，并不另行建築，多設在區行政所和區會議事堂或其他公立小學校内，各館均揭巴黎市全圖，備載市内圖書館所在地，并詳列開館閉館時間。八十二處圖書館，共藏圖書四十七萬五千三百四十六册，每館平均約六千册，新刊的雜誌常備十種至十二種，也有比這數目較多的。大概以貸出館外爲主義，但價值較貴的，不許貸出。這種圖書館的監督，城市設中央監督委員部，制定嚴密規則，統率各館。各區設區委員部，主管區圖書館，選定圖書。内中職員，多是兼職，設在小學校的，由小學教職員兼任，設在區公所的，由區書記兼任。以上是巴黎市立通俗圖書館。此外國内各市都有圖書館，據最近統計，巴黎市八十二館以外，還有二千九百十一館，藏書四十一萬六千四百十七册，所有費用，都從地方課税支辦。

法國學校圖書館附設在小學校内。在起初的時候，設在市町村，未過幾年，成績卓著，漸漸推廣，據最近的統計，約一萬五千六百餘處，藏書約一百四十七萬一千餘册。圖書來源分五種：一學校用的教科書；二文部省頒發的圖書；三縣知事交發的圖書；四個人寄贈的圖書；五本館自購的圖書。基金來源分四種：一市町村撥付的資金；二個人遺贈和捐助金；三毀損圖書賠償金；四生徒父兄所捐的隨意金。教科書盡先借給學校生徒，次則借給曾捐助隨意金的學生父兄，其餘的圖書，凡在市町村内的住民，無論何人都可借閲，但限制極嚴，遇有毁損亡失的情形，無論何人都得負賠償責任。

此外還有公立圖書館，規模比較通俗圖書館、學校圖書館都大，巴黎市有十五處，最著名的有國民圖書館，有印刷書三百萬册，地圖二十五萬種，鈔本書籍十萬册，印畫二十五萬種，貨幣和獎牌十五萬種，又有市立圖書館三百八十餘處，藏書約百五十萬册。

(三)德國　德國圖書館事業最盛，在世界上占第二位，僅讓美國一步。圖書館類别分邦立，國民，學校三大種。

邦立圖書館，就是王立圖書館，也就是官立圖書館。德國二十六聯邦内都有，在普魯士的規模最大，普魯士王立圖書館，在柏林大學校附近，建築莊嚴，藏書一百二十三萬册，寫本三萬四千册，雜誌七千種，把一千六百種藏在閲覽室，備閲覽人自由取閲，館員總數九十五人，年需經費三十七萬元。

德國國民圖書館是仿英美制度設立的，創立的時候極其困難，到了近來纔大發達。可以做全國國民圖書館模範的，要推柏林市圖書館。這個圖書館組織很完善，每年由市支出經費二十一萬一千四百三十二馬克，有閱覽所十二處，其中最大的有書一萬多册，最小的也有三四千册，總計約十六七萬册，閱覽人每年約二十萬，其餘的如雅洛亭堡、愛勃費爾、阿斯那白克烈各市的國民圖書館，都歸柏林市監理。漢堡北閔愛那各市的圖書館，屬於團體公立。柏林市的哈孔氏圖書館，厄孫市的克爾諸勃氏圖書館，苗爾好善市的愛勃費爾圖書館，特爾脱孟市的巴爾彭會社附屬圖書館，屬於個人私立。以上所述的都是都市的，以下再説地方的。德國近年來籌設各地方圖書館，非常進步。各地方劃分各區，各區支出費用做創辦費和常年費。刷爾祖維州的愛格爾維迭區圖書館設立最早，常年費用從區内支取一千二百馬克，從州内支取三百馬克，共一千五百馬克，設閱覽所六十五處，各學區都有一處，使小學校教員兼任管理。自從這區圖書館設立以後，各地方都先後仿效設立，其他如窮鄉僻壤不能設立圖書館的地方，或雖然設立無力擴張的地方特設巡迴圖書館。這種巡迴圖書館是一九〇〇年國民教育普及會創辦的，一年期間就有三百十四處，近來日漸發達，到處都有了。大概邦立圖書館藏的書籍，程度高深的居多，可供學問家參考，所以又叫做參考圖書館。國民圖書館所藏的書籍，程度較低淺的居多，供普通人閱覽，可以叫做通俗圖書館。

學校圖書館有大學附設的，中小學附設的。大學校附設圖書館，在歐洲各國，德國實占第一等位置。全國大學圖書館共有二十處，藏圖書總計約五百八十五萬多册。大學圖書館多半公開，普魯士制度無論何人都得入覽，非大學學生入覽借出都不禁止。此外各聯邦多相同，如門占大學私人想閱書的，先到官立圖書館，設若真正没有，大學圖書館可以借給。其餘音樂學校，美術學校，高等工業學校，以及各官立中小學校，都有圖書館或閱覽室，普通人都得閱覽或借出。

(四)俄國　俄國圖書館事業以聖彼得堡、莫斯科、它伯俄迭薩比較發達。在聖彼得堡的帝國圖書館，是世界第三大圖書館，這個圖書館是一七一四年彼得克薩占領高蘭所取得的。當初的規模并不宏大，到了一七九五年，加以薩那斯克所蒐集的圖書，纔一進而居第一等圖書館之列。薩那斯克圖書館是教士薩那斯克所創辦，内中藏的文學歷史神學書籍最多，神學書幾占全部四分之一，以後歷年由君主的賜與，個人的捐贈，本館的購買，以及法律所規定凡國内出版的圖書必送存兩部，因此帝國圖書館，漸漸宏富，現由教育總長管理。閱覽人每年平均數有十餘萬，借出圖書約三十萬册。常年經費由國庫支出七萬九千一百七十四盧布，由别方面支出三千四百三十八盧布，據官家統計藏印本書約百萬册，地圖一萬九千幅，其他印刷品和照片七萬五千份，在俄國總算首屈一指。俄國次大的圖書館在莫斯科。這個圖書館在博物館裹面，藏的歷史書最多，抄本約五千多册，多半是古代波蘭經典和歷史上的文件，内中有一室專藏一八一六年和一八二一年間規矩會的記載，它伯有該地大學圖書館，藏書十餘萬册。俄迭薩有大公共圖書館，規模也不小。此外各處除公共圖書館以外，還有大學圖書館、中學圖書館。據歐戰前的調查，有大圖書館和通俗圖書館一百四十五處，小圖書館不在内。

(五)意國　意大利圖書館可以分為四大類：一公共圖書館，二一等大學圖書館；三二等大學圖書館；四中學校或美術教育圖書館。統歸教育總長直轄，前三種是受普通法支配，後一種是受特别法支配。此外還有小圖書館。管理權原來屬於地方政府，但遇有必要時，也有收歸國家管理的。國家設立的公共圖書館，有三十二處，閱覽人有八十九萬五千七百多個，借閱的書籍約一百一十五萬四千八百多册。教育當局極註意宗教團體所藏的文學書籍，一八七五年這種藏書充為公用的，共計有一千七百處，共藏書籍二百五十萬册，内中有六百五十處并入公共圖書館，其餘的一千零五十處移交各地方團體，組織三百七十一個區圖書館。國立圖書館以費地坎那圖書館算最大。他的歷史很長，在五六世紀時代就有大名，經歷代君主的熱心擴充，規模日漸宏大。據最近統計，印版書籍約二十二萬册，内中有二千五百册是十五世紀出版的，又有抄本二萬五千六百册，内中多半是拉丁文希臘文的。這種拉丁希臘文的抄本有許多是很有價值的。其次有克森拉塔圖書館，這個圖書館比費地坎那圖書館藏的書籍尤多。内中藏的印版書籍約一百三十萬册，抄本約二萬五千册，抄本有六七八九十各世紀的，分藏在十一個房舍裏邊，内中有一個較大的，房舍的構造在羅馬算最精美。館内閱書極其自由，但不得携出閱覽室以外。每年閱覽人約一萬八千多。地方設立最著名的公共圖書館，有佛稜斯、奈普拉士、密蘭、泊勒麥、都林、維尼斯各地圖書館。佛稜斯公共圖書館有很多的名人手抄的書籍，價值很大，現在每年增加的書籍約一萬二千册，閱覽人約有五萬，閱覽的書籍屬印版的約六萬册，屬於抄本的約二千五百册，此外還有借給某種學校學生的不在内。奈普拉士公共圖書館，在奈普拉城中算最大的圖書館，閱覽人約一萬，閱覽書籍約十四萬册。密蘭、泊勒麥、都林、維尼斯各地圖書館都很有名，内中所藏的書籍也有拉丁希臘文的，頗足供歷史上的參考。大學校圖書館以波隆亞的德拉大學圖書館算最有名。這個圖書館創立於一七一二年。裡邊藏的抄本很多，有阿剌伯的五百四十七册，土爾其的一百七十三册，此外波斯亞美尼、希伯來等國的也有幾册。位置本舊日王宫，建築這個宫殿費了三十年的工夫，其精美宏大可想而知。這個圖書館雖是學校圖書館，仍然公開，每年閱覽人約二萬五千，每年增加的書籍約四萬册，其他各大學附設的圖書館，或中學圖書館，設備都很完備，不能盡述。

(六)奥匈　奥國比較著名的圖書館，有五百七十七處，裏邊有二十三處是私立的，一百五十九處，屬於宗教團體，一百零五處屬於軍營，五十六處屬於文學或科學研究會，一百八十九處屬於教育會或學校，其餘的四十五處，是公共圖書館供一般人閱覽。奥國最大的圖書館，舊稱帝國公共圖書館，這個圖書館，在奥國首都維也納，是一四四〇年弗勒得力所創辦的，每年添書費約二萬六千弗諾令，房捨構造在歐洲要算最精美，閱覽室任人自由入覽，但借出有特别限制。維也納大學也有極大的圖書館，這個圖書館，閱覽人不限於學生，一般人都可入覽。閱覽時間，比較一般大學校圖書館時間都長，冬季晚間由下午五點到八點，星期日更可以延長至十二點。據歐戰前的統計，每年閱覽書籍約十五萬多册，借給市内人民的約一萬多册，借給市外人民的約四千多册。總計維也納一市，約一百餘圖書館，要算以上兩處最大。奥國宗教圖書館也很多，有特别設備的有一百零七處，藏書由數百册至數萬册，此外還有許多圖書館，設在寺院内的，匈牙利的圖書館數目很少，較重要的要算不達伯息。

（七）瑞士　瑞士的圖書館很多，總計有二千多處，裏邊有五分之四屬於通俗圖書館，但是大一點的很少，藏書到六萬册以上的，僅有十八個。藏書最多首推巴斯大學圖書館，此外聖格爾的僧道圖書館，也有歷史和文學上的價值。

（八）比利時　比利時的國家圖書館在白拉塞。這個圖書館歷史很長，起初一切藏書都是私人的，以後歸政府收買，成為公家的。藏書三十五萬册，抄本三萬册，其他印刷品十萬份，貨幣金屬品十萬件。書籍一項，每年增加一千五百册至三千册。比利時的大學圖書館也很完善，尤以間底大學圖書館為最著名。這個圖書館一七九八年就開辦了，現在藏書約二十五萬册，每年增加約二千五百册。

（九）荷蘭　荷蘭也有國家圖書館，大學圖書館。國家圖書館在海牙，這個圖書館在一七九八年已經成立了。藏書二十多萬册。當初因為經濟的關係，增加書籍只限於政治歷史法律三類，近來歷年受外界的資助，這三類以外，關於文學的書籍也漸漸購置，所有的圖書，全國人民都能借閲。最著名的大學圖書館在烏的利克州，藏書很多，其次阿摩士特突姆的大學圖書館，也很有名。

（十）丹麥、那威、瑞典　丹麥的國家圖書館，在哥本哈根，館址是一六六七年建築，一七九三年纔成為公開圖書館，館中定章凡國内新出的書籍，必定送存兩部，因此歷年增加新書不少。那威最大的圖書館首推克里斯梯亞尼亞的大學圖書館，這個圖書館的歷史和這個大學一樣長。瑞典國家圖書館，在斯托克呵姆。這個圖書館所有的圖書，原來是烏布薩那大學的，後來把他移在國家圖書館了。烏布薩那的大學圖書館，也很有名，原來是幾個寺院圖書館合成的。

（十一）西班牙、葡萄牙　西班牙的國家圖書館，在馬得里得。藏書很多，因為這個圖書館的圖書多半是宗教團體捐助的，所以關於神學寺院法以及歷史等類占大部分。葡萄牙最大的圖書館在里斯本。藏書約二十萬册，內中關於神學寺院法和西葡兩國的歷史占最多數。葡萄牙次大的圖書館，俄波爾脱內中藏的盡是葡萄牙的和法蘭西的圖書。

第三節　美洲圖書館現狀

（一）美國　世界上圖書館最發達的國家，首推美國。據最近統計，美國公費經營藏書一千册以上的圖書館，約八千多處，其餘私費經營的尚不在內。大概情形可分四項説明：（一）國立圖書館；（二）州立圖書館；（三）郡立圖書館；（四）公共圖書館。

國立圖書館，是聯邦政府設立的，也就是議會圖書館。起初設立的目的，專供立法部利用，現在凡立法司法行政各部都可利用。有能藏七百萬册的藏書室，和容一千人的閱覽室。儲藏圖書，計書籍二百餘萬册，地圖海圖十餘萬幅，樂譜六十餘萬件，印畫三十餘萬幅。圖書增加的來源約有三種：（一）對於版權者二部的送納；（二）國際間交换；（三）斯密朔利亞圖書交换局受領寄贈的圖書，和華盛頓政府各局部受領交换的圖書殘本。此外聯邦政府，所有的歷史文書，和行政上必要的圖書，也都藏在這裏邊。凡年齡在十六歲以上的，無論什麽人，都可以閱覽，但對於借出館外，限於兩院議員，一定高等官吏，和其他於法律上有明文規定的特種人。但是，以研究調查為目的的人，館長也可以給與借出特權。近則西部東部南部各州，均有人借閱，成為全國圖書館的中樞。每年費用約一百二十餘萬元，館員五百餘人，規模宏大在世界占第四位，在美國占第一位。此外并有一極大的參考室，陳列圖書一萬五千册，任人自由參考。又閱覽人為研究上必要起見，得自由出入書庫，力求閱覽人方便。

州立圖書館，設在州廳所在地方，對於州内圖書館事業，有指導視察組織貸書的責任。凡絶版稀覯，州内圖書館不能購置的圖書，州立圖書館可以貸借，系統最完備的，在東部首推紐約州立圖書館，在西部首推加州州立圖書館。今把他分别説明在後邊。

紐約州立圖書館在鄂爾巴勒市，閲覽室分法律，醫學，立法，公文，雜誌，及中央閲覽室六部。中央閲覽室可容五百人。内中陳列事彙、字書、哲學、宗教、社會學、言語學、地圖、美國地方史和系圖、理學、工藝、教育、美術、文學、地誌紀行、上古史、歐洲史、新著書，及特别參考書，約二萬五千册，均屬公開。中央書庫在大閲覽室下層，藏書約二百萬册。法律立法閲覽室和雜誌閲覽室中間，有特别書庫，藏書約三十萬册。又有巡迴文庫及盲人文庫，藏書約十萬册。此外并附設圖書館學校，藉以發展州内圖書館教育。

加州州立圖書館在撒苦米多市州廳内，面積甚大，約占廳舍三分之一，近來并且提議投資六百萬元，在州廳附近另築規模更大的圖書館。這個圖書館的目的原來在供本州立法行政兩部之用，但是為適應這種需要起見，凡關於一切問題的資料，都有蒐集的必要。藏書十九萬餘册，經常費每年約十九萬六千元。

郡立圖書館美國各州要算加州郡立圖書館最發達，州立圖書館近來美國各州都有，成績也非常良好，但一州之内，地方廣大，人民散處四方，雖然可以用文書請求借貸，總得耗費時間及運費，因此有郡立免費圖書館的必要。今把加州郡立圖書館制度略舉如左。

（一）依於郡的管理人决議然後設立；

（二）徵收圖書館税作維持費；

（三）受州内圖書館試驗委員證明有素養有經驗的館長管理；

（四）本館設在郡廳所在地，分館設在郡内各處；

（五）管理郡内學區圖書館和經費，并郡内法律文庫和經費；

（六）有輔助郡内公共圖書館的義務；

(七)凡住在郡内的人民都可自由入覽。

郡立圖書館，一方面為全郡圖書貯藏所，又為支配全郡圖書的中心；他一方面更為州立圖書館和郡民的居間介紹人。因此凡住在有郡立圖書館的郡民，只納付些許的圖書館税，在郡内到處可以有免費的書供給，總算便利極了。但是美國各州，共計有二千九百五十六郡，已經設立郡立圖書館的，不到一百郡，其餘的二千八百多郡，都没有接近全然公共圖書館的機會。美國政府，為使窮鄉僻壤居民，都得接近圖書起見，亟力鼓吹郡立圖書館，并提倡在郡廳所在地，設中央圖書館，在十字街頭、雜貨店、郵政局、住宅、農村、學校設分館。因此近來郡立圖書館，成績日漸佳良，郡立圖書館數目日漸發達。

公共圖書館美國更多，原來州立圖書館以州為本位，郡立圖書館以郡為本位，市町村立圖書館以市町村為本位。同是公費經營，都可叫做公共圖書館。但是習慣上，美國單把公費經營的市町村圖書館叫做公共圖書館。大公共圖書館有幾十分館，每年貸出册數有幾百萬册，較大的分館，自然不啻一大圖書館，就是在人口數百的小村落也藏書幾百册，統叫做公共圖書館。不過規模設施彼此不免歧異。這種圖書館種類很多，普及美國全國，效力最大。即謂美國國民知識普及，全靠這種圖書館，也不算過獎。

(二)阿根廷　阿根廷人民頗重視圖書館，全國圖書館的數目現今有二百多處，大多數出於人民捐助，阿政府也時常贈與相當的圖書。為搜集圖書和統一管理起見，設有總會專管這種事情。國家圖書館設在伯諾亞勒，藏書約十萬册，有很多關於西班牙殖民地古代史的抄本。

(三)墨西哥　墨西哥圖書也很發達，通全國二十九州中，過半數有公立圖書館。所藏的圖書頗多難得而且貴重的，都是從被克服的宗教團體藏書樓搜集的。自從中央圖書館成立以後，各團體舊書漸漸收歸中央，并且規定凡在國内出版的書籍，每種必交納兩部存貯中央圖書館，統計全國各館所藏的圖書，不下數十萬册，也算不少。

(四)巴西　巴西國立圖書館創自一八〇七年，在京城里約熱内盧藏印書十多萬册，抄本約一萬册，關於南美文化的圖書，可從這個圖書館窺其全豹。此外京内還有可數的圖書館數處，醫學會藏書約二萬册，海軍圖書館藏書約二萬册，國立博物院藏書約一萬册，葡萄牙文學會藏書約六萬册，福音教會藏書約一萬册，市立圖書館藏書約二萬册，都是組織很完善的。此外國内各地方都有圖書館，據歐戰前的統計，全國藏書約五六十萬册，年來雖無統計可考，以巴西人民熱心擴充，必定更其加增勿庸疑惑。

第二篇

圖書館和教育

第一章　圖書館在教育上的地位

現在歐美各國圖書館總算很發達了；政府不惜支出巨費去辦理，人民也都負着盛意去閱覽，至於一般教育家和圖書館學者更是聚精會神，嘔心絞腦，去研究他。說到中國就大不然；國内雖然辦了幾個圖書館，却是教育長官都是奉行故事，一般人民視爲無足重輕，研究教育的人更是不大注意；關於教育的新聞和雜誌所發表的，多半是學制或教授法一類的東西。我看中國所以有這樣現象的最大的原因，就在不明白圖書館在教育上的地位。

圖書館和教育有關係，知道的人一定不少，但是他究竟在教育上占什麼地位？恐怕知道的人就不多。想明白圖書館在教育上所占的地位，須先明白教育的種類。

關於教育種類問題，說法不一，今把他舉幾種在後面比較比較：

(甲)從程度上分類：

(1)人才教育；

(2)國民教育。

這種分類法含有階級性質，其不適當自不待言，并且所謂人才的，也是國民一分子，把人才和國民分爲兩類，是把人才放在國民以外，在事實上也説不過去。

(乙)從性質上分類：

(1)專門教育；

(2)普通教育。

這種分類法比前一種近於事實，又無階級性質，比較適當的多，但是專門和普通界限究難分别，姑無論世界科學繁夥，普通二字渺無涯涘，就專門説，專門裹邊又有專門，究竟到什麼程度纔算專門？恐怕也難得認定。

(丙)從時間上分類：

(1)兒童教育；

(2)成人教育。

這種分類法是拿年齡做標準，因爲年齡差異，教材和教旨都截然不同，的確有分類的必要，不過有時被教育者，雖在同一時期内，因爲場所不同，機關就不一樣，應當如後邊的分類纔算妥當。

(丁)從空間上分類：

(1)家庭教育；

(2)學校教育；

(3)社會教育。

這種分類法是拿場所做標準，在家庭的時候，受家庭教育，入學校的時候，受學校教育，處社會的時候，受社會教育；并且這種分類法也和時間有關係，大概兒童時期受家庭教育，青年時期受學校教育，中年時期受社會教育。

以上各種分類，當然以(丁)種爲最適當，但是這種分類，仍然是從客觀的分出來的，若從主觀的，就没有分别；因爲從客觀方面説，家庭學校社會不無分别，從主觀方面説，組成家庭學校社會的分子，同屬個人，一人同時可爲數種分子，譬如學校學生一方面做學生，他方面做家庭和社會的一員，若從實施教育方面説，三方面都得要注意，倘若有一方面不注意，就不能夠收完滿的效果，在三方面都注意的教育機關，只有圖書館能夠。

圖書館是一種社會教育機關，這是一般人都知道的，其實他不單是社會教育的機關，他在家庭教育、學校教育上都占很重要的地位。今把他分述在後邊：

(1)在家庭教育上所占的地位：家庭教育範圍極廣，做父兄的語默動静和家庭的組織佈置，都可以作教育的材料，但是爲養成兒童讀書習慣起見，家庭内都有設立家庭文庫的必要；這種家庭文庫，却和圖書館有密切的關係，有時圖書館更演活動電影以謀兒童正當的娱樂；那麼圖書館在家庭教育上當然占重要地位了。

(2)在學校教育上所占的地位：學校教育本來有教師講授，但教師所用的教材，與其仰給於普通圖書館，涉於廣泛，不如取自學校圖書館較爲切近。即就學生方面説，在教室耳提面命，終屬徒託空言，必須假圖書館參考印證，方能融會貫通。歐洲各大學校教師在教室授課時，不過指示方略，或備質問，解疑惑，學生自修仍須在圖書館。法國在一八六三年教育部令，規定各公立學校設一圖書館。奥國小學校令規定各學區設教員圖書館，各學校設學校圖書館。其他英美各國均皆獎勵這種辦法。日本明治三十二年圖書館令和中華民國四年教育部圖書館規程，公私立各學校均得設立。

(3)在社會教育上所占的地位：學校教育，年數有限，入社會以後，惟有圖書館是終身求學的地方，所以有人把圖書館叫做國民終身的學校。今把他對於社會教育的利益舉幾種出來：

(一)圖書館能夠安慰心神，社會大多數人終日盡力業務，閑暇的時候，可以繙閱文家小説，藉以解除煩悶，恢復精神。

(二)圖書館蒐集文學技藝各種圖書，攻學服務的人，各就其學業所近，獨學自修，即能達到目的。

(三)圖書館蒐集政治經濟各種圖書，一方面可以作輿論的代表，他方面又可以使公民知國家政治經濟狀況。

(四)圖書館不但輸入智識，并且可以涵養品德，常入圖書館批讀有益身心的圖書，久則養成美風。

(五)圖書館可以抵抗敗壞風化的茶館酒店，青年偕友到館，藉篤情誼，兼養其好學的思想，家庭或學校不得修學機會的，更可來此修學。

(六)圖書館藏書豐富，便於學校教師的參考，并且圖書館可供給材料，輔助大學，和大學有同一功用。

第二章　圖書館和教育的新思潮

圖書館在教育上的地位極其重要，前章已經説明了，但是近年來教育上發生許多新思潮，差不多要把以前的舊形式推翻，完全代以新形式。即如現今學校制度就有許多要革新的地方，這些新思潮的影響既然如此的大；那麽對於圖書館究竟怎樣？就事實説不但没有影響，并且圖書館和教育的新思潮有許多符合的地方。今把他分述在後邊：

（一）平民的教育：教育本以平等爲原則。中古以前的舊教育完全屬於貴族式的，能入學的當然是少數貴族，就是所習的功課也都是不切於實用。近世宗旨雖然改變，但學校方面仍然有許多限制；人民方面因爲經濟不平等，求學機會也不能均等，所以近來一般教育家都主張平民教育。他的宗旨是在廢除學校的限制，對於通俗教育補習教育，特別注意，使人民都有求學的機會，注重教授課程，舉凡日用生活，公民常識，均爲必修課程，使社會全體都有相當的進化。因爲要實行這種教育，所以對於現時的學校正在力求改造。其實這種平民教育，在圖書館方面，却早已實行。圖書館比學校能夠自由，没有男女的限制，使少年少女都可以自由出入；没有資格的限制，使仕宦平民都可以共同閲覽；没有時間的限制，極忙的人也隨時可以求學；没有金錢的限制，極貧的人也可以求學；并且各國多注重通俗圖書館，預備切於實用圖書，更其能夠使教育漸趨於平民式。

（二）自動的教育：人類有求知心，也叫做知識慾。當小孩子的時候，遇事必定發問，遇着有玩物的時候，喜歡把他拆開，看他的究竟；這并不是什麽壞的性質，也是一種求知的行爲；這種求知心的行爲，并不是别人教他的，是他自動的；這種自動的行爲，倘若能夠順承他對於學術技藝方面，一定要得最良好的效果；所以現在的教育家都主張自動的教育。現在圖書館即實行這種主義的場所。因爲圖書館的性質和學校的性質完全不同，學校對於學生授課時間、課程種類，都有一定的限制，學生居於被動的地位；圖書館對於閱覽人就不加何等限制，聽其自由，閱覽人完全居於自動的地位，這種精神在兒童圖書館更其顯著，兒童圖書館所藏的圖書，自然隨兒童自由入覽，即或館中有人引誘閱覽，也是隨他的心性自由選擇，并無强制性質，和自動教育完全相合。

（三）打破學級制度：學校裏邊最能限制人的，就是學級制度。低能的人固難并駕齊驅，英才的人不免有所牽制。校中雖然有越級制度，但既然有級，每級課程，皆有一定數量；如未完全習過，决不能逾限，因此有因進取太猛，致戕天性的毛病。至於低能的人，有留級的限制，不能進取，更不待言。這種頭病醫頭，脚病醫脚，不徹底的辦法實不如根本打破學級的簡捷了。當近來各國大學校間有採取這種議論，打破學級制度，拿學科做標準，不論年限的長短，習過若干科目，即可畢業，就是把所定的科未能完全習過，只習一二種，也可以，并不論階級的高下；但是這種辦法實行的仍然很少，遠不如圖書館效力的廣大；因爲圖書館原來是自由的，閱覽人愛閱覽什麽書，就閱覽什麽書，愛什麽時候來閱覽，就什麽時候來閱覽，兼程并進也好，仔細探討也好，没有學級的限制，無論什麽圖書館都是這樣的，比現在大學選科制效力廣大的多。

（四）廢除考試制度：圖書館供人自由閱覽圖書，并不考試閱覽人，這是人人都知道的。考試制度弊病很多，最顯著的有四種：（一）養成虚榮心，（二）養成僥倖心，（三）養成忌妬心，（四）養成作僞心。因爲有這些弊病，所以近來教育家有主張廢除考試的；就是中國教育界前一年也鬧了好多時，雖然没有什麽結果，却是大家都知道考試的壞處。我的意思以爲這種思潮和圖書館的宗旨很是相合，學校裏邊既然不能夠一刻改變，就應當多設圖書館，使不主張考試的人都可以到裏邊求學。

以上是圖書館和教育上的新思潮最相符合的地方。此外如義務教育年限的延長，修學年限的縮短，以及其他種種關於教育革新問題，倘能多設圖書館，都可以解决。

第三章　圖書館教育的性質和效力

第一節　圖書館教育的性質

圖書館和教育聯成一個名詞，差不多没有人不承認的；但是近來有人還有些誤會，（一）以爲圖書館不是一種獨立教育，（二）以爲圖書館單是一種通俗教育。前邊一種屬於主體論，以爲圖書館的主體是圖書，圖書是死物，必待學校教員學生利用，圖書是供給學校的材料，圖書館是附屬學校的材料廠，是學校的輔助品，不是一種獨立教育。他把主體認錯了，所以有這種誤會。後邊一種屬於客體論，以爲圖書館的客體僅限於普通人民，求高深的學問，仍然屬於學校，圖書館單是一種通俗教育，於學術上没有什麽關係，他把客體認錯了，所以有這樣誤會。

因爲有第一種誤會，就把學校看得太重，以爲圖書館和學校不能獨立，甚至於主張文化初開，人民識字太少的國家，無設立圖書館的必要。因爲有第二種誤會，就把圖書館看得太輕，以爲圖書館不過一種社會教育機關，和提高文化發明學術没有什麽關係。其實圖書館所藏的圖書，固屬死物，然有做主體的館員活用，他并且有時設專員預備顧問，和學校教授性質相同。這種教育當然可以獨立。又圖書館的客體不僅限於普通人民，就是專門學者也能容納。參考圖書館可做研究高深學術的場所。國家有一極大的中央圖書館，更其可以做文化的中心。這種教育也不單是一種通俗教育。

第二節 圖書館教育的效力

圖書館教育的性質既然明了，他的效力是怎樣？概括的説罷，圖書館既然是一種社會教育機關，對於社會教育當然有極大的效力，但社會是個人的集合體。今就個人方面分析説明如下：

(一)在智育上的效力：圖書是圖書館的財産，無論什麽人都是知道的；圖書是知識的結晶，無論什麽人也不能否認的。取得現代知識，更加以發展傳於後代，是教育的任務，圖書館就是擔負這種任務惟一機關。就竪的説罷，圖書館保存古時歷代圖書，使古人的知識能夠遠傳；就横的説罷，圖書館能搜集世界各國圖書，使世人的知識能夠互换；那麽照這樣説，圖書館在智育上的效力當然很大了。

(二)在情育上的效力：圖書館不但於智育有益，在情育上更有種種效力。今分别説明在後邊：

(1)養成"知的情操"：對於知識作用所起的感情，叫做"知的情操"。即如讀書趣味，就是"知的情操"。因爲讀書在於求得新知識，因求得新知識，能生快感，遂引起讀書的興會。這種情操本來人人都有，但程度有强有弱；程度强的常拼死力求得新知，以求最大的快樂；程度弱的對於新知不十分高興，因此不肯盡力去求。圖書館貯藏圖書很多，極力設法引誘大衆閲覽，并且時常搜集新奇圖書，使閲覽人發生快感，使"知的情操"日見發達。

(2)養成"美的情操"：對於美醜所生的快不快樂的感情，叫做"美的情操"。圖書館更可以養成美的情操。世界上所稱的美，有天然和人爲的區别；好花，明月，青山，緑水，屬於天然；建築，繪畫，雕刻，詩歌，音樂，舞蹈，屬於人爲；人爲裏邊又可分爲兩種：(一)空間，(二)時間。時間的美用聽官做媒介，如詩歌劇典音樂等類，都是對時間的美。圖書館雖不設舞台，但常設音樂室，練習樂譜，又藏許多劇本樂譜詩歌供人翻閲。又如美國議會圖書館以及波斯頓、芝加歌、紐約各圖書館，更設音樂部。空間的美用視覺做媒介，如建築，繪畫，雕刻等類都是對於空間的美。圖書館常藏繪畫，供人閱覽，壁間的裝飾，廊下的配置，以及建築的輪奐，無不勾心鬥角，此外博物部的藏品，和臨時陳列品，都能涵養美的情操。天然的美，圖書館周圍常植奇異花木，又常映照各地風景，利用幻燈和活動寫真開講演會，使人如身歷其境，也能涵養美的情操。

(3)養成“德的情操”：凡人因行爲的善惡邪正而起快不快樂的感情，叫做“德的情操”。圖書館也可養成這種情操。因爲圖書館所藏的圖書不限知育的，并有德育的；即如所藏的名人傳記，及一切歷史裏邊所載的事跡，有令人起敬的，有令人生厭的，更有令人喜笑怒罵的，無非是德的情操使他這樣；可見圖書館對於德的情操效力更大了。

(三)在訓育上的效力：知識能辨善惡，感情能起愛惡，若更進而實行取捨，就在意志是怎樣訓育，即訓練這種意志的實現。圖書館能養成自學自修的精神，閱覽人自己願看的什麽圖書，自己向館中借貸，若有疑問發生，自己利用圖書館的參考書，不必依賴他人，圖書館館則嚴明，能起遵守規律的觀念，圖書目録整齊，自己閱覽後，并須放在原位，能養成遵守秩序精神，閱書時不能擾亂他人，對於公用圖書，當格外愛惜，都能增進公德心，至於從圖書上所得的教訓，如嘉言懿行，能使閱覽人意志堅强，行爲正當，更不待言了。

就以上情形觀察圖書館的效果，在知育上，能使人知識增進，在情育上，能使人精神快慰，在訓育上，能使人行爲善良。三種效力雖都屬於個人方面，但個人是社會的一分子，社會分子完善，社會没有不進化。并且圖書館教育是平民的，意在使社會一齊進化，無先後的區分，比較他種教育效力，簡直不可同日而語。

第四章　圖書館和家庭教育

第一節　家庭文庫和圖書館

最足以供家庭參考起兒童興味的，莫過於家庭文庫。家庭文庫，即各自的書齋，各自書齋倘若充實完善，關於家庭應行參考的事物，不必取諸公共圖書館；至於兒童在家庭裏邊就有良好娛樂地，更不待言。不過有人以爲公共圖書館發達，大家都到那裏去看書，個人方面圖書購買力減殺，家庭文庫運命一定要壞。其實不然，公共圖書館越多，越足以普及讀書興味，催進圖書購買力，家庭文庫决不會不發達。家庭文庫和圖書館的關係如同書店和圖書館一樣；書店因爲圖書發達，生意一天比一天好，家庭文庫因爲圖書館發達，成績也一天比一天好。

第二節　活動電影和圖書館

活動電影能夠表現社會情狀，比用文字説明更其切實。歐美各國向來作爲教育上利用品。這種教育上利用品在兒童方面效力更大，因爲兒童宜用直觀教育；電影雖然不如實物的直接，比較用語言文字形容不啻天淵之別。美國格里圖書館從一九一六年夏天起，每逢星期六日替市中兒童演活動電影，父母兄姊都可一同去看，看畢以後回到家庭，更可向兒童説明當日所演的電影情節，引起兒童注意，或兒童有所詢問，做父母兄姊的可以隨時解答，對於家庭教育方面有莫大的利益。近來這種辦法有許多圖書館仿效，一方面可以聯絡家庭，使兒童樂於入館閲書，一方面就直接可以使兒童從電影裏邊受相當的教育。

第五章　圖書館和學校教育

第一節　小學校和圖書館

小學校學生全屬兒童。爲養成兒童自學自修的習慣起見，小學校和圖書館遂發生密切的關係：(一)小學校附設圖書館，(二)特設兒童圖書館，(三)小學校和圖書館互相聯絡。以下分别説明：

(1)小學校附設圖書館：小學校附設圖書館的目的，是使在校生徒樂讀有趣味的圖書，也就是使兒童在校能接近有關修養的圖書，并於學校畢業後能夠進一步做公共圖書館閲覽人，但是必也有人反對這種圖書館的。他們的理由有兩種：(一)學校有課程，教師有講義，兒童决無餘力去看圖書館的圖書；(二)圖書館的圖書比通常教科有趣味，有礙學生正課。這兩種理由，都是把學校教育看得太重了，倘若明白圖書館教育的重要，自然不會發生問題。世界上小學校附設圖書館最發達的，首推英國。英國倫敦方面公共圖書館本來受市參事會監督，因爲小學校受州參事監督，小學校圖書館也受州參事會監督，關於經費完全由學校負担；十九世紀末葉，這種圖書館的數目日見增加，公共圖書館方面更負經營上的責任，設種種的計畫；到一九〇二年，獎勵學校圖書館的教育令頒布以來，成績更見優良。其他各國小學校也多設圖書館，但成績不如英國的好。

(2)特設兒童圖書館：圖書館對於兒童取一種特别態度，是近代圖書館的一大特色，這種計畫在美國尤其盛行，因爲兒童天性純潔，若起初就受圖書館的涵養，不但可以引起讀書的興趣，并且可以養成利用圖書館的習慣，使圖書館教育更其發達，至於能夠供給兒童適當的圖書，有相當的娛樂，不致惡作劇，消極的可以改良社會，自不待言。圖書館雖然自始對於兒童就特別注意，但是特設兒童圖書館却是後起的事情。最初期圖書館都是閉架式，兒童所用的圖書和成人所用的圖書都藏在一起，兒童和成人取書同是填寫借書券持向出納臺，并没有什麼分别。自從開架式開始以後，形勢稍變，把少年文學書類藏在閱覽室一隅的書架上，意在使兒童和成人分離，但是文學以外的普通圖書，仍然藏在一起。因此兒童常到成人裏邊，不免有多少的妨害。結果把兒童所用的一切圖書統行從普通書架搬到兒童專用的書架，把閱覽室的一部分劃歸兒童用；但是同在一個建築物裏邊，兒童的圖書用開架式，成人的圖書用閉架式，未免紛歧，并且兒童讀書聲音噪雜，成人不耐其苦，好比惡貨逐趨良貨，恐把成人趕走了。所以纔有第二期替兒童另設兒童室，有時更和本館分離，另設兒童圖書館。英國在一八五〇年，公共圖書館就許十四歲以下的兒童入覽，一八八三年，纔有獨立兒童圖書館出現，到了近來，各地都有兒童圖書館或兒童閱覽室。美國兒童圖書館從一八八五年纔有動議，比英國遲後二十年，但美國人不拘舊習，遇一新事業，都相競爭仿傚，不久就成一般流行，所以近來各地都有兒童圖書館，各館所藏的兒童圖書，多則二萬餘册，少也有二三百册，每日貨出的數目從三十餘册，到六十餘册，至於紐約公共圖書館，兒童用書多至十五萬册，每日貸出的數目達四千册，可算發達已極了。

(3)小學校和圖書館互相聯絡：小學校能夠附設完備的圖書館，固然是很便利的事情，但所藏的圖書，往往和地方圖書館相重復，頗不經濟。因此小學校有時有和區内圖書館聯絡，彼此除特别必備的圖書以外，其餘均皆有無相通，圖相互的便利；効力既大，費用又省。這種聯絡的方法也有好幾種。今分别説明：(1)巴弗若式。這種方法始於紐約州的巴弗若市，所以一切人都把他叫做巴弗若式。學校圖書館或教室文庫，所藏的圖書，限於學生受課時直接使用的，參考書選擇權屬於公共圖書館監督之下，其餘的補遺圖書，概由公共圖書館供給，利用的時候或直接到圖書館，或由學校從圖書館借出；在這種形式下面，學校不啻圖書館的代借處，圖書館和學校合爲一體，毫無界限在中間。(2)紐約式。這種方法，一九〇六年從紐約公共圖書館創始，先分全市爲若干區域，每一區域隨地方廣狹，約有二十個内外的學校，就在每區設一圖書分館，每一分館設有學校系的館員，這種館員大抵採用女子，須具有教育上的熱心，常到校替學生講述利用圖書館的方法，并備來圖書館教員的質問；有時關於圖書館的規則或其他問題發生，學校教師也可請他解決。各學校備有圖書館專用的揭示牌，揭示圖書目録，或其他廣告，圖書館對於教師除給與有定期的優待券以外，在授課的時候并得自由向圖書館借出圖書。(3)布多爾式。英國有海港市叫做布多爾，那個地方的圖書館叫做布多爾圖書館。他主張圖書館和學校有密切的聯絡纔好，那個地方的學校校長從教員中選擇適當的人，經公共圖書館認可，做圖書員，專管學生向中央圖書館借還圖書的事情。圖書館和學校兩方面圖書的搬運，用市内教育課的車輛，學校方面不負擔經費，所有借還圖書，隨到隨發，不久留置校内；在圖書館方面，免得把圖書久放在外邊不能歸還，在學校方面，不必特設書架，比較的省費；此外學校校長或教員有時可做保證人，在校生徒更可直接向公共圖書館借覽。

小學校和圖書館既然有以上種種關係，因此學生利用圖書館的技能，學校方面必設法灌輸。在英國學校教員常率領學生到館指導一切，或在校中開講演會，講演關於這些問題。在美國威士康新州檢定小學教員試驗須課學校附屬圖書館目録編制法和利用法，小學校第一年至第八年，并教授讀書趣味和圖書館利用法。今把他按年授課的程序列舉如左：

第一學年，教授讀書方面的繪本書籍的處理，公共圖書館指導。

第二學年，教授讀書方面的書籍的處理，公共圖書館帶出特許手續，公共圖書館規程。

第三學年，教授辭書應用方法，自本學年起，使兒童從圖書館受領特許票，并且使用這種特許票。

第四學年，教授辭書方面單語的定議發音綴字。

第五學年，教授關於地理的少年百科辭典和少年博物辭典使用法，又書籍的構造，少年人名地名辭典使用法，辭書方面的發音略字綴字熟語音節法。

第六學年，復習前學年關於地理各科和世界年鑒使用法，又教授關於讀書方面的件名，著者名，書名，目録的區別和牌子目録，少年文藝辭典和一般百科辭典使用法，辭書裏邊的復數名辭、固有名辭。

第七學年，教授關於農業上的農業時報，農業年鑑，農業報章，農業雜誌使用法，又教授關於作文方面，如辭書裏邊的同意語，和動詞的變化；關於歷史，如本州的職員録和事實統計，作文方面辭書裏邊的專門用語的意義。

第八學年，教授關於公民科方面，如日報新聞的概念和讀法，又關於讀書方面的處世法，職業的指導代表，雜誌的種類和特色公共圖書館利用法。

第二節　中學校和圖書館

以前圖書館界有一特別現象，就是對於小學校圖書館和大學校圖書館特別注意，對於中學校圖書館不甚關心。不知中學校和圖書館的關係尤其緊要，因爲學生在中學時代，是青年時期，也就是人生最危險的時期。青年的生活和兒童大不相同，因此所讀的書籍也就有區別，辦教育的人當審察可以作成一生習慣的青年讀物，供給他們。青年時期易起興味，同情心鋭敏，容易接受外界印象，并且能夠把外界印象把住，記憶力强健，理想力富足，對於圖書的欲望，極其顯著。就生活狀態説，又有很多閑暇工夫去讀書。在這個時期以內，應當指導利用圖書，倘若把這個機會錯過，以後就不容易受教了。所以美國在二十年以前，圖書館都注意在兒童圖書館方面，近來却極力提倡開設中學校圖書館。

中學校圖書館和兒童圖書館性質雖然不同，但是青年時期和兒童時期距離不遠，關於圖書館的設備，如招來閱覽人的設置，繪畫、花卉，有趣味的廣告，又有精美的裝釘，又把精美的圖書懸在壁上等類，都和兒童圖書館一樣，不過所藏的圖書要適合於一般中學生的要求。

中學校圖書館歷史很短，在起初的時候，常在中學校設置小圖書室，使教員兼任管理，校中無一定的圖書購置費，教員常捐私財購買圖書，借給學生。但這種辦法不甚多見，可算一種例外，并未通行到一般中學校。一八九五年，美國夏布氏在圖書館雜誌發表中學校圖書館論文，纔引起一般圖書館館員的注意。夏氏不僅發表徒託空言的論文，并且在阿海阿州格里符蘭市中學校設置公共圖書分館，使專員管理其事，以後過了四年，一八八九年，紐約公共圖書館長在巴林卡中學校設公共圖書館閱覽室，到了現在美國各都市中學校，多半設有圖書館，不過性質不盡相同。大概可分兩種：(一)學校自己設立的，(二)和公共圖書館協同經營的。以下分別説明：

(一)學校自己設立的：這種中學校圖書館創辦費、經常費統由校費支出，館長館員從學務課選任，在學校職員中占重要位置，圖書貸出法帶出期限，和其他一切管理法，由館長斟酌學生多寡、圖書多寡，自由規定；關於館中助手更可擇學生中品學兼優的充任，使學生和圖書館增加親密的感情。

(二)和公共圖書館協同經營的：這種圖書館嚴加區別，又各有不同，但大體上關於圖書室、書架、棹子、椅子等類，由學校設備，圖書雜誌、圖書館員，又圖書目録，由公共圖書館供給。這種辦法比較學校自己設立省費，頗得一般人贊成，將來一定有良好的結果。

中學校圖書館雖怎樣經營得法，學生方面若不善於利用，也不能充分發達。所以美國近來各處中學校多設圖書館科，使學生周知圖書館利用法。今把加州奥克中學校圖書館科課程列舉如左，以備參考：

一　圖書的由來：

(1)太古人種交換思想所用的繪畫，(2)亞敘利亞和巴比倫瓦磚文書，(3)希臘羅馬的圖書製作，(4)黑暗時代和修院圖書製作家，(5)印刷術的發明。

二　圖書和圖書館史的發達：

(1)亞歷山士圖書館，(2)中世紀大學圖書館，(3)王立圖書館和做圖書館長的帝王，(4)國立圖書館，(5)近世圖書館的三形式。

三　參考書：

(1)參考書的定議，(2)辭書，(3)百科辭書。

四　特殊百科辭書：

(1)聖糾里人名辭書，(2)糾巴英文學辭書，(3)賈布里繪畫和畫家辭典，(4)布里司社會改革辭典，(5)處方和經過辭書。

五　參考書(續)：

(1)烏勒鐸簡要參考歷史，(2)政治家年鑑，(3)紳士録，(4)古典古書辭典，(5)布里氏故事成語辭典和便覽，(6)佳句集，(7)詩集寶典集，(8)世界歷書。

六　參考書的聖書：

(1)研究參考書的聖書的原因，(2)什麽是聖書，(3)聖書的區分，(4)聖書的體裁，(5)聖書研究參考法。

七　官刊書：

(1)定義，(2)政府的費用，(3)目的，(4)官刊書材料蒐集法，(5)分配的方法，(6)官刊書所載事項的種類。

八　定期刊行文書：

(1)讀書家嚮導和他的使用法，(2)各種雜誌的特質，(3)雜誌的價值。

九　目録：

(1)著者名目録，(2)書名目録，(3)件名目録，(4)分析目録，(5)參考目録。

十　分類法：

(1)杜威十進分類法，(2)議院圖書館分類法。

十一　圖書中容易看過的地方：

(1)序言，(2)序文，(3)表題紙出版事項，(4)獻書記。

十二　索引和目次：

(1)內容目次，(2)索引，(3)特殊索引。

十三　解題：

(1)史上解題，(2)科學的事項解題，(3)英語解題。

十四　製本：

(1)製本用的材料，(2)實用本位，(3)製本類，(4)裝釘，(5)圖書的印刷和裝法，(6)各自書齊最良選擇法。

十五　圖書館地誌：

(1)圖書的區别和排列，(2)初入大圖書館的時候應具的知識，(3)圖書館員。

十六　各自的書齊：

(1)怎樣搜集圖書，(2)指示十二種所好的圖書，(3)各州圖書館規則。

第三節　大學校和圖書館

圖書館和大學校更有密切不可分離的關係，差不多自從開辦大學校就附設有圖書館。大概中小學校的圖書館，重在養成兒童或青年讀書的習慣，并謀相當的娛樂，所以中小學校多半設有圖書館科，教授種種利用圖書館的方法，一方面爲現在享受，他方面爲將來的預備。至於大學校是高等教育，重在研究高深學理，學校教師不過指示途徑，學生自修仍然倚賴圖書館，倘若大學校没有圖書館無論什麽大學必不能算真正大學，并且大學裏邊設有研究科，預備學生自行研究，更不可缺乏圖書館。

大學校圖書館在大學方面雖然是最重要的機關，究竟是從屬的關係，因此他的發達程序不得不隨大學校爲轉移。在起初的時候，大學圖書館受古代課程的影響，偏重古典科，關於其他法科、醫科、神學科等專門學科，藏書極少，加以前此採用教科書制度的古風教授法，更無大圖書館的必要。到了現代，大學校各分科都是平等進行，不分輕重，教授法也採用新制，因此大學校圖書館遂有長足的進步。今把近今大學新教授法列舉如左，以明大學校和圖書館的關係：

(1)多書法：近來教育上一般的傾向，有所謂從少書法移到多書法，向來講義、筆記、教科書以及其他古風教授法，現今各國大學校漸次減退，在校學生凡研究一種科學必須參考許多的書籍，再由同化作用取得新結果，這些許多的書籍，自然是非得有圖書館儲藏活用不可。

(2)事件法：最近教授法裏邊有所謂事件法，如法科教室須有關於訴訟案件和判例，教師講授必須根據這種事件，不得專發空論。不但法科，醫科也是這樣，如醫案醫方之類。又其他各科參考書性質雖然各有不同，但是根本上也和事件相等。如歷史政治學、社會學、古典學、文學各方面，都是利用參考書。學校教授僅編目録，指示學生閱覽，或使學生按日閱書若干，摘要呈覽。這些事件和參考書全靠圖書館來貯藏。

(3)助教制度：在大學校裏邊每一科目置教授一人又置助手若干人，叫做"助教"。這種助教，一方面做教授的助手，他方面做學生的領袖。譬如一科目每周應授科三時間，把兩時間正式上課，授以講義，其餘的一時間不拘形式，使助教和學生自由討論。助教雖不出席教授，却時常能給學生相當的訓練和補助，并鼓吹讀書的趣味，補助學生讀書。助教的功用既然是這樣，所以凡有助教的大學，他的圖書館的圖書利用數目一定增加。

(4)成績考查法：以前考查學生成績，僅限於正課或缺席時間的多寡，近來除正課以外，并且考查所讀的參考書或讀書時間的多寡。數年前，哥崙比亞大學改正授與學士稱號規程，評定學生學力，關於講義方面，每周只要十時間以上的出席，一方面雖然減少講義時間，他方面却增加讀書時間，結果利用圖書數目增加，圖書館事業因此也就日漸發達。

大學圖書館因組織形式不同，約分三種：第一在校裏邊設一中央圖書館，大學各科必須參考時，可向中央圖書館借出一部分，存在別室，這種制度曾行於康乃爾大學。第二各科參考室設在圖書館附近，以便就近檢索圖書、這種制度曾行於哥崙比亞大學，有人把他叫做哥崙比亞式。第三各科所用的參考書，設特別圖書館，叫做部館，曾行於爵斯阿布大學。現今大學教育範圍日見擴張，一校常有許多分科，各分科不必定在一校，彼此距離很遠，一大學僅設一圖書館，決不夠用，因此部館制日漸發達。今把伊利諾威大學各部館情形列舉如左：

各部館名稱	位置	藏書册數
哲學心理教育圖書館	林哥館	一〇・五〇〇
古典圖書館	仝上	一三・八〇〇
近代語圖書館	仝上	一九・四〇〇
英語圖書館	仝上	一五・五〇〇
史學政治學圖書館	仝上	二一・八〇〇
經濟社會學圖書館	仝上	一六・六五〇
博物圖書館	博物學館	一九・〇〇〇
法律圖書館	法律館	一八・五〇〇
商業讀書室	商業館	一・〇〇〇
建築圖書館	工科館	三・二〇〇
農業圖書館	農業館	四・六〇〇
化學圖書館	化學館	五・〇〇〇
物理圖書館	物理館	一・〇〇〇
數學圖書館	博物學館	三・三〇〇
鐵道採礦圖書館	運輸館	一・〇〇〇

大學校圖書館，不僅在大學校占重要位置，更開放使社會一般人，都能享受利益。這種影響，第一可以打破借出圖書地域的限制。第二，可以使圖書館利用率增進。這種辦法在美國尚未普及，一般人民，對於

大學校圖書館，并不能享受多利益。在德國各大學圖書館常有總合圖書目録，并有各館互貸的制度，所以一般人民對於全國所有的圖書館都可以利用，這是德國圖書館界的特色。

第六章　圖書館和社會教育

第一節　講演和圖書館

社會教育裏邊有所謂講演，也是一種獨立機關，他的效力也不小，對於不識字或程度較淺的人，更具有效力。但是近來圖書館爲擴充自己範圍起見，也常附帶講演，稍大的圖書館，常備有講堂，預備講演使用，圖書館員也非常熱心，兼辦這種事業。因此普通講演大有被圖書館講演吸收之勢。

考求圖書館講演的起源，起初不過關於圖書很通俗的講話，如關於圖書的發行順序，版畫製本，圖書處理法，保存法都用很平易的話講演。又圖書館利用法，閱覽人的心得，圖書分類的綱領、目録的編製，圖書的出納，也在講演範圍以内。随時作有名書物的解題。新刊圖書的介紹批評，使一般人知道圖書館利用法，并喚起對於圖書的趣味；有時就一般聽衆易解，并且有益或特殊的題目，前後數回，或十數回，爲有系統的講演，此外更擴張到歷史、地理、科學、文學、美術、産業各方面；講演時或應用幻燈添趣味助理解。

圖書館講演有定期的，有不定期的；有館員自行講演的，有聘專門人才講演的，但在未開講的時候，必須先把講題講演人内容項目用印刷品公告大衆；這種印刷品空白地方可以把圖書館所藏的目録印入，有時更可以刊登商家廣告，補助印刷費，不失爲一舉兩得的方策。

近來圖書館講演範圍更其擴張，不單對於圖書館自身有利益，使圖書利用率增加，更對於市民有莫大的效力，使市民有一種覺悟。一九〇五年，美國密執安州革拉多公共圖書館特聘密執安大學醫科學長博亨博士講演結核病，當時一方面設法把關於結核病圖書公告大衆，一方面函請全國結核病預防調查會秘書官，請他利用這個機會，設立地方分會，數月後，又開結核博覽會，會期内又繼續講演，更分發十萬以上的印刷品，全市民都知結核病可怕，市參事會又支出多數預防費。自從有了這幾回講演以後，全市結核病死亡率減少百分之九十，可見他的效力偉大了。

第二節　大學教育普及事業和圖書館

近來歐美各國小學教育總算很普及了，但是大學教育因爲種種關係總難普及。一般熱心教育的人爲普及大學教育起見，常用下列三種方法：(一)大學普及講演，(二)大學指教學級，(三)組織讀書俱樂部。這三種方法都和圖書館有密切的關係。今分别説明如左：

(一)大學普及講演：大學校爲普及大學教育起見，特舉行大學講演，使未入學的人民能受和大學相等的教育。這種講演始於一八六六年，岡比黎日地方的巡迴講演以後，岡比黎日大學、倫敦大學也辦這種事。一八八五年，牛津大學更加入同盟，合三大學爲一體，加以種種改良，有極完善的組織。近來這種事業在英國境内非常的普及，最近倫敦市每年冬期約有五十組以上的講演。不但英國是這樣，一八九〇年，美國費拉得爾裴亞組織美國大學普及組合，北部各州大學都開始举行講演。方法分三種：(1)一年間長期講演，(2)一學期間學期講演，(3)臨時各地短期講演。短期講演不是這種運動的目的，不過引起一般人來聽前兩種講演的一種手段。學期講演大抵一科目講演十二次，每次講演時，教師預先把講演要旨參考書目課題印發各會員，以便有預修的機會，講演完結時，更得令會員就課題提出論文，加以評定。有時篤志學業的人組織學級，繼續長期講演，在一定時期内舉行，試驗成績佳良的，給與證明書，可以認爲有從事相當職業的資格。以上各種講演，可以促進知識欲望，使人就各項題目得讀良好的書籍，養成思想的習慣，暗示系統研究的方法，使人利用。最良的圖書館又指導人在自宅自修的法則。所以這種講演多在各都市公共圖書館舉行，謀相互的便利。中國北京以前的學術講演會和這種講演性質有些相近，不過他們辦法不甚完善，并且没有良好的圖書館做中心，所以成效不大。講的人盡管講，聽的人因爲没有參考書可看，也就聽得没有趣味，聽上好幾次也就不願再來聽了。

（二）大學指教學級：大學普及講演一種變相，和他有密切關係的一種大學普及事業是大學指教學級。這種辦法是最近倫敦勞動組合代表聯合委員爲現時服務人員所創辦的，無論在市内何處，若有三十名現時服務人員集合成一學級，各員若願遵守規則出席，無論何時各委員當替他們介紹講師。這種學級聽有秩序的講演，就一種題目或有互相關係的各種題目繼續三年以上的，研究他的結果，給與業務上極好的影響，在需要技術的社會，極力獎勵。這種辦法近更由實業方面漸次研究人文科學。他和圖書館的關係，和大學普及講演相同，不必贅述。

（三）讀書俱樂部：前段所説的學級組織，要有一定的時日，集合一定的地方。倘若有業務上的關係，不能按時聚會的人，就不能加入，只得組織讀書俱樂部，置部長一人，各部員又推選才能相當的人辨難析疑，和選擇研究的題目。此種俱樂部必須和公共圖書館聯絡，以便取得關於研究事項的書目或圖書，今録倫敦某讀書俱樂部規約數條如下，以見他和圖書館關係：

第一條　設本部在倫敦管左列各事。

（1）讀書俱樂部和公共圖書館組織俱樂部時，和圖書館有關係的人協同管理一切。

（2）作成部長候補人的名簿。

第二條　倫敦本部把俱樂部數目和部長的住址姓名通知當地圖書館，各支部也是這樣，圖書館長就會長所定的研究題目，會合的場所，或日期，把有關係的書名通知俱樂部，此外關於有益的圖書，并設法購買以備借閲。

第三條　圖書館員做名譽會員時，共讀團可把關於各題目的最好書目録供給圖書館。

第四條　各圖書館長可把國民共讀團雜誌記事轉載在圖書雜誌。

第五條　共讀團準備各俱樂部幻燈，利用模範講演和一般的講演。

第六條　共讀團使用圖書館講堂或其他各室時，應組織和圖書館協同的俱樂部。

第三節　實業界和圖書館

當現時工商業時代，占市民裏邊最大部分的，就是實業界。他們對於國家負擔既然很重，他們需要知識又很切。所以圖書館方面不能不設法經營供他們利用。經營方法大概有兩種：(1)附設實業部，(2)特設實業圖書館。

(1)附設實業部。最早實行附設實業部的是紐約公共圖書館，以後波斯頓的大都市圖書館也採用，近來公共圖書館，從事此方面的事業，漸漸多了。經營的要件：第一，要多買工商業圖書，使内容充實；第二，要置專門館員管理其事，以圖閲覽人的便利；第三，要把所藏的圖書公告利用的人，并須應閲覽人的請求，隨時購買必要的圖書。

(2)特設實業圖書館。實業圖書館在英國最發達，其中主要的如蘇格蘭格剌斯哥的商業圖書館，這個圖書館是一九一六年創辦的，所用的館員都是對於商業圖書館方面有特別研究的，圖書分類極爲注意，并作清晰圖書索引，設質疑問難用的電話，每日二次用自動車搬運圖書，應各方面的需要。此外各處工場多有設立自用圖書館的，無非謀實業界的便利。

第三篇
圖書館經營法

第一章　圖書館經費

第一節　創　辦　費

經營圖書館，首先要籌備創辦費。別種事業因爲性質不同，對於創辦費或者需用很少，或者竟不需要，惟有經營圖書館，要有特別建築，特別設備，非有大宗創辦費不可。創辦費應當研究的有三項：(一)來源，(二)標準，(三)分配。今分別説明在後邊：

(一)來源圖書館創辦費的來源約分三種：(甲)教育費，(乙)捐助金，(丙)募公債。

(甲)教育費：圖書館是一種教育機關，創辦費當然從教育費裏邊開支，國立圖書館從中央教育費開支，省立或縣立圖書館從地方教育費開支，以上是直接的。此外還有間接的，如學校附設圖書館的創辦費，從學校教育費裏邊提出一部分。教育費創辦圖書館，本來是至當不易的事情，各國多半是這樣，但是這種來源是固定的，臨時創辦圖書館，很不易籌，不如捐助金易於舉辦。

(乙)捐助金：創辦圖書館需欵很多，教育費不能敷用。在私立圖書館純粹持私人捐助，鄉村圖書館多由紳董捐助，公家撥教育費補助，國立或其他公立圖書館，也有持捐助金做大宗費用的。總而言之，創辦圖書館經費，捐助金要算最好的來源，捐助金愈多愈好，捐助金多，教育費可移做常年費，圖書館可以永久發展，不至難乎爲繼。美國人士熱心公益，對於圖書館尤其樂於捐助，據一九一九年調杳，仝國圖書館捐助金有五千多萬元美金，内中有四分之三是富翁卡勒幾捐助的，卡勒幾對於圖書館具特別熱誠，凡城市想創辦圖書館的若得他的援助，全部創辦費都由他擔任。我國教育經費短少，僅學校一項尚不夠開支，若欲創辦圖書館，非得提倡捐助金不可。

（丙）募公債：圖書館創辦費自然以捐助金爲最適當，但捐助來源的旺盛有兩個要件：（一）人民對於公益事業熱心，（二）人民對於圖書館觀念明瞭。倘若人民素來不熱心公益事業，又不明瞭圖書館觀念，捐助金就不可持。不得已，只有募公債的一法，預計需創辦費數目，然後募集公債，又按圖書館常年費用數目，規定償還年限，從常年費裏邊按年攤還。這種移常年費做創辦費的方法，設立的機關既不感痛苦，大規模的圖書館又容易成立。英國常採用，所以英國圖書館預算表裏邊常有還債一項。我以爲中國將來若果創辦各地較大的圖書館，非募債不可，不過也有人反對這種主張，以爲借債只可辦生產事業，如辦實業等類，若辦圖書館，决不相宜，不知生產品有屬於物質的，有屬於精神的，圖書館是精神生產品的機關，募債創辦，未嘗不可；況且圖書館和實業界很有關係，圖書館可設實業部增進實業知識；那麼募債創辦圖書館不但無害，而且大有利益了。

（二）標準　創辦費的多少，籌備的時候，不可不有一定的標準。標準有二種：（甲）人口，（乙）常年費。

（甲）人口：這是依需用圖書的程度做標準，又叫做客觀的標準。人口多，圖書也要的多，建築和設備更要宏大完備。因此創辦費不能不多，但人口和圖書的比例應當怎樣？據美國公立圖書館收藏册數的標準，從部分和全體規定，居處近館的每二人至五人平均分配一册，按全體計算，每十人分配一册。依這種標準，人口十萬的區域，應藏書二萬或五萬册；不過這種標準也不一定，倘若附近人口都是愛閱書的，每人分配的册數就不止此，或多或少，非從別方面規定不可。

（乙）常年費：這是依維持圖書館的能力做標準，又叫做主觀的標準。圖書館規模大，每年需用的經費多；規模小，需用的經費少。常年費的來源比較固定，不易伸縮，所以籌備創辦費當拿常年費做標準，常年費少，圖書館規模不可大，不然，就不能維持下去。倘若常年費多，圖書館規模不妨大。據英人布郎氏所計劃，譬如有一萬元的常年費，建築設備等費就要四萬元，購書費還不在内。從此可以推出全部創辦費。英國圖書館建築不如美國的華嚴，若在美國因爲建築費要多，創辦費更不能不多，所以籌備創辦費要視各國各地的情形，或多或少，不能一概而論。

常年費和人口比例，并無一定，往往數目有相差很遠的，與其拿人口做標準，不如拿常年費做標準，較爲妥當，今舉美國郡立圖書館人口和經費比較表以見一斑。

館名	人口	經費
薩克滿多郡立圖書館	六七・八〇〇	二三・六〇〇
愷爾恩郡立圖書館	三七・七〇〇	三四・六〇〇
撒他克郡立圖書館	八三・五〇〇	一一・四〇〇
撒他巴巴若郡立圖書館	二七・七〇〇	一六・五〇〇

（三）分配創辦費是一個總名稱。這種費用分配起來，不外下列四種：（甲）建築，（乙）設備，（丙）圖書，（丁）事務。

（甲）建築費：做生意的要門面堂皇，所以商店的開辦費，修理門面費，占一大宗。圖書館和商店一樣，也要講究門面，并且内容如藏書室、閱覽室都要有特别建築，和普通屋宇不同，用錢更多。普通計劃總要占創辦費三分之二，或十分之六，譬如十萬元創辦費，建築費可用六萬元，但也有例外，如當地建築材料太貴，費用可以增多，如地址原係舊有，不必新購，費用也可減少。

（乙）設備費：建築費和設備費性質上本難區别；譬如玻璃窗汽管等費，本是建築費，一方面也可説他是設備費。照這樣説起來，建築費和設備費不但可以彼此通融，并且不必劃分，不過有當研究的，圖書館的設備和别種設備不同，如書架棹椅等類要有特别形式，不能假借市上一般用具，費用也較市上一般用品多，所以圖書館創辦費有特别規定的必要。圖書館創辦費就大概情形計算，設備費要占十分之二，譬如創辦費十萬元，設備費就得用二萬元。

（丙）圖書費：圖書雖然是圖書館唯一的財產，但一時不可過多，除舊有或臨時別人捐助以外，創辦時宜少購圖書，等到開辦以後，隨時添置。倘開辦時購書太多，就有兩種毛病：（一）時間倉卒，不暇選擇，所購的圖書，不免濫竽充數，虛耗金錢。（二）册數繁夥，不易整理，不能從速開館遲延時日，所以普通計算創辦圖書館圖書費，僅占創辦費十分之一；譬如創辦費十萬元，圖書費只用一萬元。倘舊有或捐助的較多，更可把圖書費提出一部分以後隨時添置。

（丁）事務費：創辦圖書館為節糜費起見，事務費愈小愈好。事務費包含辦事人薪俸和一切的雜支，這種費用是無償的開支，易於浮濫，普通規定不得超過創辦費十分之一；譬如創辦費十萬元，事務費只可占一萬元。

日本創辦費預算表

創辦費總額	建築費	設備費	圖館費	事務費
五〇〇圓	三〇〇圓	一〇〇圓	五〇圓	五〇圓
一·〇〇〇	六〇〇	二〇〇	一〇〇	一〇〇
五·〇〇〇	三·〇〇〇	一·〇〇〇	五〇〇	五〇〇
一〇·〇〇〇	六·〇〇〇	二·〇〇〇	一·〇〇〇	一·〇〇〇
五〇·〇〇〇	三五·〇〇〇	七·〇〇〇	五·〇〇〇	三·〇〇〇
一〇〇·〇〇〇	七〇·〇〇〇	一〇·〇〇〇	八·〇〇〇	一二·〇〇〇
一五〇·〇〇〇	一〇〇·〇〇〇	二五·〇〇〇	一〇·〇〇〇	一五·〇〇〇
二〇〇·〇〇〇	一四〇·〇〇〇	三〇·〇〇〇	一二·〇〇〇	一八·〇〇〇

創辦費總表

- 創辦費
  - 來源（三種或取一種或併取數種）
    - 教育費　各國
    - 捐助金　美國
    - 募公債　英國
  - 標準（經常費作標準比較適當）
    - 人　口
    - 常年費
  - 分配（百分比例）
    - 建築　六十
    - 設備　二十
    - 圖書　一十
    - 事務　一十

第二節　常　年　費

常年費是維持圖書館的常年經費，要有固定久永兩種特性，不能仰給捐助金或募公債，來源當屬於教育費。這種教育費或從一般教育費撥給，或另抽圖書館税都可以；但是有時也有提出捐助金一部或全部作基本金，靠餘利維持圖書館的，這種餘利，就變為教育費，不是捐助金。又經常費無一定標準，當隨各地經濟情形規定，和創辦費不同，關於經常費所當研究的，就是分配問題，經常費分配不外下列三項：(甲)薪俸，(乙)圖書，(丙)雜支。

(甲)薪俸：常年費裏邊薪費要占大部，不明圖書館真相的人，以為圖書館是藏書樓，專任保管圖書，館員不必高明，只要能管理筦鑰，就得了。再進一步也不過保存出納，把館員的職務看得很輕，程度看得很低，所以把薪俸定得很少，其實大錯特錯，因為圖書館員要能活用圖書責任，既然非常的重大，能力也要格外的健全，圖書少一點倒無妨，只要管理的人多能夠把他活用，譬如經商資本雖少，用得靈活，一萬可以抵十萬。近來圖書館員多半是圖書館學校畢業生，具有專長，薪俸更不能不原普通計算，圖書館常年費薪俸約應占十分之五，譬如每年有一萬元經常費，薪俸可開支五千元。

（乙）圖書：圖書費不妨少一點，這句話初聽起來，似乎不在道理。其實不然，前邊曾經説過，圖書不必要多，只要能活用，但是圖書雖不妨少，也要有最低的限度，普通計算圖書館每年添置圖書費約占常年費十分之三，圖書費又包含三種：（一）圖書費，（二）裝訂費，（三）報誌費。據美國多數圖書館的平均數，圖書費占百分之十七有零，裝訂費佔百分之七有零，報誌費占百分之三有零，總計約占百分之三十。

（丙）雜支：雜支包含表册文具消耗修繕以及其他一切雜用，在普通事業，雜支越少越好，在圖書館却不能過少。圖書館若設有分館，同時更有巡迴圖書館，雜支更要的多，普通約占常年費十分之二左右；但是有時不妨更稍多一點，這種理由，仍然和前邊薪俸必須多一點的理由相同。

據英國圖書館制度常年費薪俸占百分之四十九，圖書占百分之三十一，需用占百分之十九。美國圖書館統計常年費薪俸占百分之四十六，圖書占百分之二十一，雜支占百分之三十三。日本圖書館統計經常費達萬元以上的薪俸占百分之四十二，圖書費占百分之二十七，雜支占百分之三十一，和英美兩國比例不相上下，但是常年費比較少的薪俸，占百分之三十五，圖書占百分之四十五，雜支占百分之二十，分配已不算適當。至於中國，既無比例法規，實際上又不能分析，前此法校圖書館發出圖書館調查表經費欄内，曾列薪俸圖書雜支三項，各館填報的多不能分析，無法作統計，間或分别填明的，都是隨意分配，比例失當，不能諱言。

此外還有當研究的，就是創辦圖書館的時候曾經募集公債，以後每年應攤還本利，有這種情形的時候，常年費應當怎樣的分配？據英國圖書館制度，若是圖書館負有債務，常年費裏邊先除去每年應攤還的數目，然後再從餘數裏邊分配各費。譬如常年費有十萬元，每年應攤還本利三萬，必先除去三萬元，然後從七萬元裏邊分配各費，照前邊所説的比例，薪俸應占二萬八千元，圖書雜支應各占二萬一千元。

今列英國圖書館常年費分配表在後邊以備參考：

歲入總額	償還借款及利息	常年費總額	薪俸	圖館費	需用費
三・〇〇〇鎊	七五〇鎊	二・二五〇鎊	一・〇〇七鎊	七九〇鎊	四五九鎊
二・五〇〇	六二〇	一・八八〇	八七七	六四〇	三五八
二・〇〇〇	五〇〇	一・五〇〇	七五七	四八〇	二六三
一・五〇〇	三七五	一・一二五	六〇四	三三〇	一九一
一・〇〇〇	二五〇	七五〇	四五六	一八〇	一一四
五〇〇		五〇〇	二五四	一〇五	一四一
一〇〇		一〇〇	四〇	二二	三八
平均	百分率	一〇〇	四九一	三一三	一九六

第二章　圖書館建築

照歷史上看來，以前的圖書館，大概是把王侯的宮殿寺院官廳等類做建築物，外面雖然壯嚴雄大，内容却和圖書館的構造完全不同，使利用圖書館的人和辦理圖書館的人都感不便，但是當時并没有改良的方法，到了十九世紀，一方因圖書館學漸成專科，一方因圖書館員積有經驗，纔知道圖書館建築和别的建築目的用法都不相同，所以特别倡導圖書館建築。

圖書館注重建築，歐洲各國倡導較早。十九世紀，大英博物館圖書館長巴利茲氏和德國哈列大學圖書館長鐸維氏首先提倡改良圖書館建築。巴利茲氏發明圓形式中央閲覽室。一八五六年，把大英博物館改造。一八七六年，鐸維氏也提議改造哈列大學圖書館，并改良管理法，以後這種目的達到，哈列大學圖書館在德國圖書館界纔有特别聲譽。美國圖書館發達較遲，十九世紀末尾，纔有完備的建築，但是美國人民勇於進取，對於圖書館建築本是步英國後塵，不到三十年的工夫，圖書館的改造和新築數目很多，并且能夠獨出心裁，使世人驚訝羡慕，歐洲各國反去效法。即如英國以前，以為大英博物館是國内唯一圖書館曾投許多金錢，加以改造，後來因為看見美國圖書館建築的宏壯華嚴，也漸漸改造。又如德國也是這樣，把柏林王立圖書館大加改造，可見美國圖書館建築影響的大了，今把美國重要圖書館略舉幾個在後邊，從此可見一般。

館名	建築年代	建築費用	面積
議院圖書館	一八九九	一二七〇〇・〇〇〇萬元	四四〇〇坪
紐約公共圖書館	一九一一	一二〇〇〇・〇〇〇	二四〇〇

波斯頓公共圖書館	一八八八	四九〇〇・〇〇〇	一四〇〇
芝加苛公共圖書館	一八九七	四〇〇〇・〇〇〇	一三〇〇

圖書館建築和圖書館效用有密切的關係，在未開始建築圖書館以前，對於位置的選擇，要格外審慎，第一要適中，圖書館所以便利閱覽人，為閱覽人往來便利起見，館址當然要適中；城市圖書館應在城市的中央，學校圖書館應在教室的中間，其餘鄉村圖書館也應當設在大家往來較便的地點，以免偏枯。第二要清静，圖書館的位置雖然要適中，但是適中地點若太煩擾，也不相宜，不如另擇清静地方；譬如城市的中央，正當生意繁盛的區域。各教室的中間，正是全校學生出入的孔道，就不相宜。第三，要廣闊，圖書館址不但要清静，并且要廣闊，地址廣闊，空氣纔潔净，適於衛生，并且地址廣闊，不與民居接近，可免火災。日本帝國圖書館設在公園，有人提議把中國國立圖書館設在天安門，很有道理，我極端贊成。

位置既定，然後從事建築，建築的要件有三個：(一)美觀，(二)堅固，(三)合用。美觀又有三種要素：(一)陳設雅緻，(二)形式宏壯，(三)裝飾華麗。雅緻使人精神安適，宏壯使人心思曠達，華麗使人留戀不舍。堅固有三種要素：(一)材料結實，石最上，磚較次，木最下，(二)結構謹嚴，疏密適度，隔離安全，(三)根基穩固，基脚深寬勝重經久。合用有四種要素：(一)分配適宜，(二)設置完備，(三)光線清朗，(四)空氣流通，以上各項都和圖書館事業有關係，不可缺一，至於分配適宜，設置完備兩項，尤關緊要，除列全表以外，并特别説明在後邊。

内部各室分配，怎樣纔算適當？這是隨圖書館規模的大小各有不同，但是要在能夠彼此聯絡，最忌的是散漫式。規模較小的圖書館，室數很簡單，各室多互相出入，無一定的位置。規模較大的圖書館，採中心式，這種建築法，是近來發明的。過細區别，又分兩三種最美觀的大閱覽室，在全館的中央，前後左右，設具他各室。英國博物館，美國議院圖書館，哥崙比亞大學和加州大學圖書館，都採用這種式樣。

- 建築三要件
  - 美觀
    - 陳設雅緻
    - 形式宏壯
    - 裝飾華麗
  - 合用
    - 分配適宜
    - 設置完備
    - 光線清朗
    - 空氣流通
  - 堅固
    - 材料結實
    - 結構謹嚴
    - 根基穩固

內部各室名稱繁多，在大圖書館常製圖表陳列各室作為指南，但大概不外三大部分：(一)藏書室，(二)閱覽室，(三)事務室，以下分別説明，應當注意的設置事項：

(一)藏書室：圖書館最重要的部分，就是藏書室，要注意的有三點：(甲)保存圖書，(乙)多藏圖書，(丙)出納便利。

(甲)保存圖書：圖書保存又有三點要注意：(一)火患，(二)光線，(三)空氣。避免火患的方法，最好和民房離開，構造材料用不易燃燒的。大圖書館當有防火的裝置，如水管等類。藏書室擇光方法，據歷來經驗，日光直射有損圖書，窗宜開在北方，比南方相宜，或用窗帘遮蔽，萬一光線不足，白天也可用電燈，比日光温度低，免損圖書，藏書室若有數層，除最下層以外，每層樓板可用玻璃，白大理石，或有細孔的鐵板，玻璃和細孔鐵板可以通上下的光線，白大理石雖然不能通上下光線，却能夠反射從左右窗户所來的光線或電燈光線，樓板中央應設大孔，通上空氣和光線，書架脚要高不可和樓板密接，也是預備通氣或透光，玻璃和大理石樓板，辦事人往來恐發生磨擦聲音，可把人行道上用可拉克製的敷物或里諾利烏母塗抹。潮濕，穢氣塵埃，有損圖書。為避免這種災害起見，樓的最下層距地要稍高，空氣要流通，窗户不可當街。

(乙)多藏圖書：藏書室能夠多藏圖書，第一，要書架的構造排列都要適當，第二要建築合法，書架每格不可太高，約七寸至一尺，書架彼此距離不可太遠，二尺五寸至三尺，建築方面樓的每層不可太高，約七尺五六寸至八尺，僅能容書架，免有空隙，自然能藏多書。

(丙)出納便利：為謀出納便利起見，藏書室應和閱覽室接近，在小圖書館閱覽室和藏書室往往不分，書架放在閱覽室的左右或後面，稍大一點的圖書館，藏書室和閱覽室分離，但不可距離太遠，兩室距離中間。近來新發明裝置空氣管，一端和藏書室連絡，一端和閱覽室出納台連絡，專為從出納台输送借書券使用，又設送書器，這種送書器是一種自動昇降器，專從藏書室出納圖書，使用送書器上邊的容書器要敷有軟皮或厚呢等類，收拾圖書時以免發生音響，送書器效用極大，在稍大的圖書館建築時，就應當裝置。在美國議院圖書館和議院中間，并設有這種器具，以為借還圖書之用。

以上所説的是一般的藏書室，此外有特別集書，如美術書樂譜，特許報告，統計報告，議院議事録，官廳記録，地圖印畫，名家遺書，私人大批贈書或專門問題集書，也可以設特別藏書室，但是這種藏書室，往往和閱覽室合併，最普通的如替盲人設的點字本。閱覽室和藏書，都在一室，又樂譜室旁邊更可設鋼琴室，預備練習樂譜，但必須特別建築以免琴聲外漏，有礙閱覽。

(二)閱覽室：閱覽室種類很多，但是有要共同注意的地方，第一，清朗，光線不可太强，須採取北方的光，第二，肅静，不可和出入口接近，以免人聲喧噪。以下就各種閱覽室分別説明應當注意的地方。

(甲)普通閱覽室：普通閱覽室是館内最大的室，無論什麼圖書館，都是有的，但形式也有好幾種，較大的圖書館所採用的是圓形、八角形、長方形三種，圓形的中央應築一壇，上面設出納和監視席，周圍置目録櫃，採光的方法，普通從上方透入，室内光線普及，外界喧噪也不能入。閱覽座位都向壇心排列，成光線放射形式，如議院議員席。伯明罕圖書館、英國博物館圖書館都採這種形式。八角形的效果和圓形略同。美國議院圖書館、哥崙比亞大學圖書館都採這種形式。長方形最普通，這種閱覽室兩端距離較長，必須設兩個監視席，屋頂離地在十六尺以下，室較小的也可稍低。波斯頓公共圖書館、芝加哥公共圖書館都採這種形式。

(乙)特別閱覽室：這種閱覽室採光換氣和普通閱覽室相同，但容積較小，為專門學者著述參考的地方，若是和藏書室合併，室的周圍應安設書架，以便陳列參考圖書。

(丙)報誌閱覽室：日報雜誌有共用一室的，有分設二室的，閱覽日報閱覽人態度稍為不同，不免有稍許噪雜聲音，這種閱覽室離其他閱覽室要稍遠。

(丁)兒童閱覽室：兒童閱覽室應設在樓下，以免兒童升降的危險，閱覽室以外應設復習室，復習室四壁應設書架，置小集書閱覽室就不必，但要格外美觀。

(戊)婦人閱覽室：婦人本無另設閱覽室的必要，即或為家政烹飪等參考設專室，在建築上并無區别，不過英國及日本圖書館，常為婦人設閱覽室。中國各學校既然男女合班上課，圖書館何嘗不可同室閱書。

(己)展覽室：圖書館裏邊的貴重圖書和珍奇物品，必須把他陳列出來，供人閱覽。大圖書館除一般的貴重書以外，又設印畫類陳列室，古來貨幣陳列室，當地古物陳列室。地方圖書館專設關於鄉土圖書室，又平常，雖不設陳列室的圖書館，有時也臨時開特别展覽會，因此圖書館不可不建築展覽室。

以上各種閱覽室除展覽室外，都設有棹椅，以便坐閱圖書，大概成人每人應占二十方尺至二十五尺，兒童應占十八方尺左右，不必過寬，也不可過窄，建築時就應當事先計算所容閱覽人的多少，然後定閱覽室的大小。

(三)事務室：事務室包含最多，除有特殊情形以外，各室應接近藏書室和閱覽室。小圖書館也有只一事務室，辦理一切事務的，但大圖書館分科繁多，不但分室，并且一事有占數室的。今分别説明在後邊：

（甲）關於館務的：

（1）監理室，（2）參考室，（3）貸出室，（4）巡迴圖書館管理室，（5）編目室，（6）登録室，（7）解包室，（8）裝訂室，（9）印刷室，（10）打字室，（11）講演室，（12）消毒室，（13）夫役室，（14）雜品室，（15）機器室（電燈煖房發動機），（16）其他。

（乙）關於館員的：

（1）評議員室，（2）館長室，（3）秘書室，（4）館員室，（5）會議室，（6）會客室，（7）會食室，（8）休息室，（9）厠所，（10）廚房，（11）其他。

（丙）關於閱覽人的：

（1）研究室，（2）謄寫室，（3）寫真室，（4）食堂（大圖書館附設飯店），（5）寄物室（閱覽人携帶的物件），（6）預備室，（7）洗手室，（8）休息室，（9）厠所，（10）其他。

現今圖書館經營的要素，在於館員的安逸，館員身心安逸，然後能率增進，所以大小新築圖書館，對於館員休息室和食堂等特别注意。

以上各室，有數事合為一室的，有一事占數室的，隨乎圖書館規模大小决定。又有火爐或人聲噪雜的，如裝訂室、消毒室，以及廚房等類。又如附設圖書館學校并應設教授室和實習室。

建築圖書館不可僅顧目前，應預先計劃，為後來擴張的地步。地址廣闊的可建平房，要用各室，都在一層以内。地址較狹的，可建樓房、貸出室、報誌室、兒童室等，以下層為宜，普通或特别閱覽室、陳列室、講演室等可設在上層。至於機器室、消毒室等非設在地下不可。

建築形式繁多，今略舉數圖，第一第二第三是簡易圖書館所採用的，以後三圖，規模較大，第四圖是紐約圖書館，第五圖是林都爾圖書館，第六圖是議院圖書館。

第一圖

凹字式

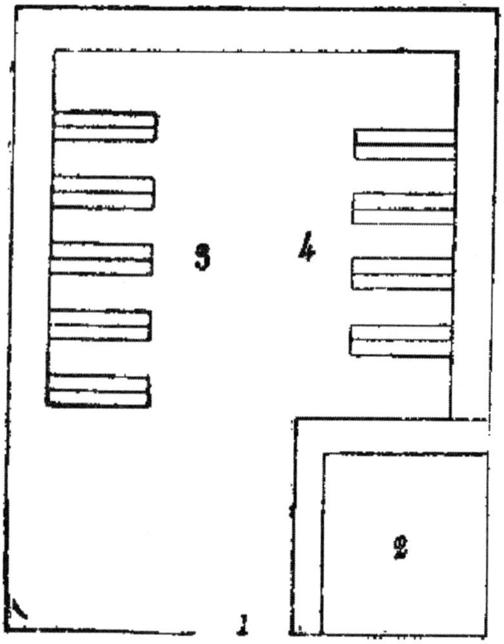

1 入口

2 事務室

3 閱覽室

4 書架

第二圖

書庫式

1 入口

2 閱覽室

3 收覺所

4 藏書室

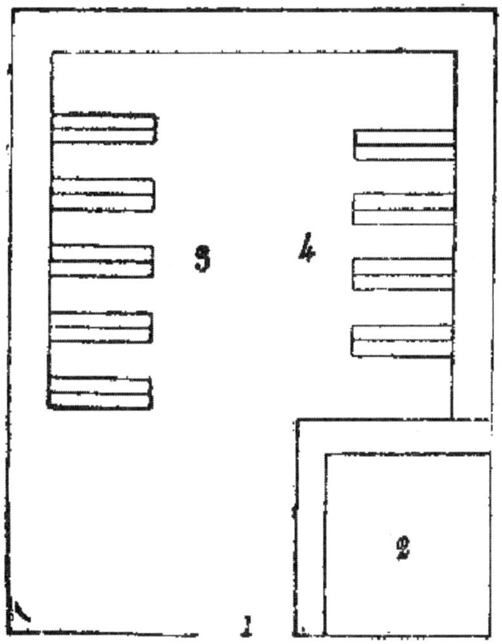

第三圖

T字式

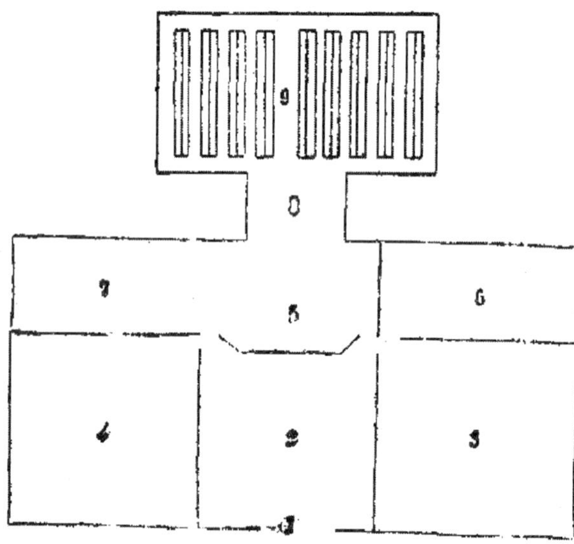

1 入口

2 館外貸出室

3 普通閱覽室

4 兒童閱覽室（分割爲月録室又使用於新聞室等亦可）

5 出納室

6 特別閱覽室又婦女閱覽室

7 事務室

8 走廊

9 藏書室

第四圖

蝴蝶式

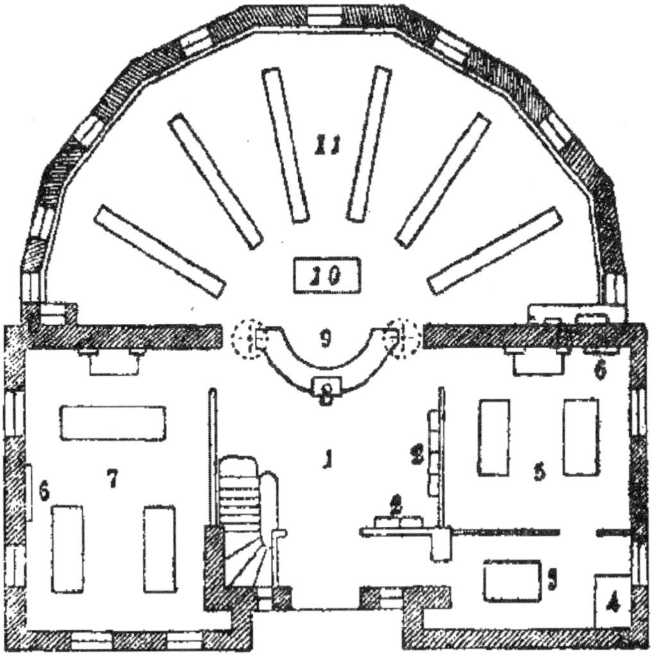

1 休息室
2 報紙
3 館長室
4 書棹
5 兒童閱覽室
6 雜誌
7 閱覽室
8 目録片
9 出納處
10 棹
11 藏書室

第五圖
蝴蝶式

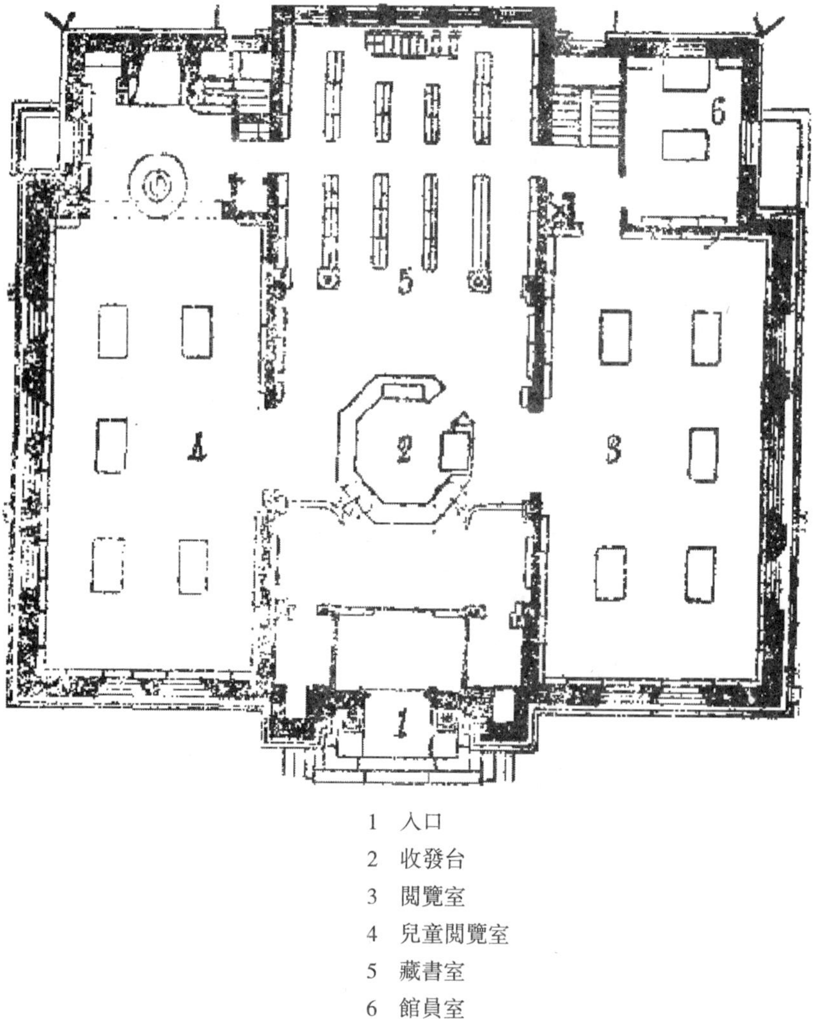

1 入口
2 收發台
3 閱覽室
4 兒童閱覽室
5 藏書室
6 館員室

第六圖

中心式

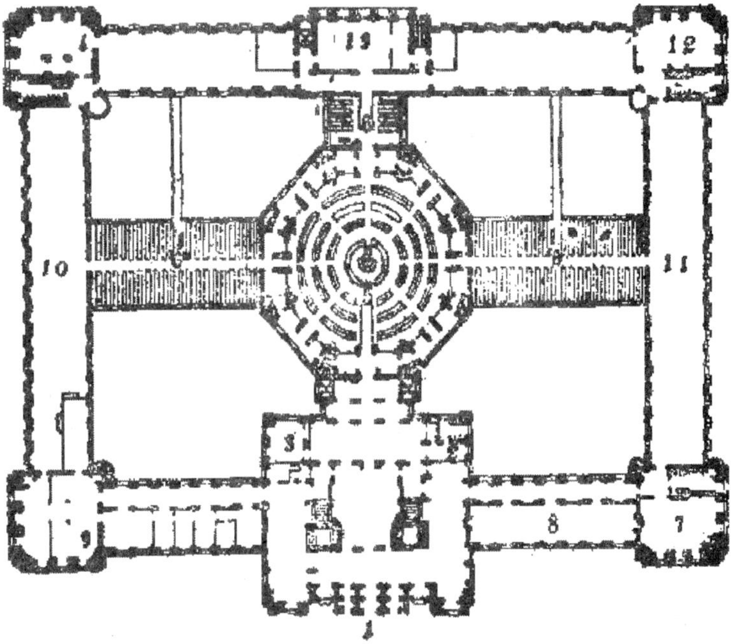

1 入口

2 掛號處

3 館員室

4 收發台

5 閱覽室

6 藏書室

7 上院館員閱覽室

8 下院館員閱覽室

9 圖書室

10 地圖室

11 雜誌新聞室

12 目録室

13 書史室

第三章　圖書館設備

設備和建築本有些相混，前章已經説明，本章單説設備中用具一項。圖書館用具非常繁多，除和普通用具相同的不必説明外，就是屬於專門用具，也不能一一説明。今就館中最重要又最特别的分别説明在後邊：

（一）出納臺：圖書館如同商店，圖書館出納臺就是商店櫃臺，比其他用具尤為緊要。出納臺通常設在藏書室和閲覽室接連地方，以便出納圖書。若在圖形或八角形閲覽室，也有設在閲覽室中央的。前邊的一種用凹字式，平直面向閲覽室凹處設座，以便出納圖書和監視閲覽人；後邊的一種用半圓式，館員坐在中央，臺的長寬要隨館的規模大小規定，高度總不過二尺五六寸，製造材料應選擇堅牢木質，臺上應鋪軟皮或厚絨，以免圖書接觸時發生聲響。臺的前面用同樣木質，膠塞完密，後面應有開放門，内設皮板和抽屜，台下置閲覽票，架兩邊可設新書陳列架，後台到閲覽室和藏書室中間應有狹隘通路，和自由開關的門，以便出入，臺上出納圖書地方，在大圖書館往往仿照銀行或郵政局的裝置，形式用銅鐵柵欄，分别出納口，臺的位置通常是固定的，間或有移動的。這是建築的關系，不必一定。

（二）書架：圖書館書架如同商店貨架，不但要堅牢，并且要合用。書架形式分兩種：一壁書架靠牆設立，小圖書館閲覽室和藏書室合併時，當然採用這種樣式。大圖書館的普通閲覽室和特别閲覽室裏邊也有採取這種樣式的。二面架，兩面均可藏書，通常藏書室都採用這種樣式，無論何種書架，高度約七尺五六寸，取置最上層圖書，不必用梯，書架底層離地至少二寸，以防污損，頂上加蓋薄板以遮塵土，從頂到脚約分七八層，每層距離高低不等，所藏的圖書若依大小排列，最下一層高一尺四五寸，以容巨册，所藏的圖書若依分類排列，每層距離不妨相等，近來新式每層隔板都是活動，可以任意上下，板架深六寸五分，兩面合用的合計一尺三寸，但兩面排列圖書，中間應當一二寸空隙，以便流通空氣，最好深一尺四五寸，架寬從二尺四五寸到三尺五六寸，若太寬，排列圖書太多時，架板中央恐要下垂，倘非貴重的圖書，不必安門，然後取置便當，并且能夠自由流通空氣，製造書架的材料，最好用鋼鐵，一可任重，二可防火，三不占地位。東西各國較大的圖書館没有不用鋼鐵製造。若嫌鋼鐵太冷，可塗白色物質，或用木質做襯。若不得已用木材製造，應選堅牢木料，最好用樟木，這種木材發生香氣，可免蟲患，松木多油質，污損圖書，萬不可用。兩面用的書架，陳列藏書室時，彼此距離從二尺五寸到三尺，以便館員往來。若書架公開，距離當更要遠，約四五尺，以便閲覽人往來，又新書陳列架，也是書架的一種，放在閲覽室，陳列新出圖書。這種書架通常前面嵌有玻璃或敷金類。閲覽人要求閲覽時，館員從後面開啟，取出圖書，交給閲覽人。其實這種辦法，不必採用新出圖書，知道他的内容的很少，應當公開，任人取閲纔是。這種研究，屬於管理範圍，現在不必多講。

（三）雜誌架：雜誌和一般圖書不同，應製特別架收藏，高六尺五六寸，深九寸或一尺，寬五尺，内分六列十格，共六十格，可容雜誌六十種。西洋雜誌形勢較大，格也要大，在大圖書館應另外製架，各國雜誌分架收藏。

（四）新聞架：收藏新聞紙要另製架，新聞紙大概用兩開的報紙再雙壘起來，長約二尺，寬约一尺五六寸，架格也要照這樣大纔好。

（五）目録櫃：近來目録通常用目録片，收拾目録片的東西，就是目録櫃。製造目録櫃的方法，彷彿像藥店的藥櫃一樣，架置若干抽屜，上下左右并列，成人用的，上層高三尺三四寸，下層一尺五六寸，抽屜長約一尺五六寸，深約三四寸，和目録片高低相當，抽屜裏邊前後穿一鐵籤，連貫目録片，以免散失，也有不用櫃，製木盒收藏目録片，盒上加蓋，内容分格，略同抽屜，開館時把蓋去掉，閉館時再行蓋上，小圖書館可以採用這種樣式，比櫃的價值較省。

（六）閱覽證架：閱覽證架和雜誌架大致相同，不過空格較小，通常高一尺七八寸，寬二尺四五寸，深六七寸，分做十列五格，下邊更有加抽屜，收藏閱覽證，也有用盒的，和目録盒相同，排列閱覽證的次序，在外國按字母的順序，中國可按字旁或筆畫。

（七）閱圖書棹：閱覽室的閱書棹，高約二尺四寸，至多不得過二尺六寸，務必上面須傾斜，最好用皮或絨敷在上面，下邊加以小欄，以免圖書滑落或移動作聲，接近案面的地方，應當設架，以便閱覽人安放物件。

（八）閱報誌臺：報誌臺形式很多，但想使閱覽人得以安坐臺面，應當傾斜，日報臺寬約二尺，陳列日報雜誌臺，寬约一尺三四寸，陳列雜誌，這種可兩面對看，或一面沿壁均可，又日報有用架張掛，可立而閱的。

（九）圖畫架：懸掛地圖和畫片最占地位，若數目太多，懸掛牆壁也不能盡掛，又不雅觀，務必用架。這種架以不占地位為最好，用輪齒形架，中心用直軸，周圍安薄板，如輪形板，和軸連接處，最好用紐，以便推動，板的大小可拿畫圖的大小做標準，太小的畫圖，數圖張在一板也可，這種架也有沿壁設立的，尤其便利，但只能用半輪，如廣告牌的樣子。

（十）圖書押：圖書排列在架上或棹上，必須用押，以免傾倒，押的製法如直角三角形的板，垂直的方面通常鑽有孔，其實不便製造，材料普通用鐵，葉上面塗洋漆，以免生銹。近來中國也有用白銅製的，尤其精美，但價稍貴。

書 架

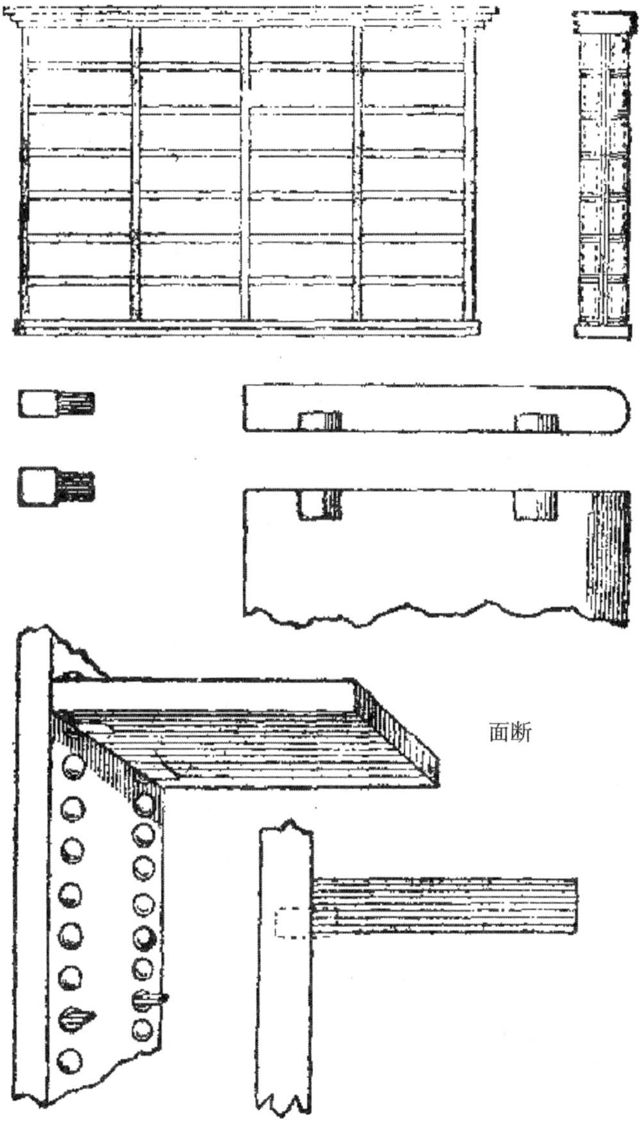

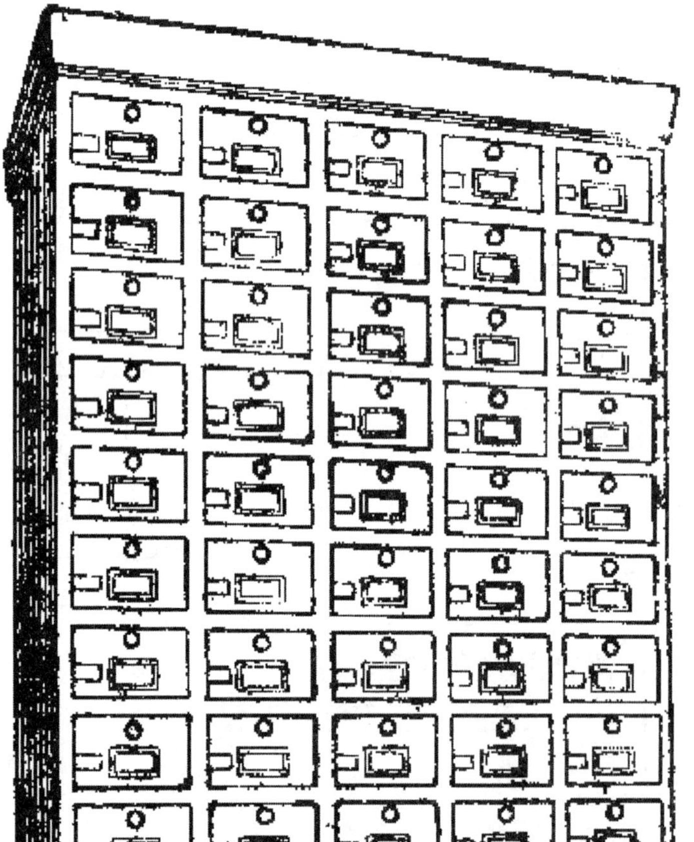

第四章　圖書館支部

圖書館越普及越好，為普及這種事業起見，不能專靠圖書館的本部經營。圖書館本部極不容易，就是簡易圖書館，關於經費建築設備三方面，却得要粗具規模，不可缺一，至於組織管理方面，也不可忽略。照這樣辦法，想事業普及，非常的困難，因此不可不有輔助本部的圖書館的支部，這種支部雖然有莫大的效用，但對於本部是一種附屬機關，組織管理都很簡易，就經營的順序説，不能不後於本部，支部又分三類：(1)圖書分館，(2)圖書代借處，(3)圖書閱覽所，分别説明在後邊。

(一)圖書分館：銀行有分行，圖書館也有分館，圖書分館經營法和總館不甚相同，經費不能獨立，須從總館支給。其餘的建築和設備，也不如總館的完備，容易經營，但效用非常的大，舉出來約有二種：

(甲)常年費可以減省：一總館設無數分館，各分館除普通必備的圖書以外，其餘珍貴不常需用的，可以不買，如閱覽人索閱時，可向總館通融，圖書費可以大省，在取半獨立的制度的分館，用人行政概由總館代辦，如購書、製本、分類、編目等事，不必自理，薪俸雜支都可以節省。一總館能多設分館，比經營獨立圖書館費用既省，有餘力更可多經營分館，使圖書館教育普及。

(乙)閱覽人可以增加：分館所管的地段小，易知地方人民的需要，購買適用的圖書，供給閱覽，結果必定使閱覽人增多，并且分館多，使人民接近圖書館的機會多，自能引起讀書觀念。如其不然，只知註重總館的經營，無論怎樣宏大，效用一定不大，所以創辦圖書館，與其用大力經營大規模的總館，不如總館規模稍小，多分餘力經營分館，效用還比較大。

(二)圖書代借處：郵局為寄信人方便起見，設有信櫃和信筒，圖書館為借書人方便起見，設有圖書代借處。這種圖書代借處和信櫃一樣，多設在雜貨傢具和藥房等商鋪裏邊，使人民在購物時，得借書的便利。借書的方法，借書人把借書券交由商夥彙交圖書館取書，再轉交借書人，圖書館年給商鋪津貼若干。這種津貼或按日期或按册數計算均可，其實不必設在商鋪裏邊，就同信筒一樣，設在通衢，閱覽人把借書券投在筒裏邊，圖書館按時來收，并送付圖書，更為省費，惟交還圖書不如前項便利，圖書代借處的辦法，不要建築和設備，經費既省，效用尤大。近年美國極其興盛，芝加哥圖書館有圖書代借處七十多處，其餘稍大的圖書館，也多有設立的。

（三）圖書閱覽所：圖書閱覽所和圖書館的閱覽室相同，就是替圖書館多設幾個閱覽室。圖書由館中供給，每處數十册或數百册，定期更換。這種支部設在十字街頭，救火會，警察局，大工廠，火車站，俱樂部，學校，公園等處。設在學校裏邊的最普通，由圖書館分配圖書到各校教室，或在各校裏邊另闢一室，專供校内學生閱覽。美國巴弗諾圖書館有教室閱覽所四百多處，流通圖書二萬多册，收效的大可想而知。又公園裏邊地位清静，於讀書尤其相宜，更應設閱覽所。北京中央公園雖設有閱覽所，可惜和外國閱覽所性質不同，并且公園辦理不善，遊園的人另有目的，所以閱覽人很少。

以上三類支部，第一類能閱覽又能借出；第二類只能借出，不能閱覽；第三類只能閱覽，不能借出。第一類當然完美，惟用費較多，不能普及，最好第二類第三類合併圖書館，既可省費，閱覽人又可自由。如萬一不能多設閱覽所，代借處就不能不多設了，這是經營圖書館所應當注意的。

除以上三種支部以外，又有巡迴圖書館，日人叫做巡迴文庫，這種圖書館和圖書館支部的有同一目的，效力比較還大，這種辦法是十九世紀起頭，英國蘇格蘭地方發明的，以後傳到美國，二十幾年以前，紐約州立圖書館仿照辦法，總館用書箱藏書送借到各分館，或其他有法定資格請願的私人，方法嚴密，效力宏大，到現在各國稍大一點的圖書館，都附設這種圖書館，因為和管理法有關係，等到以後再説。

第四篇
圖書館組織法

第一章　管　理　部

第一節　組　　織

圖書館有管理部，如同國家有行政部，行政部處理國務，管理部處理館務。管理部是館長和各科組織成的，分科的多寡隨圖書館的大小而定，稍大的圖書館通常分左列十二科：

選書科，

購書科，

收受科，

編目科，

藏書科，

出納科，

閱覽科，

參考科，

裝訂科，

庶務科，

文書科，

會計科。

除以上各科以外，還有設統計科，總管各科統計事務，更大的閱覽科又分新聞雜誌圖書等閱覽科；若附設兒童閱覽室，又設兒童閱覽科，參考科又分各種專門學科參考科，紐約州立圖書館又設有教育普及科，美國議院圖書館設有板權科，目録片販賣科，寫本科，地圖科，音樂科，板畫科，但是無論什麼圖書館，主要分科總不外前項十二科，至於小圖書館也有不到十二科，只設購書、目録、閲覽、庶務等科的。

館長以外，有副館長，館長以下有秘書，館長和各科主任組織館務會議，議决館内一切事務。以上是圖書館的本部，以下再説圖書館的支部。圖書館的支部、圖書代借處、圖書閲覽所和巡迴圖書館組織都很簡單，只設管理員就可以；惟有圖書分館組織和總館大略相同，設館長和各科。分館館長有獨立的，有由總館館長兼任的，大概分館較多的各分館都有獨立館長，以專責成，分館也可設圖書代借處、圖書閲覽所、巡迴圖書館，今把系統圖列在後邊以備參考：

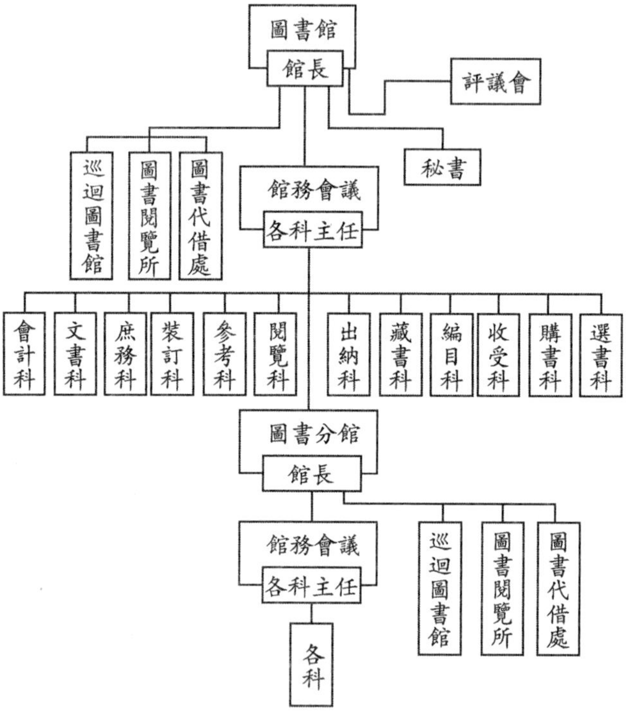

第二節 職　　務

館長是全館的首領，總攬全館事務，各科輔助館長分任一部事務，今分別説明各種職務如下：

（一）館長：館長對外是全館代表，對内是行政首長，館内重要事務，都由館長主持，就是館内細事除非法規上有明文委任辦理的，總得由館長認可，館長對館内有善良管理的責任，對於屬員有進退黜陟的權柄，大圖書館館長對於館務不必躬親，只要命令或裁可，命令裁可的手續，用簽字不得用口傳，以免貽誤，小圖書館館長也有兼任一科或數科事務的。

（二）副館長：副館長幫助館長主持館内一切事務，命令裁可時有副署簽字的義務，館長有事故時，并得代行職務，大圖書館事務繁多，必須設副館長，小圖書館無設副館長的必要。

（三）秘書：秘書是館長的事務機關，管理館内機要事務，圖書館對於外界有重要交涉，或用館長名義和外界交涉時，都由秘書代辦，又館長對於館員的進退黜陟，或對於館内有所命令禁止，也由秘書代辦，秘書和館長直是一體，秘書所做的事就是館長所做的事，小圖書館館長對於上列各事務都由自己辦理，不必設秘書。

（四）選書科：選書部管理選擇圖書事務，選擇圖書責任重大，不但調查名稱，并且要考查内容，選擇既定，然後開呈館長簽註，經館長許可的，再開交購書科，選書科和購書科事務相關連，所以有把選書科合併購書科的。

（五）購書科：購書科管理購買圖書事務，經館長許可，購買的圖書既經選書科開明，必須和館内所藏的圖書核對有無重複，如確無重複，然後向書店定購。

（六）收受科：收受科管理圖書收受和登記事務，外來圖書有購買的，有贈送的，應當分別統計。贈送的除登記以外，應當設法伸謝，尋常小圖書館也有和購書科合併的。

（七）編目科：編目科管理編製目録事務，約分四項：（1）分類，（2）書目的翻譯，（3）目録的編定，（4）目録的保管，事務繁多，并且重要。

（八）藏書科：藏書科管理收藏圖書事務，約分四項：（1）圖書的收藏，（2）圖書的保存，（3）書架的整頓，（4）藏書的統計。小圖書館通常合併出納科。

（九）出納科：出納科管理出納圖書事務，約分三項：（1）圖書的借閱，（2）圖書的貸出，（3）借閱和貸出的統計，借閱限於館內閱覽時，有閱覽科管理貸出及於館外，手續較繁。

（十）閱覽科：閱覽科管理閱覽圖書事務，這科事務極其繁重，（1）閱覽人的指導，（2）閱覽人的監督，（3）閱覽室的管理，（4）閱覽科的統計和報告。

（十一）參考科：參考科管理圖書參考事務，約分三項：（1）圖書的校訂，（2）圖書參考的指導，（3）圖書參考的答復。

（十二）裝訂科：裝訂科管理裝訂圖書事務，小圖書館圖書若有損壞，多就書店裝訂，不設專科。

（十三）庶務科：庶務科管理一切雜務，大約可分五項：（1）器具物器的添置，（2）館役職工的監督，（3）設備和修葺，（4）關於參觀招待等事，（5）不屬於他部的事務。

（十四）文書科：文書科管理來往公文事務，大約可分兩項：（1）公文的起草，（2）公文的收發，此外館中紀録也歸文書科管理。

（十五）會計科：會計科管理會計事務，可分二項：（1）預算和決算，（2）出納和報告，學校圖書館經濟往往不能獨立，會計事務由學校會計管理，不必另設專科，其餘各小圖書館也有把會計文書等事務合併庶務科分股辦理的。

第二章　館　　員

第一節　資　　格

館員的意義有廣狹兩種，廣義的館員包含服務圖書館一切職員，上從館長，下到練習員，都叫做館員。狹義的館員就不同，僅指圖書館裏邊各科主要職員，現在所説的館員是廣義的。廣義的館員分左列四種：

（甲）館長，

（乙）館員，

（丙）事務員，

（丁）練習員。

（甲）館長：館長責任重大，資格極嚴，在創辦圖書館的時候，更其緊要。倘若館長選任不得人，經營失當，必定永不能恢復。充當館長第一要精通圖書館學問，第二要富有圖書館經驗，此外更要洞悉社會情狀，備具幹事才力。

（乙）館員：館員是圖書館中堅分子，位置雖然比館長稍低，事務却比館長較繁，不但要有學識經驗，并且品行才能也要良好，最好是專門大學畢業有學位的，或專門學識的，或是圖書館學校畢業的；此外若有以下各種資格也可以：（一）在新式圖書館有二年以上經驗的，（二）有考訂或校讐學問的，（三）精通外國語言文字的，（四）有教育上辦事成績的，（五）熟習公事或公文書的。

（丙）事務員：事務員事務比較簡單，在館長或主任指揮監督之下，辦理圖書館各科專門事務，就是上級助手，要有以下各種資格的一種：（一）專門大學畢業的，（二）圖書館學校或有圖書館科的師範學校畢業的，（三）在新式圖書館辦事有經驗的，（四）通曉外國語言文字的。

（丁）練習員：練習員就是下級助手，幫助館員或辦事員辦理各科簡單事務，藉以實地練習，造成專門館員，在附有圖書館學校的圖書館練習員，多半是學生；此外要有下列各種資格的一種：（一）中學校或師範學校畢業的，（二）圖書館學校或圖書館科畢業的，（三）圖書館講習會畢業的，（四）通曉外國語言文字的。

以上所舉各種資格，都是指大圖書館説，若是小圖書館經費不足，或是鄉村圖書館規模太小，不易聘請專門人才，不妨降格相求，小學校附設圖書館也有請本校教員充當館員的，但是也要有些圖書館知識，并且爲人要誠實可靠。歐美各國對於圖書館員多採試驗制度，試驗有無圖書館學識，但是應試人也要有相當的資格。今略舉各國試驗狀况如左：

（一）英國：英國圖書館員的養成，圖書館協會所負的責任很多，時常開夏期圖書館講習會，大圖書館採圖書館員試驗制度，初試試驗作文、數學、歷史等問題，復試試驗拉丁語、希臘語的翻譯和作文，并試驗現代外國語两種，如德法、意法、德意均可，復試及格的更要两年實地練習，必須關於圖書經驗最優的，纔有主任圖書館員的資格。

（二）美國：美國養成圖書館人才的機關更多，當一九一八年，對於年俸九百元或千二百元館員，也曾舉行試驗；試驗科目分圖書館，經濟學（三十單位），目録編纂分類和書史學（三十五單位），德語或法語（十單位），教育學或實際經驗（二十五單位）等科，投考資格要有相當的圖書館學校，或講習會，修學一年，更有一年實地經驗，或者在最新式圖書館有三年以上實地練習的人。

（三）法國：法國對於館員也採試驗制度，試驗及格的有主任圖書館員的稱號。

（四）德國：德國圖書館員資格比法國嚴重，候補圖書館員要有八個條件，條件大部分是關於學力的，但是裏邊也有關於體格的証明和两年的義務學習，合這些條件的，然後准其學習二年，在學習期間不給薪俸，學習期滿，再受主任館員的試驗，試驗科目分圖書館經濟，書史學，關於文字和書籍的歷史，外國語言文字，或更要有古代文字史，或關於古代印刷的知識。

（五）意國：意國候補圖書館員要年齡十七歲以上，三十歲以下，在高等學校修學八年，試驗意大利文學古文，或東洋語的翻譯、法語的翻譯，及格以後更要在大圖書館實習二年，實習期滿，再受專門試驗，這種試驗時期大約要三天，筆試和口試并行，及格後授以主任圖書館員名稱，可以做圖書館長。

以上所舉各國試驗制度，多對於主任館員舉行，這種主任館員，都有做館長的資格，所以進升極難，至於普通館員如辦事員等類不必採用試驗制度，但有當注意的，凡是館員無論館長和練習員除學力以外，都應當具有德行才能，因此人品上的資格也不可不具備；今略舉如左：

（甲）外觀上：

（一）容貌：容貌和悅，衣履整潔；

（二）舉動：舉止閑雅，語言爽利；

（三）聲音：聲氣清細，音調明晰。

（乙）事務上：

（一）機械的事務：手續清楚，辦事敏捷；

（二）文筆的事務：心思精細，注意周到；

（三）精神和社交：有向上心，無驕矜氣；

（四）品格和性情：品格高尚，性情溫和。

（丙）高等事務：

（一）毅力：辨別敏慧，視察週到；

（二）天才：處置適當，因應有方。

以上列舉關於館員德行才能都是積極一方面；此外消極方面有兩件事當注意的：

（一）不可加入政黨：圖書館是教育事爲，應當無偏無倚，館員一入政黨，一切舉動必有所偏倚，有失圖書館的本旨。

（二）不可涉於急燥：圖書館館員如同商店商夥，應事接物，要不憚煩瑣，若稍涉急燥，不堪繁劇，必失閱覽人的歡心。

第二節　待　　遇

圖書館館員資格既然嚴重，待遇就不可優厚，待遇裏邊最要緊的有兩層：（一）薪俸，（二）休養。今分别説明在後邊：

（一）薪俸：前篇曾言圖書館經常費裏邊，薪俸占大宗；館員薪俸應當優厚，自不待言，但薪俸的分配，要有等差；小圖書館和大圖書館自然不同，即同一圖書館，館長和練習員也不一樣，薪俸多寡不可不有一定標準，中國圖書館教育幼稚，圖書館館員薪俸没有定章，今舉英美兩國薪俸標準以便參考：

（甲）英國　英國圖書館採取特殊課税法，常視館中收入多寡，定職員薪俸高下；今把英國圖書館職員薪俸等級統計表列後：

館長

甲（即小館）　年俸七百元至二千元　（甲）常年費五千元至一萬元
乙（即大館）　年俸四千五百元至七千元　（乙）常年費十萬元以上

副館長
- 甲——年俸四百元至九百元
- 乙——年俸一千八百元至三千元

分館長
- 甲——年俸七百元至一千元
- 乙——年俸七百六十元至一千六百元

助手長
- 甲——年俸三百五十元至七百八十元
- 乙——年俸七百五十元至一千七百元

上級助手

男子
- 甲——年俸二百元至八百元
- 乙——年俸五百二十元至一千三百元

婦人
- 甲——年俸百三十元至七百八十元
- 乙——年俸三百元至九百元

下級助手

男子{甲——年俸百三十元至五百二十元
乙——年俸二百元至五百元

婦人{甲——年俸百二十元至三百六十元
乙——年俸百五十元至五百六十元

最近英國圖書館協會總會提出館長和副館長薪俸案，把圖書館分做十一級，拿人口和徵税的多寡做標準，分別薪俸的高下：

圖書館等級	館長等級	薪俸	人口	徵税額
		鎊	口	鎊
第一級	館長	二五〇至三〇〇	一〇·〇〇〇	五〇·〇〇〇
第二級	館長	三〇〇至四五〇	五〇·〇〇〇	一〇〇·〇〇〇
第三級	館長	三七五至五五〇	一〇〇·〇〇〇	二〇〇·〇〇〇
	館長補	二五〇至三五〇		
第四級	館長	四二五至六〇〇	一五〇·〇〇〇	二〇〇·〇〇〇
	館長補	二八〇至四〇〇		
第五級	館長	五〇〇至七〇〇	二〇〇·〇〇〇	四〇〇·〇〇〇

	館長補	三〇〇至四五〇		
第六級	館長	三五〇至八〇〇	三〇〇・〇〇〇	五〇〇・〇〇〇
	館長補	五五〇至五〇〇		
第七級	館長	六五〇至九〇〇	四〇〇・〇〇〇	七五〇・〇〇〇
	館長補	四〇〇至五五〇		
第八級	館長	七五〇至一〇〇〇	五〇〇・〇〇〇	一・〇〇〇・〇〇〇
	館長補	四五〇至六〇〇		
第九級	館長	八五〇至一・一〇〇	六〇〇・〇〇〇	一・五〇〇・〇〇〇
	次長	五〇〇至七〇〇		
	館長補	四〇〇至五五〇		
第十級	館長	一・〇〇〇至一・二五〇	八〇〇・〇〇〇	二・〇〇〇・〇〇〇
	次長	五五〇至七五〇		
	館長補	四〇〇至五五〇		
第十一級	館長	一・二〇〇至一・五〇〇	一・〇〇〇・〇〇〇	三・〇〇〇・〇〇〇

次長	六〇〇至八〇〇
館長補	四五〇至六〇〇

又英國圖書館助手協會製定的圖書館從業員薪俸等級表，也可參考，今把他録在後邊：

下級助手

十六歲　年八〇鎊

十七歲　一〇〇

十八歲　一二〇

十九歲　一四五

二十歲　一六〇

二十一歲　一八〇

上級員

人口五萬以下的市町村

(甲) 館長或館長補	三〇〇鎊	進至	三五〇鎊
(乙) 分館長部長助手長	二五〇鎊	進至	三〇〇鎊
(丙) 上級助手	二〇〇鎊	進至	二五〇鎊

人口五萬至十萬

(甲) 館長或館長補	三二五鎊	進至	三七五鎊
(乙) 分館長部長助手長	二七五鎊	進至	三二五鎊
(丙) 上級助手	二二五鎊	進至	二七五鎊

人口三十萬至四十萬

(甲) 館長或館長補	四二五鎊	進至	四七五鎊
(乙) 分館長部長助手長	三七五鎊	進至	四二五鎊
(丙) 上級助手	三〇〇鎊	進至	三五〇鎊

人口八十萬至九十萬

（甲）	館長或館長補	五五〇鎊　進至	六〇〇鎊
（乙）	分館長部長助手長	五〇〇鎊　進至	五五〇鎊
（丙）	上級助手	三〇〇鎊　進至	三五〇鎊

（乙）美國　美國圖書館員薪俸比英國更優，最近聯合委員會建議把館員分做十二級；今把各級薪俸數目列舉如左：

第一級　圖書館助手年俸一千二百元至一千六百元。

第二級　頭等圖書館助手年俸一千三百二十元至一千三百八十元。

第三級　圖書館助理員年俸一千八百元至一千九百二十元。

第四級　頭等圖書館助理員年俸二千二百八十元至三千元。

第五級　頭等編目和分類員分部圖書館，二等特別管理員，年俸二千七百六十元至三千二百四十元。

第六級　參考研究助理員年俸三千元至三千七百五十元。

第七級　議院圖書館，分類科長，雜誌科長，特別書籍科長，年俸三千二百五十元至四千元。

第八級　議院圖書館目録片科長，購買科長，印刷科長，音樂科長，分部圖書館頭等特別管理員，年俸三千五百元至四千五百元。

第九級　議院圖書館閱覽室審查員，書目科長，編目科長，稿件科長，公刊科長，分部圖書館事務管理員，年俸四千元至五千元。

第十級　議院法律管理員年俸四千五百元至五千五百元。

第十一級　立法參考事務主任年俸五千元至六千元。

第十二級　議院圖書館副總理，公共圖書館總理，年俸六千元至七千五百元。

參觀以前所列各種薪俸等差表，英國最高級館長有多至六百鎊的，美國有多至七千五百元的，薪俸數目差不多和中國各部總長相等，固然是英美財力雄厚的表現，但不是這樣，也決不能夠羅致學識品行才能兼全的人員。

館員薪俸等差最要注意的，就是遞減的比例，館長和館員以及其他辦事員練習員要依次遞減，彼此不可相差太遠，設若館長薪俸是一千元，主任館員總要有八百元或七百元，倘若只有五百或四百元，驟然減少一半，數目相差太遠，階級分別太嚴，必使館員不安心服務。又和薪俸有連帶關係的進級、加薪、公積恤金等法則，也得要分別規定，不可忽略。

又前邊所舉英美两國圖書館員薪俸等級，是捐一般較大的圖書館。倘若鄉村圖書館經常費太少，館長一席可由紳董兼任，名譽職不支薪俸，但館員薪俸不可太薄，要和小學校教員薪俸相等，或者還要多一點。小學校附設圖書館，不必設館長，館員一席由教員兼任，略給津貼就得了。至於大學校圖書館，組織完備，規模宏大，館長薪俸應和教授相等，或者超過，館長以下各員可依次遞減，但是不可比他項職員還少，這是近來各國大學圖書館常例不同，中國學校圖書館毫無標準。

（二）休養：待遇圖書館員，不能專靠金錢的供給，精神上也要有相當的休養。圖書館事務紛繁，耗費腦力的地方很多。學校教育授課時間有限，餘畢的時候，還可休養，回復精神，并且每年照例有寒假暑假两個長期的休養。圖書館那就不同，小圖書館開館時間或者較少，大圖書館常整天開館，也不會有寒假暑假，休養的機會很少。前此美國格蘭德亞比司圖書館館長拉勒克氏曾在美國圖書館協會對於圖書館員休養發表極懇切的言論，拉氏説，“圖書館員事務比那一種事務都辛苦，不可不有相當的休養，”他又説，“圖書館員裏邊年歲不滿五十，就因爲衰老不堪任事，退職的很多，就個人所知道的，近五六年來約有五十名，不知道的還不知有多少，這五十名裏邊有死去的，有請假療養的，有入保養院的，不但放棄職務，并且沉溺苦海，我們同業到了這種地位，不可不設法救濟。”拉氏這種言論很惹起美國圖書館界注意，因此極力研究圖書館員休養方法。

英國圖書館發生比美國早，法制也比美國完備，圖書館員休養方法很可參考。英國圖書館員休假照例有，休假的長短隨館員等級分別，大圖書館常給館員長期的休假，使館員休養心力和體力，直接優待館員，間接促進館務；今把英國圖書館員休假標準列舉如左：

館員等級	休假期間
館長	三星期或四星期

支館長	三星期
部長（即各科主任）	三星期
上級助手	二星期至三星期
下級助手	二星期

參觀英國圖書館休假期間表，可知圖書館員休養的重要，但是還有两件事和休假有密切關係，不可不注意：（一）辦事輪值，（二）辦事時間。辦事不輪值，各自死守一職，有一部分館員休假，圖書館就得要歇業，辦事時間分配失當，每日疲勞過度，長期休假所得也不能償所失。

第三章　評　議　會

第一節　組　　織

圖書館有評議會，如同國家有國會，評議會的組織應當研究的有两件事情：(甲) 資格，(乙) 員數。

(甲) 資格：評議會的評議員因爲圖書館性質不同，出身也不一樣，地方設立的圖書館從各法團或公民選出，國家設立的圖書館可由教育當局就有關係的人派充，學校設立的圖書館從教職員裏邊選出，私人設立的圖書館更可由私人聘請，但無論何項人員，凡是充當圖書館評議員，要具有以下各種資格的一種：(一) 熱心教育；(二) 諳練法律；(三) 有圖書館的學識；(四) 富建設的能力。

(乙) 員數：評議會有評議長一人，是評議員推舉的，評議的數目因圖書館規模大小不同，至少要有五六人，多不妨十二三人，人數不可太少，太少不能集思廣益，也不可太多，太多不易團結一致。

第二節　職　　權

評議會職權重大，可分三項説明：(甲) 制法權，(乙) 選任權，(丙) 監察權。

(甲) 制法權：制定圖書館法規權固然歸於教育當局或圖書館協會，但各圖書館因情形差異，法規也不盡同，要臨時制定；至於法規裏邊委任制定的規程，更應當各圖書館自己制定，但制法權也有廣狹不同，普通所説的法包含一切法律規則；就廣義説，館内一切規則，如閱覽規則、出納規則，都是法，但評議會的制法權，不能這樣廣泛，只制定根本大法；至於館内細則，歸管理部制定。近來圖書館館員多受專門教育，或曾在圖書館學習的，管理方面各種規則自然能夠斟酌至當，制定時常由各部主管館員起草，然後交館長裁可，用會議形式方法決定，不必經過評議會。

（乙）選任權：評議會選任權僅限於館長，至於館長以下各員的選任，照例屬於館長。館長是圖書館行政首長，和圖書館休戚相關，館長的選任和圖書館前途有重大的關係，所以選任權不能不屬於評議會；館長所負責任既然重大，爲辦事順利起見，有選任各科主任薦；至於下級館員，多由主任推薦，但委任權仍然屬於館長，不過有時館長選任主任，也經評議會通過，這是爲格外慎重起見，并不妨害事權的統一。

（丙）監察權：評議會監察權分两種：（一）事務的監察，（二）經濟的監察。事務的監察在監察館中館員的勤惰和違法不違法，有人説館員的監察權屬於館長，評議會不必過問，其實不然，館長固然有監察館員的權，但是評議員也有可以幫助監察報告館長，并且館中館員就廣義説，包含館長，監察館長權不能屬館長自身，當然屬於評議會。經濟的監察又分基金、用費两項，保管基金屬於評議會，館長不能擅行動用，不得已要動用基金時，也得要評議會的議決，稽核用費，以免濫用，不外两種手續，就是預算決算的審查，照例館長於先一年提出次年預算；至於決算總在一年期滿以後，館内財政以量入爲出爲好，但遇有擴充的必要時，館長不妨先提出預算書，説明理由，增加支出，若經評議會認可，補償的責任就在評議會；至於既經決定的預算案，決不可超過定額以外。

第五篇
圖書館管理法

第一章　圖書的選擇

第一節　選擇的標準

圖書館唯一的財産固然是圖書，但是圖書館也不單是圖書的貯藏室。搜集圖書要有一定的目的，圖書館爲達這種目的起見，對於圖書應有相當選擇。圖書館員倘若不註意圖書的選擇，不但圖書館的目的不能達，并且有左列三種弊害：

（一）耗費圖書館經費；

（二）增多管理手續；

（三）防害閱覽人。

節省經費，本是美德，況且圖書館意在用最小的勞費收最大的效果，有同經濟行爲，用費更應當力求節省。近來圖書館經費的分配，圖書費至多不過占十分之三，少或僅占十分之一，無論怎樣大的圖書館，費用總是有限，倘若有一分耗費，就是有一分損失。又圖書館圖書不在數多，要在活用。若對於圖書不加選擇，濫竽充數，徒增管理手續，虛耗館員精力，結果必定防礙館務進行，至於防害閱覽人，尤其不可，圖書館的經營，本拿閱覽人做對象，因爲不慎選圖書的原故，反有損閱覽人，這種圖書館實無存在的必要。

圖書固然應當選擇，但選擇不可不有種種標準，選擇圖書的標準很多，各學者意見也不一致。我的意思可分下列各種：（一）特殊的，（二）一般的。特殊的又分客觀的、主觀的。客觀的又分閱覽人種類、閱覽人程度。一般的又分内容的、外表的，圖書館員要能各方面兼顧，不可固執一端。列表如左：

- 選擇圖書的標準
  - 特殊的
    - 客觀的
      - 閱覽人種類——空間 / 時間
      - 閱覽人程度——時間 / 空間
    - 主觀的
      - 圖書館性質
      - 圖書館經費
  - 一般的
    - 內容的
      - 條理
      - 文法
    - 外表的
      - 印刷
      - 裝訂

客觀的標準：客觀的標準是閱覽人，圖書館拿閱覽人做對象，是爲閱覽人設立的，所以選擇圖書，不可不拿閱覽人做標準：（一）閱覽人種類，（二）閱覽人程度。

閱覽人種類：圖書館因爲閱覽人種類不同，選擇圖書的標準就不一樣。近海濱的圖書館，閱覽人多屬漁夫水手，應注重漁業航業。近山林的圖書館，閱覽人多屬農夫，應注重農業林業。近市鎮的圖書館，閱覽人多屬工人、商人，應注重工業商業。這還是普通圖書館。若是學校圖書館，在法政學校應注重法政，在美術學校應注重美術，在體育學校應注重體育；又在同一法政學校，法律科學生多應偏重法律，政治科學生多應偏重政治，以上是空間的關係。以下還有時間的關係，閱覽人種類不同，選擇圖書的標準也不一樣；當有戰爭的時候，軍人閱書的多應注重軍事，當開會議的時候，議員閱書的多應注重法制。

閱覽人程度：閱覽人程度也可以作爲選擇圖書的標準。鄉村人民程度低下，應採淺易的圖書；都市人民程度高尚，應採高深的圖書；先進國家人民程度較高，應採高深的圖書；半開化國家人民程度較低，應採淺易的圖書。

主觀的標準：教育要能適應社會，還要能改造社會，圖書館既然是教育機關，就不能不具有改造社會的目的。要達到這種改造的目的，選擇圖書不能專拿閱覽人爲標準。閱覽人是客觀的，靠閱覽人做標準，是被動的，是應付的，必須拿圖書館做標準。圖書館是主觀的，拿圖書館做標準是自動的，是攻勢的，現在的圖書館都取攻勢的，所以選擇圖書，除閱覽人以外，還要拿圖書館做標準：（一）圖書館性質，（二）圖書館經費。

圖書館性質：圖書館種類很多，性質不同。學校附設圖書館視學校性質爲轉移，農業學校多選農業圖書，工業學校多選工業圖書，國家圖書館是全國圖書館中心，并具有高等參考性質。圖書越多越好，只要消極方面没有弊害的，其餘的都可以採集，選擇的標準倒不很難，所當研究的就是兒童圖書館和普通圖書館。

兒童圖書館：兒童能力薄弱，不能判斷，并且心地清白，容易感應。圖書館選擇圖書要格外注意，以免陷害兒童終身。兒童圖書館圖書選擇的標準，可從積極消極两方面觀察。積極方面分两項：（甲）種類，（乙）内容。

（甲）種類：可分左列两種：

（1）可引起兒童的感情和知覺的，如繪畫、挂圖、游戲書、連動唱歌書等類。

（2）可養成兒童記憶想像和推理力的，如歷史談、人物傳、地理書、童話、探險小説、讀本作文書、教育書、兵書、實業、理科、數學等類。

（乙）内容：可分左列两種：

（1）要是兒童愛讀的，

（2）要有文學價值的。

以上是積極方面，以下再説消極方面。消極方面兒童圖書館應避左列各類圖書：

（1）描寫野蠻時代人情風俗的；

（2）談論下等社會行爲動作的；

（3）紀録戰爭時候殺人流血的。

普通圖書館：就是公共圖書館。這種圖書館是促進社會教育的，要使一般人民有相當的知識，平行的進步。選擇圖書要能兼顧并籌，一方面使社會文化提高，一方面使社會文化普及。今把選擇的標準略舉如左：

（甲）積極方面：

（1）使人民生活豐富的；

（2）使人民品位高尚的；

（3）保持公衆健全并涵養讀書趣味的；

（4）促進學術進步并指導技藝嫻習的；

（5）助産業發達的；

（6）做宗派代表的；

（7）關於地方或所在地人士的著述；

（8）關於古今或永久有價值的著述；

（9）小説少年文學參考書，地圖年表旅行指南；

（10）專門學者的專門著作并各種科學的代表。

（乙）消極方面：

（1）不可多買關於時事的；

（2）不可多買價值昂貴的；

（3）不可多買翻刻的叢書；

（4）不可多買預約的新書。

以上所舉的標準，在積極方面當然不必詳加解釋，但是消極方面各標準，世人不免有所疑惑，不知這是因爲圖書館性質不同，所以不得不慎重。關於時事的圖書，雖然風行一時，不久事過境遷，就淡然漠然。價值昂貴的圖書，只合於參考圖書館，公共圖書館就不相宜。至於翻刻的叢書和預約的新書，容易受人欺騙，稍一不慎，就受虧累，公共圖書館必無力負擔損失。

圖書館經費：近來學術進步，出版物日漸發達，歐美各國的出版物，每年有數萬種的，縱使内容都很完善，也要斟酌經濟狀况，分别取捨，决不能盡量購買，通常圖書費占館費十分之三。這三分對於各類圖書，又當怎樣分配，不能不有一定的標準。在專門圖書館，無非是專門的圖書，分配較多，其餘的都較少，還不發生困難，所發生困難的仍然是兒童圖書館和普通圖書館。今把兩種圖書館圖書費分配表列左：

（甲）兒童圖書館圖書費分配表：

圖書	百分率
哲學	二
宗教	三
社會學	五
言語學	二
理科	七
實用技術	七
美術	四
文學	四
詩集	三
歷史	七
旅行記	九
傳記	九
小説寓言	三〇
總記類	八
合計	一〇〇

（乙）普通圖書館圖書費分配表：

圖書	千分率	
神書宗教	三〇	
哲學	四〇	七〇
教育	三〇	
文學	一七〇	二〇〇
語學	三〇	
歷史	七〇	
傳記	八〇	二一〇
地誌紀行	六〇	

政治行政	三〇	
法律	四〇	
經濟財政統計	三〇	
社會	二五	一六五
家政	二〇	
兵事	二〇	
數學	二五	
理化博物	三〇	
醫學	三〇	一七〇
農業商業工業交通	二五	
美術	六〇	
諸藝	二五	四五
總計雜書	二〇	
學徒	五〇	
本地和本地人著述	六〇	
合計	一・〇〇〇	

内容的標準：選擇圖書的時候，不問種類性質怎樣，内容總要完善。内容的標準可分二種：

(1) 條理清晰，

(2) 文法正確。

外表的標準：選擇圖書不但要靠内容，也要顧及外表。外表的標準可分左列二種；

(1) 印刷精良，

(2) 裝訂堅牢。

第二節　選擇的方法

前節所舉的特殊和一般種種標準，倘若能夠遵守，選擇圖書總不會大錯；不過中外古今圖書繁多，圖書館館員不但不能一一知道他和選擇的標準合不合，并且連圖書名稱都不能一一知道，因此不能不有左列四種工具：

（甲）目録，

（乙）解題，

（丙）書史，

（丁）報誌。

（甲）目録：圖書目録詳載圖書名稱、著作人、發行所、價值等項；并且集許多圖書在一册，使人一目了然，可供選擇圖書的參考因爲種類不同，價值也不一樣。

（1）各圖書局分送的目録，

（2）專門學者編輯的目録，

（3）圖書館藏書印刷目録，

（4）教育團體選定的目録。

第一種是圖書發行所所發行的廣告目録，圖書發行所爲招來生意起見，常郵寄各處，這種目録很容易取得。第二種是私人編輯的目録，這種目録多半出自專門學者的手，選擇較嚴，如日本竹貫氏的兒童書目、中國張文襄的書目答問等都是。第三種是圖書館的藏書目録，選擇比較兼全，若是大圖書館更其宏富，各國大圖書館都有印刷目録，就是中國四庫也有書目。第四是教育團體選定的目録，比前一種更好，前一種還有搜集的性質，總難免有濫竽充數的毛病，至於這一種，純是經多數人再三審查的，確知道他的好處，纔能被選，要算最良好的目録。

（乙）解題：解題和目録相近，但比目録詳盡，每一種書名以後加以小註，説明本書的内容等類，即如四庫全書總目録，就兼解題體裁，這種解題分四種。

（1）出版處解題，

（2）圖書館員解題，

（3）專門學者解題，

（4）閲覽人解題。

第一種是書局的解題，圖書局爲廣消暢起見，對於出版的圖書，常加以解題；這種解題附在圖書目録以前，或附在性質相近的圖書後邊，但是商人爲牟利起見，設法刺激一般人好奇心，稱贊每過其實，不足參考。第二種圖書館員解題，是就閲覽的目的和閲覽人的性質做標準，介紹圖書的價值和特色；這種解題有記述的、評價的、比較的和決定的長處，中國古來無圖書館，各藏書家目録及四庫總目裏邊，也附有解題，可供參考。第三種是專門學者把專門參考書介紹出來，供大家參考，這種解題比較别種解題有學術的基礎，有批評的能力，有時更介紹圖書的細目，很可參考；科學書類解題，多在雜誌裏邊，關於中國古書的，如直齋書録解題、郡齋讀書志都是很好的解題。第四種閲覽人解題，是閲覽人把自已所閲覽的圖書介紹出來，供大家選讀，這種解題雖然不如前一種令人信仰，但門户意見很少，易知圖書内容，也可以供參考，中國古書方面在各種記録裏邊可以查出。

（丙）書史：書史的範圍很廣，就廣義説，解題也包在裏邊；但是就狹義説，在於考訂古書的真假，校勘字句的正誤，就是中國的考証校勘等類的書籍；這種書史和圖書有很大的關係，選擇圖書不可不拿他做參考。

（丁）報誌：以上三種都是選擇已出版或早已行世的圖書，倘若選擇初出版或未經通行的圖書，就非得從報章雜誌裏邊調查不可，不然就無從知道名稱，這種報誌又分兩種：（1）圖書館所發行的，（2）普通社會上所發行的。

第二章　圖書的購買

第一節　購 買 手 續

圖書選擇完了以後，第二步即當購買。在個人方面購買少數圖書，手續非常簡單，但是圖書館購買圖書，要有種種記載，第一填寫請購圖書目録片；第二填寫購買圖書清單；第三填寫定購圖書目録片。

購買圖書，首先要調查館内有無這種圖書，除有特別情形以外，必定要館内并無這種圖書，然後可以購買。在大圖書館更應當填寫請購圖書目録片，經館長許可以後，纔能購買，填寫請購圖書目録片要注明未曾購買，也無復本，然後把著作人名書名價值發行所一一注明，送呈館長簽字，今把圖式列左：

請購圖書目録片

未曾購買	譯著人
没有復本	書名
館　　長	發行所
日　　期	價格
	請購人簽名

經館長許可購買的圖書，然後填寫購買圖書清單，填寫清單要把著譯人名，書名，部數，和册數、版數，發行所，裝訂，價值等項記明；尤其緊要的，就是版數，有同一書名和著譯人，因爲增訂改版的原故，内容大不相同，不可不注意。此外也有把出版年月形式大小等項記入的，

其實不必。今把圖式列左：

購買圖書清單

圖書公司

著譯人	書　　名	部數和册數	價格	裝訂	版數	出版地

日期　　　　　　　　　　圖書館

購買圖書清單填寫完竣，在未發出以前，要留存根，以備考查。這種存根，仍然用目録片形式，每一種圖書填在一片，除著譯人、書名、價格、出版地以外，更要記明發出日期或其他等項。今把圖式列左：

定購圖書目録片

著譯人	
書　名	
價　格	
出版地	
發出日期	
收到日期	
備　考	

這種目録片是備考查的，填就以後，應按日放在抽屜裏邊，最好每月作一格，以便隨時考查；書收到的時候，就把他取出填入收到日期，

再放在另一個抽屜裏邊，以備考查。

以前所列請購圖書目録片，在一次要買很多的圖書，也可用清單形式，一單可填多書購買圖書清單，若只買一兩部的時候，也可用目録片形式，比較便利，是在館員臨時斟酌；至於定購圖書，目録片形式，最便檢查，又各圖書裏邊著譯人名和書名地位可以互易，若在小圖書館没有著譯人名的目録，可把書名列在第一，比較便利，各圖書館盡可斟酌變通。

又購買報紙雜誌和購買圖書情形稍有不同，從什麼時候起，從那一期起，每月定價多少，每年定價多少，以及郵費等項，都應當記入購買清單裏邊。購買報誌多用預定的辦法；一次定購，至少半年，至多一年，向出版處定購，或向代售處訂購都可以。但是新出版的報誌，根基不固，往往發行不久，因事停刊，或不能按期出版，圖書館定購要擇信用素著，發行已久的纔好，不然，就不如臨時零買，價格雖然稍貴，比較起來還少吃虧。今把購買報誌清單形式列左：

購買報誌清單

名稱	出版處	編輯人	分數	册數	從何期定	定價	郵費

此外還有關於購買圖書，通常應注意的事項，列舉如左：

（一）購買大批圖書，可先把清單提交多數書店，比較折扣多寡然後定購。

（二）購置舊版圖書和新版圖書不同，宜分别購買，不可混在一起。

（三）圖書有一部分作數期出版的，購買的時候要分别記明，以免重複和遺漏。

（四）圖書有未出版，先售預約券的，倘若購買要擇素有信用的書店。

（五）圖書封面有布有紙，要買布封面的。

（六）圖書版本有大有小，要買形式大的。

第二節　復本問題

購買圖書究竟應當有没有復本，關於這種問題的議論有三派，今列舉如左：

（一）反對派，

（二）贊成派，

（三）折衷派。

（一）反對派：反對有復本的，以爲圖書復本太多，圖書部數增多，圖書的種類減少；譬如藏書一萬部，倘若每種都有兩部，實際上只有五千種，拿可以買一萬種的金錢只能買五千種，未免太不經濟。

（二）贊成派：贊成有復本的，以爲圖書館所藏的圖書，是供多數人使用的。倘若每種衹一部，有二人同時借用一種的，就無法應付，又供公共閲覽，容易污毁遺失，更要有副本預備臨時補充。

（三）折衷派：以上第一派近於苛細，第二派過於籠統，所以有第三派折衷的主張。這一派的意思，以爲圖書館選擇的圖書，價值不能盡同，有最要的，有次要的，最要的必須要復本，次要的不必要復本；最要的一種買十部和次要的買十種比較起來，還有效力。又復本的購置和閱覽人很有關係，同類的人閱同類的圖書比較的多，閱覽人多的圖書，必要有復本，閱覽人少的圖書，不必要復本。各種圖書館裏邊惟有學校圖書館復本比較的多，這是因爲學校同級的學生多閱同類的圖書，各種圖書多備復本。今把哥倫比亞大學圖書館復本增加率列舉如左：

年度	一九一〇 一九一一	一九一一 一九一二	一九一二 一九一三	一九一三 一九一四
復本增加率	一一五	一九〇	一二四〇	三五二三

第三章　圖書的收受

購買的圖書收到的時候，首先要把他和購買圖書清單定購圖書目録片對照；都無錯誤，然後受領，再則檢點册數頁數有不有脱落顛倒，然後蓋藏書印，收受號數印，或收受日期印，藏書印蓋在卷首或卷末都可以，收受號數印或蓋在卷首，或卷末，或蓋在製定的紙片黏在卷首。這兩種印是必要的，至於收受日期印或蓋或不蓋都可以。蓋印以後，并把裝訂鬆開，使開合自然，裁開章頁，使閲覽便利。以上各種手續完畢以後，再把圖書的要件登記在册簿上面，這種登記簿如同商店財産總目録，登記越詳細越好，普通登記要件分下列十四項：（一）登記號數，（二）書名，（三）著譯人名，（四）出版地，（五）出版時期，（六）頁數，（七）形式，（八）裝訂，（九）來源，（十）數號，（十一）書架號，（十二）册數，（十三）價格，（十四）備考。今把登記簿形式列後：

西文圖書登記簿

Number	Author	Title

這是中縫裝訂的地方

這一面和前邊的一面合成一個形式

Publisher	Year	Pages	Size	Binding	Source	Price	Class	Book	Volum	Remarks

中日文圖書登記簿

月　　日					
登記號數	類號	書號	册數	著譯人	書　　名

這是中縫裝訂的地方

這一面和前邊的一面合成一個形式

出版地	出版年	頁數	形式	裝訂	價格	備考

報誌的登記和普通圖書的登記手續相同，但爲迅速便利起見，在大圖書館歸閲覽科收受，閲覽室另有記載目録片，等到一月或數月以後，裝訂成册，再正式登記在原簿裏邊。今把報誌記載目録片列後：

報誌登記目録片

（正面）

<table>
<tr><td colspan="6">號數</td><td colspan="8">名稱</td></tr>
<tr><td>年</td><td>卷</td><td>一月</td><td>二月</td><td>三月</td><td>四月</td><td>五月</td><td>六月</td><td>七月</td><td>八月</td><td>九月</td><td>十月</td><td>十一月</td><td>十二月</td></tr>
<tr><td></td><td></td><td></td><td></td><td></td><td></td><td></td><td></td><td></td><td></td><td></td><td></td><td></td><td></td></tr>
<tr><td></td><td></td><td></td><td></td><td></td><td></td><td></td><td></td><td></td><td></td><td></td><td></td><td></td><td></td></tr>
<tr><td></td><td></td><td></td><td></td><td></td><td></td><td></td><td></td><td></td><td></td><td></td><td></td><td></td><td></td></tr>
<tr><td></td><td></td><td></td><td></td><td></td><td></td><td></td><td></td><td></td><td></td><td></td><td></td><td></td><td></td></tr>
<tr><td></td><td></td><td></td><td></td><td></td><td></td><td></td><td></td><td></td><td></td><td></td><td></td><td></td><td></td></tr>
<tr><td colspan="9">出版地</td><td colspan="5">出版處</td></tr>
<tr><td colspan="14">價格　　　　怎樣發行　　　　　　○　每年卷數</td></tr>
</table>

(反面)

定價			
訂購或續訂的日期	截止期	來　源	實　價

以上二種目録片，報誌初收到的，就應當把各種要項一一填寫清楚，怎樣發行一項，尤其緊要，雜誌有季刊，周刊，旬刊，不定期刊，月刊等類，月刊自然按格記載，季刊應照發行的月份記載，周刊旬刊等類在同一格内記載數次，報章也有日刊、旬刊、周刊、不定期刊等類，均應當照發行的日期記載，記載符號收到的用×，未收到的用／，等到收到，再加＼，就成了×，在同一格裏邊記載數次時，可用·。報誌倘若有遺漏未收到的，可以通函請求補寄。

請求補寄信函，應當預先印就，臨時填註，樣式用信片式較方便，若訂購外國文報誌并應當用外國文分别預備爲要。

寄贈的圖書收受手續和購買圖書收受手續大略相同，但是要另備寄贈目録片，先記入目録片，再記入原簿，又記載完畢以後，要把寄贈人的姓名記入小箋，黏在卷首，用誌紀念，并應具謝函表示謝意。

報紙登記目録片

（正面）

號數	名稱																														
日／月	1	2	3	4	5	6	7	8	9	10	11	12	13	14	15	16	17	18	19	20	21	22	23	24	25	26	27	28	29	30	31
1 月																															
2 月																															
3 月																															
4 月																															
5 月																															
6 月																															
7 月																															
8 月																															
9 月																															
10 月																															
11 月																															
12 月																															
出版地																											出版處				
價格										○																	怎樣發行				

（反面）

		○	定價
訂購或續訂日期	截　止	來　源	實　價

第四章　圖書的排列

圖書既經收受登記，照順序説，即宜送交編目科，分類編目，然後交藏書科陳列在書架上面。分類編目事務較繁，當另立專篇説明，今先説排列，圖書的排列有種種方法，今列表如左：

- 圖書排列法
  - 大小排列法
  - 分類排列法
    - 固定排列法
    - 自由排列法

大小排列法：這種排列法是依圖書的大小分别排列，大書放在大書一起，小書放在小書一起，放大書的格較大，放小書的格較小。照這樣排列，有兩種利益：（一）形式整齊，没有參差的毛病，就外觀上可以引人入勝；（二）空間經濟，書架没有空餘地位，在同一書架裏邊可以多藏圖書。

分類排列法：這種排列法是依圖書的種類分别排列，哲學書放在哲學書一起，教育書放在教育書一起，教育書裏邊不雜哲學書，哲學書裏邊也不雜教育書。照這樣排列，也有兩種利益：（一）實質整齊，凡是同類都在一起，使人容易記憶；（二）時間經濟，各類圖書都有一定順序，容易尋找。

以上兩種排列法互有長短。分類排列法的長處，就是大小排列法的短處，大小排列的長處，就是分類排列法的短處，初看起來似乎很難得分别他們的優劣，但照事實上看來，近來一般圖書館都用分類排列法，至於大小排列法僅古代圖書館採用，現在很少採用。這裏邊有兩種原因：（一）圖書的整頓要在内容完善，若僅講形式，不顧實質，是僅講外表，不顧内容，有失圖書的本旨；（二）圖書館的特色要出納便利，若僅講空間，不顧時間，是僅講排列，不顧出納，有失圖書館的本旨。

分類排列法又分兩種：（一）固定排列法；（二）自由排列法。

固定排列法：這種排列法是把各類圖書放在一定的地位，决不移動，然後又把書架號數記入圖書上面，假如圖書上面號數是 432. 15，這本圖書就在三層四列二行十五書架裏邊。照這樣排列，一見號數，就可知道圖書在什麽地方，非常便利，但是添加圖書的時候，移動圖書的地位，各類的號數，都要改變，極費手續；縱然排列時各類後邊稍留空地，預備添書，日期較久，添書較多，總要改變，况且一時多留空地，一架只能作半架使用，也很不經濟，大不如自由排列法。

自由排列法：這種排列法是把分類號數記入各類圖書上面，然後把各類圖書，順序排列。假如圖書上面號數是 432. 15，這本圖書就語學（400）德語（32）第十五部（15）。倘若中途添加圖書，就把圖書順序推下，不必改變號數，日期較久，添書較多，書架不能容納，隨時添置書架，比較一時備置許多書架，不能盡量使用强得很多。雖然位置不大固定，在館員練習日久，自然能夠快當敏捷，不怕不易尋找，所以現在分類排列法裏邊多採自由排列法。

自由排列法本來是按照圖書類别分别排列，但在同一類别裏邊圖書部數很多，排列的時候也應當分别先後，因此分類以外，又應當有圖書號數。圖書號數記載法，卡特氏的研究用著譯人名第一字母和數目字合并成立，第一字母是子韻，用第一字母和兩個數目字成立，第一字母是母韻，用最初两字母和一個數目字成立；譬如布郎氏 Brown 是 B81，愛德華 Edward 是 Ed9，就數目字用法説，譬如第一字母下的字是 ABCD 二十六字母裏邊的第一字，數目字就用一二三四五等，在中程或最後的，也是用中程或最後的數目字，譬如 Garnier 是 G16，Gray 是 G36，Gilman 是 G42，架上倘若已有 G1 G2 G3 G4 G5，但是 G1 G2 G3 G4 裏邊又添新書，可加 G18 G19 G35 G37 等號，倘若又有 G36 G37 的新書，可加 G361 G362 等號數。照這樣辦法，G1 G18 G19 G2 G3 G35 G36 G361 G362 G37 G4 G5 等記號，都可繼續增加。這些數目字不按整數次序排列、是按小數次序排列。今把排列法略舉如左：

.1	.3	.37
.18	.35	.4
.19	.36	.5
.2	.361	.6

以上是西文圖書號數記載法、中文圖書，我的意思可用著者姓名第一字的字旁做記號，如 亻2 亻3 氵4 氵5等類。

要是圖書號數記入書架簽上面，書架簽、洋裝書黏在圖書脊背下邊，中國裝黏在圖書右方下邊，黏時要高低一樣才整齊美觀，形式不同，有兩格的，有三格的，或四格的，今把圖式列後：

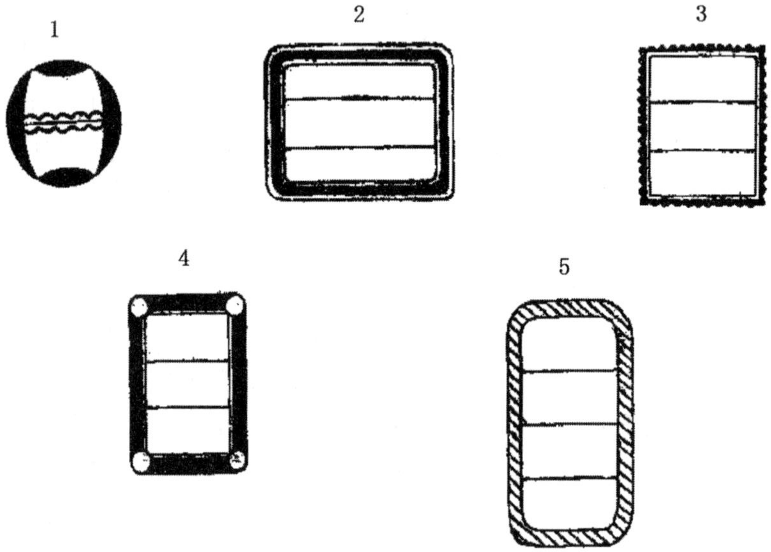

上列各圖式，二格的填類號和書號，三格四格的填部數或册數，但是這種書架簽是紙製的，容易損壞污毀，在洋裝書多用白粉記載號數，在黏書架簽處然後加塗油漆等物，免得毁壞。

又排列圖書的時候，倘一架不滿，要用書押扶持，免得傾倒。又中國裝并應當用書套合數册做一套，使他能夠直立在書架上，書架簽就黏在向外直立的方面下邊。

第五章　圖書的閲覽

第一節　閲 覽 手 續

圖書既經排列在書架上面，就可以供人閲覽。閲覽手續很簡單，閲覽人入館時從監視人手裏取閲覽券，然後到目録橱翻閲目録片，把自己所要閲覽的圖書名稱號數等項記入，交給出納台的館員取出圖書，閲畢的時候，交還圖書，取出閲覽券交給監視人，才許出館，閲覽券有兩種(1）一券只借一種圖書的，(2）一券能借數種圖書的。今分别列後：

(1)

某某圖書館		
書號	著譯人	書　名
坐號……………………………………	姓名……………………………………	

某某圖書館閲覽券			
要　項			
書　　名	册　數	函　數	號　數
月　　日	住　所	職　業	姓　名
第　　號			

以上第一種是美國紐約省立圖書館閱覽券，第二種是日本帝國圖書館閱覽券。前一種每券只借一種圖書，後一種每券可借數種圖書。一券只借一種圖書，易於作統計，圖書館員非常便利，一券可借數種圖書，易於填借券，閱覽人非常便利。填寫閱覽券越簡單越好，最要的是書號，書號填明，然後易於尋找。其次就是書名、著譯人名、閱覽人名等項，帝國圖書館更把職業住所記入。在兒童圖書館或閱覽室内，就不必這樣詳細，又帝國圖書館閱覽券反面把閱覽手續印入做閱覽人指南針，免得閱覽人臨時詢問，這種方法，很可採用。無論一券只借一種圖書或一券可借數種圖書，每次閱覽圖書總要有限制。在帝國圖書館同時和裝書不得超過三種十册以上，洋裝書不得超過三種三册以上，并且把這種規則印在閱覽券正面要項下邊。

第二節　閱覽指導

指導閱覽人是圖書館重要的職務，今把關於指導事項分述如左：

(1) 目録的準備；

(2) 目録的使用；

(3) 圖書利用法；

(4) 圖書館利用法；

(5) 讀書法；

(6) 參考書使用法。

前四項是閱覽科唯一的職務，不過在有圖書館素養的國家，中小學校都有圖書館課程，關於這種技能閱覽人早已熟習，指導上比較容易。目録準備，在兒童閱覽室要格外簡單，其他事項也要簡易。後兩項責任更大，在大圖書館設有參考科，專備顧問，小圖書館歸閱覽科管理。讀書法是指示一般人讀書的方法，研究某科應當讀某書，某書應當先讀，某書應當後讀，以及其他關於讀書方面應當注意的事項，都得要指示，務必使不能入學校的亦可以到裏邊求學，就是學校已畢業的人，也可以繼續研究高深學問，但是這種辦法，責任重大，担任職務的館員，要有相當的學識，不然，就不能勝任。參考使用法是指示一般人使用參考書，重要參考書，如辭典字典百科全書等類，通常排列在閱覽室周圍書架上面，任人自由使用，但是關於應當參考的材料，閱覽人往往不知要賴館員指導。

近來圖書館對於閱覽人既然取攻勢，所有應當指導的事項，平時要用揭示方法，但是普通的揭示，閱覽人多不注意，揭示的時候總要設法使用人能夠注意，是圖書館員所當研究的。又對於臨時來館的人，倘若有不明瞭的情狀，館員就應當問他有什麼意見，不可等到他發問以後再回答，等到發問再回答，是被動的，恐怕來館的人因爲不便發問，就把自已所有的意見打消，有失來館人的本意。至於回答的時候要情辭懇切，意態殷勤，更不待言。

第三節　閱覽監視

閱覽監視是閱覽科重要職務，在大圖書館閱覽室，中央或兩頭設有監視台，監視人立在上面，監視閱覽人。監視的目的有左列三種：

（1）閱覽室的秩序；

（2）圖書的遺失；

（3）圖書的污毀。

閱覽室應當肅静，大閱覽室常數百人聚集一處，稍有不静，必定防害多數人閱覽。監視的要件，第一戒偶語，第二戒咳嗽，第三戒無故遊行，此外其他紊亂秩序的舉動都應當禁止。倘若閱覽人不能遵守規則，屢戒不悛，輕則驅逐出館，重則送警懲罰。

閱覽室雖然有監視人，遺失圖書的事情仍然不免，監視人應格外注意。偷竊圖書單就良心上説固然不算罪大惡極，但就行爲上説，有同盗賊。圖書既被偷去，不但圖書館受損失，并且防害多數閱覽，公德上在所不許。所以各圖書館都特別注意，遇有這種事情發生，當付以相當懲戒。又有不偷全書僅割圖書裏面的篇頁或畫片的，極不易發覺。監視更當嚴密，雜誌室限制較寬，更易遺失，圖書館往往用鎖把雜誌夾鎖在棹上，也是不得已的辦法。

圖書館圖書終日供人使用，污毀在所不免，但是監視稍嚴，污毀較慢，監視方法不能專靠臨時禁止，要事先預防。預防的方法最好是揭示，如用“要愛惜圖書，以便他人閱覽。”又“你若污毀圖書，他人就不能閱覽，你安心嗎?”等類的話語，使人驚心觸目。天良發現，自然不會污毀。

第四節　閱覽時間

閱覽時間的長短，因圖書館種類各有不同，最長的時間常從上午八點到午后十點，整天開館，短的也有每日只開两三點鐘的；大概參考圖書館較短，通俗圖書館較長，市鎮圖書館常每日開館，鄉村圖書館或隔數日一開，大學校圖書館整天開館，中小學校圖書館或兒童圖書館開館多半在午後學校課畢的時候。總之圖書館開館時間應當斟酌利用人的種類，隨時隨地規定，市鎮人類複雜，職業不同，閒暇的時候也不一樣，圖書館開館時間應當延至夜間十點，此外或應在夜間，或僅在日間均可，但是兒童圖書館夜間決不應當開館。

第五節　閱覽年齡

圖書館對於閱覽人和學校對於學生不同，無論年紀多么老的，都可以到館，本無最高的限度。但也有最少的限度，兒童性情好動，若年紀太小，不可理喻，常有喧嘩聲音，防害閲覽；所以兒童圖書館常加以限制，非到一定的年齡不能到館。至於其他圖書館專爲成人用的，更當有年齡的限制。成人用的圖書館至少要有十六歲，美國議院圖書館就是這樣規定。又年齡大小和腦髓發達有密切的關係，年紀太小腦髓未發達，不可使用過度，兒童圖書館對於兒童年齡限制大約在十歲或十二歲，不滿以上的年紀，不許入館。規定雖覺嚴厲，但爲保護兒童起見，却不能不是這樣。

第六節　閲覽費用

圖書館最好不收閲覽費，倘若萬一收費，數目等級都不可太多，每次只一二分就可，更不可分許多等級。在同一圖書館，只應當有一種，即入館以後，無論哪個閲覽室都可以入坐，不再收費。又閲覽人到館閲覽一天以内，中途出館，又再入館，已經收費，準其一天有效，不可再收。大概公共圖書館通常免費，參考圖書館可以收費，學校圖書館學生既納學費，不應當再收館費，兒童圖書館意在養成利用圖書館習慣，更不應當收費。以上是公立圖書館。至於私立圖書館收費不收費，在設立的人自定，但是既然以普及教育爲目的，收費要不能過多，有時更應當受圖書館法規的限制，或竟不收費。

第六章　圖書的貸出

第一節　貸出的範圍

館内閱覽雖然方便，但閱覽室容積究竟有限，同時不能收容多人。又館内閱覽限制較多，不如在外的自由。圖書館格外爲閱覽人謀便利起見因有館外貸出制度，館外貸出，在圖書館史上比館内閱覽在先，就是非正式圖書館的古代藏書樓，有時因特別關係，也可以貸出，不過貸出的範圍，不如現在廣大，就是了，現在貸出的範圍可分三種説明：

（一）地方貸出；

（二）他館貸出；

（三）國際貸出。

（一）地方貸出：地方貸出是專向當地人民貸出立的。自有圖書歷史以來，就有這種貸出的方法。因爲公共圖書館書館的維持多賴地方賦税，圖書的貸出，當地人民當然有一種特權。

（二）他館貸出：他館貸出是向國内其他各圖書館貸出。圖書館爲輔助同業互通有無起見，往往彼此互相貸借圖書。照這種辦法，彼此都可以少買圖書，倘有需要的時候，可向他館借出，在不同種類的圖書館，更其相宜。但是想實行這種辦法，有兩件要注意的事情：第一管理上要統一；第二平時要協商。管理不統一，分類編目各種制度，彼此參差，所借來的圖書，本館館員情形不熟，不能利用；平時不協商圖書的分配，或多或少，借用的時候必定不能周轉。

（三）國際貸出：十九世紀以來，國家主義漸次推倒，各種事業都趨向大同，圖書館也應世界潮流，舉行國際貸出。這種辦法，始於一八九〇年，比利時和普魯士奧地利國際間，又一八九二年，和瑞士國際間也曾締結互貸條約，在當時不過彼此公共圖書藉相互國的外務部對於外國圖書館或一私人舉行貸借，手續繁重，極其不便。現在因爲國際間常開圖書館聯合會，各國圖書館彼此互相聯絡，已經省去這種間接的手續，不要政府的介紹，實行直接遞送法，就是現在歐美各國通行的國際貸出法。

第二節　貸出的方法

圖書貸出要有相當的記録以備考查，記録的方法很多，圖書館學者意見不一，因時因地各有不同，不能枚舉，今僅舉代表的四種方法以供參考：

（一）布郎氏方法；

（二）紐瓦克方法；

（三）紐約州立圖書館方法；

（四）哥倫比亞方法。

（一）布郎氏方法　這種方法主要的是期日記入，其次就是圖書記入，必要的用品有左列四種：

（甲）借書袋；

（乙）圖書袋；

（丙）圖書目録片；

（丁）期日票。

借書袋記入借書人姓名住所號數；圖書袋記入分類號數，登記號數；圖書目録片記入著譯人名，書名，分類號數，登記號數；期日票蓋借出或交還印。借書袋常備在圖書館，圖書袋黏在圖書封面下層裏邊，圖書目録片插在圖書袋裏邊，期日票黏在圖書封面裏邊。借出圖書的時候，把圖書目録片拔出，插在借書袋裏邊，把期日票上盖交還日期印，把圖書交給借書人，借書袋依交還日期排列收存，同一日期依分類和著譯人名順序排列，借書人交還圖書的時候，依期日票分類號數取出圖書目録片，插在圖書袋裏邊，然後把圖書排列在書架上。

這種方法有左列四種利益：

（一）用品經濟；

（二）貸出記録簡易迅速；

（三）把遲延交還的通知插在借書袋；

（四）借書袋有借書人姓名住址易發通知。

但是也有左列四種不便利：

（一）要存有很多的借書袋；

（二）交還的時候手續麻煩；

（三）數人同時借取稍有困難；

（四）從借書袋脱落的圖書日録片容易散失。

（二）紐瓦克方法　這種方法也是拿期日做主位，圖書做客位，必要的用品有左列四種：

（一）圖書袋；

（二）圖書目録片；

（三）借書特許証；

（四）期日票。

這種方法和前邊一種大同小異，用品裏邊不用借書袋，多一種借書特許証，這種特許証記入借書人姓名住所號數限期借還日期等項，平常存在借書人手裏，借書人到館借書的時候，出納科把借出或交還日期印在特許証，圖書目録片和期日票上面，把借書人號數記入圖書目録片，把特許証插在圖書袋裏邊，連同圖書一并交給借書人。圖書目録片依期日先後排列收存，交還圖書的時候，從圖書袋拔出特許証，盖交還日期印，交給借書人，以後更依期日票做標準拔出圖書目録片印交還日期。

這種方法有左列五種利益：

（一）交還時手續簡單，出納台不致有混雜的現象；

（二）圖書目録片收取比較確實；

（三）依照圖書目録片可以知道交還期限和借出次數借出人名；

（四）比布郎氏特别便利的地方，就是無論那一册都有貸出記録的便利；

（五）在有分館的時候，同一目録片無論向那一分館借書，都可以借出或交還。

但是也有左列四種不便利：

（一）貸出的時候手續麻煩；

（二）急忙的時候，容易忘記把借書人號數記入圖書目録片或誤印日期；

（三）催還圖書的時候，容易錯誤借書人號數；

（四）借書人實際借出册數，不免過多或過少。

（三）紐約州立圖書館方法　這種方法比前两種都簡單，必要的用品，就是借書特許証，記入住所姓名，依字母順序保管在圖書館，不要圖書袋和期日票。貸出法很簡單，借書人把所希望的書名寫出，出納科把貸出號數記在馬里拉紙上面，又把借書人姓名記入，就交給圖書。出納科又備臨時圖書目録片，記入借書的日期，又记入圖書號數借書號數在特許証上面，特許証仍然依字母順序排列，臨時圖書目録片依分類次序排列。交還的時候手續也很簡單，依分類求圖書目録片，依目録片面的氏名拔出借書特許証，臨時圖書目録毁棄或交給借書人作爲交還証據，并印交還日期在特許証上面，依原來順序排列。

這種貸出法，勞力和用品都要的少，不必預備圖書目録片，期日票，借書袋。貸出時雖然不甚迅速，在貸出數目不多的時候，當無不便，不過不記録日期，所以要時常調查日期。

（四）哥倫比亞方法　這種方法雖然比布郎氏和紐瓦克两種方法簡單，却比紐約州立圖書館方法複雜，同時用三種記録：（一）圖書記録；（二）借書人記録；（三）期日記録。請求借書的紙票，順日期的次序排列，圖書記録借書人記録共用一定的用紙。

以上四種方法，第一第二两種都是以期日爲主，意在限制借出日期，不使稍有逾越，通俗圖書館仿行的很多，因爲通俗圖書館利用的人很多，品類不齊，責任心薄弱，借出圖書往往過期，所以有嚴厲限制日期的必要，遇有過期每日徵收二分或三四分過期税，如更遲延到不能再緩的日期，可着專人催取，并得收脚力，但是两法互有利弊，第一法的利益，即第二法的不利益，第一法的不利益，就是第二法的利益，要能够去短取長，斟酌變通纔好，現在所通行的是拿圖書袋、圖書目録片、圖書借書特許証三種做工具。今把三種圖式列下：

圖書袋

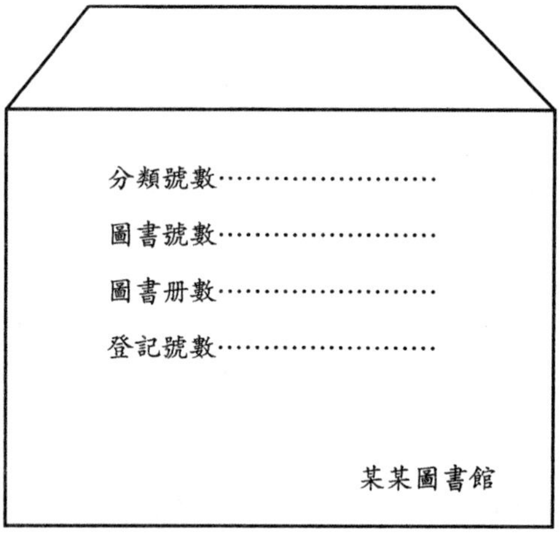

圖書目録片

號　數						
著譯人						
書　名						
人號	借	還		人號	借	還

借書特許証

人號					限期	
人名						
住址						
書號	借	還		書號	借	還

這種方法和第二種方法略同，但是不另要期日票。借書特許証和圖書目録片上面都記有交還或借出日期，除借書時以外特許票通常存在圖書館。又借書人要有納税或其他相當的資格，不然也要請有資格的人保証。今把借書人請求書和保証書列後：

號數
鄙人是有借閱貴館圖書的資格，今具請求書，請照例發給圖書，當遵守規則不誤。
月 日
住所
職業
姓名
年齡

（正面）

號數
鄙人是有借閱貴館圖書的資格，今具請求照例發給圖書，當遵守規則不誤。
月 日
住所
職業
姓名
年齡
所借的圖書若有損失惟鄙人是問此據。
住所
姓名

（反面）

姓名………………　號數……………

住所……………

圖書目録片從圖書袋拔出，按數照圖書號數順序排列在匣子裏邊，每日要另用一薄木片，標明日期，放在前邊，每日如此，一經過期的，就可通告催取，過期不還的圖書目録片，另闢一部安放，共分兩部或四部，按過期長短分别安放，以便催索。今把安放圖書目録片匣子式列後：

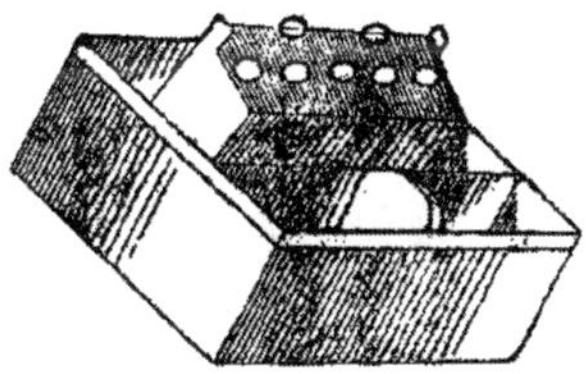

第三第四兩種方法都是以圖書爲主，不特别注重期限，惟有參考圖書館可以倣行，因爲參考圖書館借書人對於圖書常有長期參考的必要，并且這種人品行比較的好，不致無故延期，即或有延期的，圖書館員都能認識，容易催取，如學校圖書館借書人，不外校内學生和教職員，期限限制就不必太嚴，倘有收回必要時，儘可收回。這兩種方法雖然簡易，但是對於交還日期毫無紀録，未免太無限制，所以近來通行的方法，倘若行第三種方法，借書特許証借書時除印借出日期以外，并印交還日期。倘若行第四種方法，在請求紙票上記有交還的期限，不過期限比公共圖書館長就是了。

總而言之，館外貸出手續，越簡越好，非有必要時，不可使出納稍有遲延，但有左列十事，不可不注意：

（一）使圖書能夠確實交還；

（二）知道借書人姓名；

（三）知道交還的日期；

（四）使借書人知道交還日期；

（五）知道利用圖書館一切的人；

（六）使借書人借書不得越過制限以外；

（七）知道各種圖書利用的程度；

（八）於年齡職業區别知道各種人民利用圖書館的程度；

（九）表示過期的制裁；

（十）供月報和年報統計的資料。

第三節　貸出的制限

貸出的範圍既很廣大，貸出的方法又很簡易，圖書館對於借書人總算是取寬大主義了，但是在寬大主義裏邊，也有相當的制限，倘若漫無制限，必定供不應求，不但館内閱覽感不便，就是借書人也不利。貸出的制限有寬有嚴，今舉普通所施行的列表分别説明如左：

- 圖書貸出的制限
  - 圖書方面
    - 期限
    - 數量
    - 副本
    - 參考書和貴重書
    - 新買書
  - 借書人方面
    - 醵金
    - 證金
    - 納税
    - 有職業和住所
    - 有保人

（一）關於圖書方面：圖書是貸出的目的物，貸出的制限當然從圖書方面講起。

（1）期限：貸出期限的長短不一，有長至半年的，有短至一星期的，這種標準可分三種：（甲）圖書的性質；（乙）圖書館的種類；（丙）貸出的范圍。小説書不妨短，其他圖書可以長，通俗圖書館要短，參考圖書館要長；地方借出可以短，他館貸出比較長，國際貸出更要長，要能斟酌適當。過短固然不能滿足借書人慾望，過長也有防礙圖書的周轉，所以圖書的貸出，最重的是期日的限制，倘若有過期的，可以設法催取，并酌收過怠金。

（2）數量：貸出的數量有只一種的，有多至數種的，和期限一樣，要有一定的制限，但是這種制限權柄操在圖書館，不如期限的困難，只要斟酌適當就可以。

（3）副本：副本的制限本是很有理由的限制，因爲無副本的圖書，倘若貸出後有人來館閱覽，必定無法應付。但是這種限制，也是特別的，不是普通的，大概閱覽最繁的圖書，非有副本不能借出，若不常索閱的圖書，雖然没有副本，也可借出。

（4）參考書和貴重書：重要參考書，如辭典字典百科全書等類，圖書館既不能多備，閱覽人使用又頻繁，所以不能貸出，至於貴重不易得的圖書，當然禁止貸出，以免遺失。

（5）新買書：貸出期限總比索閱的期限長，新買的圖書應當陳列閱覽室書架，供人先覩爲快，不能借出，日報雜誌更是如此。

（二）關於閱覽人方面：閱覽人是貸出的客體，圖書貸出，除特有圖書館是爲少數人設立的，人人都可負責以外，其餘公用圖書館，都是供公衆使用，公衆裏邊人類不齊，必須加以制限，然後纔可免延期污損遺失等弊病。

（1）醵金：共同捐助金錢辦理圖書館，謀相互的便利，捐助金錢的人，當然可以借出圖書，就是臨時捐助金錢補助圖書館的，也可以借出圖書。

（2）證金：交納保證金，當然可以借出圖書，但這種辦法手續麻煩，除古代圖書館以外，近來舉行的很少。

（3）納税：納税分兩種：（甲）普通税；（乙）圖書館税。納普通税若干的，他有賠償的能力，不妨貸與圖書，至於納圖書館税的，既然盡相當的義務，當然享相當的權利。

（4）有職業和住所：圖書館貸出圖書，必定限於有職業和住所的。住所是通常的事件，有職業的人當然有住所，現在所當研究的，就是職業的問題。古代公家所立圖書館貸出圖書，多半限於官公吏，普通人民不能借出，現在普及一般齊民，只要有相當的職業，如學生徒弟等類，都可以，只問職業的有無，不問地位的高低，這是圖書館的平民化，也就是現代社會的進步。

(5) 有保人：借書人倘若没有相當的職業，請有相當職業的人作保，也可以借出圖書。

以上所舉的各種限制，都是指地方貸出説的，他館貸出對於圖書方面雖然一樣，對於借書人方面，不如地方貸出的嚴厲，不過先要有預約或法定，無預約或法定的，不能借書。又國際貸出可分私人和圖書館兩種：對於私人和地方貸出一樣，對於圖書館和他館貸出一樣。

第七章　圖書的整理

普通個人讀書室，書架上所排列的圖書，倘若每日使用，久不整理，秩序凌亂，一則有礙觀瞻，二則不便使用。這種毛病在圖書館更其難免，圖書館所藏的圖書，是供多數人借閱，隨時使用，川流不息，無論怎樣注意，年長日久，總不免紛亂遺失，圖書館員應當注意整理，整理時間最好是在閉館以後，倘若是終日開館制度，可在開館的時候，但是要分別部分，按次整理，免礙圖書的使用。整理的時候，除整理次序以外，有應注意的兩件事：（一）圖書的檢查，（二）圖書的撤銷。

（一）圖書的檢查：圖書終日使用，不免遺失，整理的時候，應當注意檢查有無遺失。檢查的方法，一人按照書架目録，一人檢點架上圖書，彼此對勘，倘若發現圖書不在原來地位，可記入預備賬簿，然後再和閱借圖書的證券等類對照，看他是不是貸出館外或在館内閱覽，倘若仍然查不出來，可再另用一簿記明預備以後再查。圖書館藏書常被館員誤放地位，往往一時不見，數月以後忽然發見，不得因爲一時不見，就認爲遺失。但是遇有時常流通的圖書，應當拿新本補充，等到一年以後，畢竟查不出時，然後注銷，并在登記簿上注明遺失字樣。這種檢查，雖然緊要，但手續麻煩，耗費時間，不免防礙圖書使用，不能照整理次序辦法，隨時可以整理，每年只可舉行一二次。

（二）圖書的撤銷：圖書撤銷和注銷不同，注銷是對於已經遺失的圖書説的，撤銷是對於尚在書架的圖書説的，注銷的圖書决不在館内，撤銷的圖書不妨存在館内，撤銷圖書的原因有二種：（1）毁壞；（2）無用。圖書有毁壞不堪使用，并無法裝訂的，自然應當撤銷，不待多説。至於無用，究竟怎樣鑑别，有什麽標準，那就難説。圖書本無絶對無用的，且既經選擇購買，當然不能説無用，現在所説的無用，是指普通圖書館説的。普通圖書館供一般人閲覽，應注重時勢的變遷，新購圖書書架不能容納的時候，應當把稍舊不適用的圖書設法撤銷，布郎氏曾定有撤銷無用圖書的標準。今分類介紹如左：

（1）理學：僅抄録目前事實，經過二十年之久，已有較良的圖書出現的。

（2）有用技術：這種標準和理學一樣，但專賣特許解説書藥方書，家政書，并採有精巧圖書的當保存。

（3）社會科學：關於這一類的圖書，當屢有增減，如法律政治經濟教育等，更應當隨時變遷，論時事的圖書，有歷史書出版就應當撤銷。

（4）哲學和神學：哲學史和哲學解説等書，若有更好的出版，不妨把舊書撤銷，古舊的神學書，聖書，注解各宗圖書，説教書類得任意撤銷。

（5）曆史和地誌：普通的遊記和各種旅行指南，除關於鄉土的以外，可以撤銷，但有名勝圖畫的不必撤銷。

（6）傳記：平常個人傳記經四五十年以後可以撤銷。

（7）語學和文學：舊文法書和普通學生所用的辭書可以撤銷。

（8）詩歌和戲曲：時下詩人，和戲曲家著作，業經閲覽人飽讀，著作姓名并不見於文學史的，可以撤銷。

（9）小説：小説著作人姓名不見於文學史的，經一二年後就可撤銷。

第八章　圖書的保存

圖書最忌的是潮濕和蠹魚，保存圖書的方法，就在避潮濕，防蠹魚，今分别説明如左：

（一）避潮濕：圖書避潮濕的方法關於建築方面，要地方高燥，空氣流通，前面已經説明，今僅説明管理方面的事情。管理方面避潮濕方法，就是曝晒，曝晒圖書應擇秋末冬初，陽曆十月左右，空氣乾燥的時候舉行。夏天空氣水分很多，不宜曝晒，倘若曝晒反招潮濕。又洋裝書不宜曝晒，只有展開陳列空氣流通的地方，聽其乾燥，并且洋裝圖書潮濕太甚，必定解體，非另行裝訂不可，避潮濕要在建筑方面特别注意，不能倚靠管理方面。

（二）防蠹魚：圖書的勁敵是蠹魚，圖書一經蠹魚咬壞，就無法恢復，防禦的方法，西洋圖書館員經數百年的研究，終未明瞭，後得昆虫學家幫助才能成功。今把蠹魚的種類和防禦的方法説明如左：

（1）麵粉虫：麵粉虫是一種甲虫，不僅生在圖書館，凡有麵粉的地方都可以發生。長約一寸的十二分之一，全身生有絨毛，脊有褐色光輝縱紋，在圖書訂綴的地方，到夏天五六天就孵化幼虫，從有漿糊的地方穿小孔，孔口的周圍堆積如同鋸屑的殘餘物，繁殖很速。防禦的方法把炭酸化硫酸鹽放在金屬製的箱裹邊，用蒸氣蒸殺，這種藥品價格比較低廉，但是蒸氣臭味不好，并且容易燃燒，舉行的時候要遠離有火的地方。

（2）斑紋虫：這種虫是前邊麵粉虫裹邊的一種，生在普通家屋裹邊，直接對於圖書雖然没有大害，但是他時常在木器上穿孔，倘若圖書和木器接觸，就不免受害。防禦的方法同前邊一樣。

（3）蛀虫：這種虫生在皮或羊皮紙的圖書上邊，五六月的時候，雌虫在書的上端生卵孵化幼虫，以後就在圖書裹邊穿孔，嚼碎圖書。防禦的方法，可散布炭化水素，又用炭化硫酸鹽燻蒸。

（4）書虱：這種虫生在有潮濕的圖書上面，夏天就出來食圖書的漿糊，蝕壞綴線。防禦的方法可用樟腦放在書架上。

（5）盲虫：這種虫能捕滅其他蠹虫，對於圖書不但無害，并且有益，體橢圓，皮光滑，前脚較後脚大，後脚有爪，如同釣魚針，專爲捕食小虫用的。這種虫無防禦的必要，但是圖書裹邊若無蠹魚的時候，也不必過於愛惜，因爲他有時可以污毀圖書，使不雅觀。

（6）油虫：這種虫喜食麥粉和砂糖等類物品，毀壞圖書的紙張和縫線，普通所看見的是亞細亞種，雄虫有很發達的翅膀，雌的無翅膀，四五月生卵，以後他自己就死了，幼虫孵化後，經過七八次退皮，漸漸長成，蝕壞圖書。防禦的方法用捕虫器或用從火藥所發生的氣體燻蒸。

第九章　圖書的裝訂

圖書的裝訂，本是制本師的事業，但是圖書裝訂的好壞和圖書館事業的盛衰，却有密切的關係，并且圖書館所藏的圖書，供人使用，遇有損壞的時候，應當修理或重訂，所以圖書館管理上不可不研究圖書的裝訂。關於專門技術的不能詳述，今單説圖書館管理方面應注意的事件：

（一）閱覽上：裝訂圖書第一要便於閱覽，裝訂的時候膠太厚，脊太硬，形式雖然整齊，便於排列，但不便於開展。開展的時候用力太小，不能分開，或是既開以後，易於合一，用力太大，針縫處必定分離，書頁易於破壞，又針線斷碎，皮面易於脱離。最好的裝訂用軟脊，膠類也不可過多，訂縫要特别注意，總要容易開閉，便於閱覽。

（二）保存上：圖書裝訂和保存很有關係，有價值的圖書，要求安全保存，裝訂太壞，不能耐久，經幾次裝訂，更易毁壞。圖書館初購圖書的時候，就應當注意裝訂，雖然代價稍高，能夠耐久，比較幾次裝訂價值還賤，和洋裝訂法補修稍易，但多虫害貴重圖書，不可採用，西洋裝訂，比較耐久，但是裝訂的材料，也得要研究，第一書面的材料要結實，免得磨損，第二要光滑，免得沾灰，第三要能防水，才便於洗刷，最好是用又堅又軟的皮革做脊背，用油布做緣邊，外面的字樣要有光彩，可用印度墨水或白墨水，金墨水雖然好看不能垂久遠。

（三）美觀上：圖書館有啟發讀書趣味的責任，因此裝訂不可不求美觀。圖書的美觀，第一要注意體裁；第二要注意顔色。圖書體裁分形式和書面，形式有大有小的區别，總要長短合適，書面或布或紙，總要配置合適。圖書的顔色很多，普通所用的有淺棕色，深棕色，黑色，深藍色，紅色，褐紅色，青色，深绿色等類。黑色雖有嚴肅氣象，但是能使藏書室黑暗，不可多用，顔色太淺的，容易退色，更不可採用，其餘各種顔色，都可隨意採取，且只求壯觀瞻，不必拘成規。美觀上在兒童圖書館更其應當注意，顔色體裁都要合兒童心理才好。

圖書館遇有應當修理或重訂的圖書，要隨時裝訂，倘若遷延時日，久不裝訂，甚至脱落頁數，成爲廢物，損失更大。裝訂圖書在大圖書館設有裝訂科自行辦理，小圖書館不設裝訂科，請印書局代爲裝訂，但也有人經理其事。無論自行裝訂或請人代爲裝訂，必須先把應裝訂的圖書檢在一處，然後從圖書袋裏邊把圖書目録片取出，放在一定的匣子裏邊。又另立裝訂圖書登記簿，記載裝訂情形。今把裝訂圖書登記簿樣式列左：

裝訂號數	登記號數	著譯人	書　名	册　數	價　格		備　考	送訂日期	送還日期

設若把著譯人名和書名寫記在圖書裏邊，寫法務必精密，洋裝書用活字排印著譯人名或書名，印書人大概拿活版線數議價，圖書館要想省費，可以只寫著譯人的姓和簡單的書名，卷數印入圖書，圖書號數記入書架箋。又書面紙和裝訂法，要是勒成定式，必須記入館名，想甄别圖

書是不是别本或異版，必須把登録號記入裝訂圖書登記簿，記法可依著作人姓名或書名順次記載，當圖書交付裝訂人的時候，要另用紙條寫明裝訂方法，夾在圖書裹邊，裝訂完工以後，隨同圖書交還。今把紙條形式列後：

裝訂號數………… 收受號數………… 形式……………… 價格……………… 體裁……………… 顏色…………… 脊角…………… 邊……………… 面……………… 送還圖書連同原票	書面印字 著譯人名 書　名 集　數 册　數 館　名

圖書從裝訂人交還的時候，先依著譯人名或書名順次整理，然後檢查各册標寫的文字是不是和紙條上記載事項相合，又和裝訂圖書登記簿對照，必定都相符合，然後查取圖書目録片，插入圖書袋，陳列書架上面。

爲使於做統計起見，各圖書每次裝訂都要附裝訂號數，依送裝訂先後分號的多少順序，記載號數可用鉛筆記在書面紙的第二頁容易看見的地方，以後可從號數查裝訂登記簿，考察圖書是何時裝訂，費錢多少。

裝訂費因圖書的大小，規定什么圖書用多少裝訂費，可在裝訂圖書登記簿預先約定，本裝圖書依頁數多少規定，可把圖書大小和約定的價格預先記明，裝訂人交還圖書的時候，先查他所索的價和約定的價是不是相合，如其相合，就把數目記入裝訂圖書登記簿，積記滿一頁作一總記，日後裝訂圖書多少，用費多少，可一望而知。

各種報誌要順序放在一處，以便裝訂，日報每月一訂，雜誌每半年或一年一訂，封面上應記索引，無用的廣告可以廢去，但每份的封面，仍然存留，以備參考，其餘應注意的地方和裝訂別種圖書一樣。

第十章　圖書館衛生

圖書館的利益，人人都是知道，雖然有些人持一偏的見解，加以非難的，也是寡不敵衆，弱不敵强，但是有一件事情，經少數人傳導，大家都深信不疑，幾乎把圖書館當做洪水猛獸，不敢親近。就是説圖書館是傳染病的製造廠。本來圖書館的利益是藏書供多數人使用，但是一方面圖書經過多數人的手，就有危險在裏邊，倘若閱覽人裏邊有一個發生傳染病，圖書就可做媒，有人來閱覽，即刻就可以傳染到別人，要是借出館外，更可以傳染借書人的家庭；這種事情，實在不少。所以一般人對於圖書館或生畏懼，甚且至於極力排斥。倘若不設法挽回，圖書館前途必生很大的影響。中國圖書館很少，接觸圖書的人亦很少，對於這種問題還不大注意，將來圖書館漸次加多，這種問題一定要發生，研究圖書館的人不可不加意。預防傳染病方法，有人主張對於閱覽人和借書人舉行健康診斷；這種辦法，不但手續煩難，并且不甚安全，據專門家研究，應當有左列各種防禦的方法：

（一）圖書館新收受的圖書，收受的時候無論是新書或是舊書，必定實行一回消毒。

（二）每年要閉鎖圖書館一次，把全部圖書統行消毒。

（三）對於閱覽人要實行以下各條件：

（1）入館出館的時候要用肥皂水洗手；

（2）禁止用唾液翻書；

（3）禁止用手壓書；

（4）禁止向圖書咳嗽。

爲實行第四條件起見，圖書館可預備稍厚的玻璃片，來館人每人發一枚，放在圖書上面，使字迹透出閱覽，縱然咳嗽，痰沫不能黏附圖書。

（四）出納次數較多，沾染手垢很厚的圖書，應當燒毀，用新本代替。

（五）接觸有傳染病人手的圖書，隨時舉行消毒。

（六）貸出的圖書，把借書人的姓名住所詳細記載，和當地衛生機關接洽，倘若借書人家中有傳染病發生的時候，經衛生機關報告交還的圖書隨時消毒。

以上所列各法，多半屬於消毒一方面，消毒方法很多，最簡易的又最有效力的要推白爾利司所發明的方法，用有强力防腐劑蟻酸放在特別裝置的乾燥爐裏邊，又把可疑的圖書一同放在裏邊，加熱到九十度至九十五度，使發生蒸氣、實行消毒。又馬爾斯氏另製關於應用的機械，依這種辦法，實地舉行，頗得良好的結果。馬爾斯氏消毒法在未通過乾燥爐以前，要拂拭灰塵，恐拂拭的時候灰塵飛揚，散布微菌，有害衛生，特製一種拂拭器，借空氣力量，使書頁翻開。一方又用唧筒吸取灰塵，然後從唧筒吐入水中，叫做空氣清潔法，然後把圖書放在乾燥爐裏邊，經過一定時間，再取出就完全没有毒菌了。

第十一章　圖書館統計

無論什麽事業，倘若没有一定的報告，就不能夠從事業務；譬如生產機關，不能不講計算，報告生産物的價格和購買品的收益損失；這種舉動實有兩種目的：

（一）一方面可以滿足支配人的正當好奇心，他方面對於社會可以報告自己業務成績狀態。

（二）取得業務缺陷改良等基礎的材料。

爲這第一種目的起見，當作統計表廣播一般社會，使大家明瞭業務狀態。爲達第二種目的起見，更當編就精細報告書。不但實業界是這樣，圖書館也是這樣。圖書館事務紛繁，對於監督官廳或一般社會，都應當有詳細報告，但是關於統計方面，不能完善，報告也就不能精確，所以統計更其緊要。圖書館統計可分左列三種：

（甲）財政統計（經費的收支）；

（乙）一般統計（圖書使用和保全）；

（丙）財産統計（建築物和圖書館附屬品）。

（甲）財政統計：這種統計單是金錢的報告，和實業界會計簿記一樣。圖書館財政統計是把圖書館經費的使用，有明瞭的表示，如本館和分館經費的分配，或圖書購入費，裝訂費，巡迴圖書館費等項，都要有統計。設若打算增設一分館，應籌出多少經費，就可以拿這種統計做參考，照卡勒几財團規約，圖書館常年費要占建築費和設備費的十分之一或一．五，也是從統計材料得來的；其他購入圖書的數目，建築物的大小，設立的年月，開銷的日數等，都要有統計。

（乙）一般統計：這種統計事項有三：（一）圖書的安全，（二）圖書的狀態，（三）圖書的使用。今分別説明如左：

（1）圖書的安全：這統計是在一定期間精密調查紛失盜難等情，這種調查最關重要。現在書架上所有的册數，比較前年度是增是減，應當有詳細統計。圖書館圖書，不是館長或監督長官個人的財産，是公共團體或市政廳的財産，館長受這種團體或市政廳的委托，對於圖書的安全，不可不負十分的責任。

（2）圖書的狀態：這種統計是關於圖書污損破壞的報告，這種調查比較容易，一年間應當分别污損的程度，分類作成統計表，也是很有趣味的事情。

（3）圖書的使用：這種統計，就是閲覽統計，閲覽統計，分册數和類别兩種。册數的統計又分兩種：（一）就館内館外的時别或種别製作，（二）就閲覽人做單位去求册數。這種方法，是就時别職别地别製作，拿日期計算。類别的統計，不必和書架上分類一致，因爲這種分類，不過在公衆方面表示，一類和一類裏邊的小類都可以并立。又成人用的圖書和兒童用的圖書也可以一并作統計。

（丙）財産統計：這種統計無一定的式樣，各圖書館都有相當的物品器具繪畫等類，都可以作統計，但是筆墨紙張等消耗品，不便作統計的，可以省略。

統計本不能絶對的精確，在圖書館更其困難，即如閲覽人數目固然可以從閲覽票上計算。至於閲覽册數在開架圖書館，或參考室，閲覽人自由閲覽圖書，册數不載在閲覽票上面，就難得調查。

統計報告式樣各不相同，大概有左列三種：

（1）照一定條規習慣作成的，不管别人看得有不有興味。

（2）單求同業的歡迎，一般社會注意不注意暫且不管。

（3）求一般社會的贊賞。

第一種因襲故套，現今圖書館都不採用，第二種現正通行，第三種比較有益，倘若作成左列各種統計的時候，更應當採用第三種。

（1）圖書選定的規程：購入圖書的種類，各類圖書巡迴册數和前年度或别館的比較。

(2) 圖書館經濟：閱覽一書所要的費用和別館的比較，倘若程度相同，所採的閱覽方法和別館的比較。作這種統計表的時候，可以發見本館的缺點。又費用統計或單指主要費用，或包括總費用，儘可隨意；至於燈火費，閱覽人收容能率，罰金高度，種種表示都可採用第三種方法。

(3) 閱覽人的圖書利用：本館閱覽人數對於本區總人口比例率和同區別館比較。

(4) 閱覽人的分布：就借書人住所考查，各處利用圖書館的人有多少，這種閱覽人的分布，可用地圖記入數字或用圖形表示都可以。

第十二章　巡迴圖書館

第一節　巡迴圖書館的設立

巡迴圖書館用書箱貯藏圖書，送到各處，供人利用，有流動性質。凡是缺乏圖書的地方，他都可以設立，好像軍隊取攻勢似的，歷史雖然不長，發達却是很快。紐約市立圖書館所辦的巡迴圖書館，約一萬多處，每年貸出圖書約百萬册，巡迴圖書館經營的機關有兩種：（一）官廳經營的，有獨立圖書館的性質，美國各州廳多設有巡迴圖書館，委員辦理這種事情，（二）圖書館經營的是，圖書館的支部，各國大圖書館，多設有巡迴圖書館，專員專辦這種事情。就效用説，兩種機關，無論那一種都是相等，但就便利説，圖書館經營比較的好，因爲巡迴圖書館僅有書箱，無一定的館址，所有關於購書分類編目管理上重要事項，都要另有適中地點辦理，惟有圖書館做主體，除設少數專員等管運送以外，其餘的事情都可由原來的館員兼辦。

巡迴圖書館的設立，原來是供給偏僻地方人民使用，後來因爲事業進步，範圍擴張，雖然不是偏僻的地方，也都可以替他設立。今可以把設立巡迴圖書館的處所列舉如左：

（一）學校；

（二）家庭；

（三）圖書館；

（四）其他法定團體。

（一）學校：學校本應附設圖書館，但有時因爲經濟關係，自己不能設立圖書館，不得已不妨請求當地官廳或大圖書館替他設立巡迴圖書館。圖書館和學校本來應當有聯絡，若大圖書館在各學校設立巡迴圖書館，在學校方面固然可以節省經費，在圖書館方面更其可以擴充範圍。這種圖書館通常設在學校教室，有人把他叫做教室圖書館。美國芝加哥最盛行，但是請求設立巡迴圖書館，小學校最相宜，中學校也可勉强，至於大學校就絶對不可，因爲巡迴圖書館，是用書箱運送圖書，爲便於轉運起見，圖書數目總屬有限，大學校人數衆多，巡迴圖書館實無濟於事。

（二）家庭：替家庭設立臨時圖書館，是美國郤魯斯布魯次威爾氏提倡的。有人以爲他設在家庭裏邊，因此把他叫做家庭圖書館（日人譯做家庭文庫）。照他的性質説，其實就是巡迴圖書館的一種，起初行於波斯頓，以後行於芝加哥，現今全美通行，紐約一州更其發達。這種圖書館是爲不能利用公共圖書館或分館的，家庭設立的，結合兒童和父兄，使各求善良趣味的娛樂，或引誘這種人知道利用圖書館，是圖書館和家庭聯絡的良好的方法。

（三）圖書館：大圖書館經營巡迴圖書館的時候，巡迴圖書館就是大圖書館的支部，但是這種支部和别種支部不同，有時這種支部，可以設在别種本部，或别種支部裏邊，就是巡迴圖書館，可以設立在分館或規模很小的圖書館裏邊。就名義上説，似乎是疊床架屋。其實不然，圖書分館或小圖書館，圖書太少，不敷應用，有時必須總館或大館接濟，接濟的方法，除小包寄送以外，應當有巡迴圖書館，小圖書館倚賴巡迴圖書館接濟的，紐約最多。先是紐約各郡小圖書館，因爲經費困難，圖書缺乏，很有衰弱的現象。自從州立圖書館用州的經費購買圖書，組織百册的巡迴圖書館，於是以前萎靡不振的小圖書館，居然復興，至分館受巡迴圖書館的接濟，更其衆多，不必舉例。

（四）其他法定團體：巡迴圖書館不僅限於學校家庭和圖書館，其他法定團體如會社，工場，俱樂部，青年團等類，都可以設立，内中尤以學術團體，如講演團讀書會爲最緊要。這些團體本可拿普通圖書館做根據地，不過因爲一時的圖書要稍多，期限也要稍長，爲格外便利起見，有時應當替他設巡迴圖書館。

第二節 圖書的編制

巡迴圖書館爲便利運送起見，册數要有限制，每組從五十册到一百册，不可過多；設在家庭裏邊的最少，通常只有十册，設在圖書館裏邊最多也有一百册的。圖書不在多，要能適合閲覽的需要，因此不可不講編製的法則，編制法則有三種：

（一）固定編制法；

（二）自由編制法；

（三）折中編制法。

（一）固定編制法：爲缺乏圖書的地方，供給一般良好的圖書，或爲未設立圖書館的地方，獎勵設立圖書館，都可以採用這種編制法。照管理上説，最初編成的時候，印刷一回目録以後，幾回的貸出都可以照樣記録，手續非常單簡但是利用的人無選擇的自由。

（二）自由編制法：這種編制法意在避去同一處所巡迴同一圖書，因此圖書的分配，隨時隨地不同，或由主管機關自行斟酌，或依利用人的臨時請求。但是實用這種法則，比較困難，想避免每回重複起見，編制的時候，要和前回貸出的目録對照。

（三）折衷編制法：這種編制法是把同一組的圖書分爲兩部：一部固定，一部自由。固定的由主管人自定，自由的由利用人請求；先把自定的圖書印在目録，存留空白，預備填寫請求的書目。

以上第一第二是紐約州所採用；紐約州先採固定法，因感不便，現在改爲自由法。第三是威士康新州所採用。固定法不能適應社會，不可採用，自不待言，自由法未免太無定見，惟有折衷法，主管人有幾分定見，能適應社會，又能改造社會，實最良的方法。

又編制目録還有要注意的事情，若是圖書館經營巡迴圖書館，分配的圖書要另有副本的，倘是没有副本的圖書，分配在巡迴圖書，有人向本館閱借，必定無法應付。紐約州公共圖書館巡迴圖書館部預備七萬册副本，供給各分館和市外各區的部落和家庭。

第三節　其他管理問題

巡迴圖書館的設立，有由經營的機關自動的，有由使用的人請求的。由經營機關自動的，先把巡迴圖書館可以預備的圖書目録，印刷成册，分發各處，供人閱覽，使人知道巡迴圖書館的内容，然後替他設立。使用的人請求的，必待使用人到館請求，然後替他設立，設立的期限長短不一，從兩月到一年，大概家庭裏邊多只兩月，學校裏邊可以半年，公共圖書館裏邊可以一年。初設立的時候使用人要有代表出具領受書，以後負保管送還的責任，在設立期間，經營的機關時常派人視察管理的好壞，或指示使用方法和讀書方法。設立巡迴圖書館收費與否，隨地方情形不同，替圖書設立的，可以收費。威士康新州設在圖書館的巡迴圖書館，每一百册每六個月交换，對於圖書館每年徵收十元的費用，三十五册的徵收七元的費用，但是對於借出圖書的人不必收費。貸出圖書的方法，在美國因爲巡迴圖書館的圖書，連有目録片，貸出的時候管理人用目録片記入法，在日本把目録片存在經營機關裏邊，貸出的時候只得用賬簿記入法。

第十三章　開架圖書館

第一節　開架的趨勢

以上所説各種管理法，圖書館無處不是爲閱覽人謀便利，初看起來，似乎不能有所訾議，但是實際上閱覽人到館受取閱覽票，翻閱圖書目録，把書名和其他要件記入閱覽票，交付出納台，等待數分鍾或數十分鍾，纔能把圖書得到手，倘若圖書的内容和所想借的圖書不大相合，又得要受取閱覽票，履行同前手續，另借别種圖書。這種現象一切圖書館都不能免，耗費時間，阻喪興趣，圖書館和閱覽人都感不便。歐美各國人士早已見到。因此把這種繁瑣的手續全都廢出，到圖書館的直接到藏書室，自己檢出架上的圖書，自由閱覽，就是現在所説的開架辦法。

開架式的採用，是現代圖書館的特色，在力圖自由的現代社會，極其相宜。英美各圖書館都競爭採用。在當初雖然有人訾議，經熱心圖書館先覺的人排除萬難。遂有今日的盛况。

開架式始於美國一八七九年頗他克公共圖書館。先一年十月初間，英國倫敦開圖書館大會，美國有名的圖書館學者曾經加入，討論這種辦法的可否，除少數人贊成以外大家都反對。從此以後，過了十一年，美國圖書館協會總會又有這種議題，討論結果，仍然以爲全部開放，是不可能的事，只好一部開放，惟有勒爾朔氏一人本諸歷年的經驗，主張全部開放的可能。到了一八九〇年，開架論集出現，雖然内中反對贊成意見未能完全一致。但是第二年里赫基朔氏亟力倡導將來圖書館都要成爲開架圖書館。當這個時候，克利互郎德公共圖書館實行大規模的開架。一八九一年桑港大會的時候，有這個圖書館的報告，詳述成績的良好，并以後開架式推行的順利。一八九五年，費府圖書館初開館的時候，就實行全部開架，給美國圖書館界一個很大的刺激。不過幾年，這種制度風行全國，歐洲雖然不如美國的發達，但是把藏書一部放在自由書架，却早已施行，大英博物館閱覽室周圍常陳列二萬册圖書，供人閱覽，巴黎國立圖書館常有一萬二千册的圖書開放。

第二節　開架的辯難

開架的利益極其明瞭，不待多大的説明，但是有人以爲實行這種辦法，有兩個難點：（一）管理的困難；（二）圖書的遺失。

第一個難點，就公共圖書館設立本意説，實不成問題，因爲這種圖書館是用公費維持，當然要謀公共的便利。倘若和公衆有很大的便利，管理上雖然稍有困難，就不應當辭其勞苦；况且管理困難，還是想像的事情，實際施行却有些相反，不要出納手把節省的經費充入購書費，圖書館更可以得内容充實的利益。

第二個難點，圖書的遺失初想起來雖然有可警的意思，實際上却也不然，若鐸氏根據美國各都市的成績做統計，在一九〇八年圖書館大會，報告一萬册圖書一年裏邊遺失的數目如左：

都市的人口	開架式	閉架式
三十萬以上	七至三九	一至九
十萬以上	八至四二	二至五三
二萬五千以上	六至四八	五
二萬五千以下	二至九	不明

據馬克佛亞氏所調查遺失率最大的要算波斯少年圖書館，五千册藏書裏邊一年就遺失數百册，但是管理上加以相當的注意，遺失决不能這樣多。最好的例子米勒亞波里圖書館在一年裏邊僅遺失圖書三册，和幾本雜誌脱落頁數，不費多少金錢就可以補償。

照以上所説，採用開架式决不怕圖書的遺失，即或有幾分的遺失，同時公衆可以得很多的利益，所得自然可以償所失。但是有要注意的，開架圖書館雖然要全部開放，珍貴書稀購書特別高價的圖書應當閉架存在適當的地方，等到有人要求的時候然後再付給，這是開架圖書館的例外，也是不得已的辦法。

第三節　開架的要件

圖書館開架雖然有利無弊，但是開架的時候不是毫無辦法，純取放任，若是毫無辦法，不但無利，或且有弊，因此想實行開架，必定要有三個要件：（一）安全裝置；（二）分類；（三）編目。

（一）安全裝置：圖書的遺失由於公德心的缺乏，歐美各國人民公德心不能説是完全無缺。其所以實行開架圖書并無多大的遺失的，因爲藏書室都有安全的裝置。圖書館使借閱的人自由接近書架，倘若没有適當的方法管理，自由放任，遺失圖書的事情一定不能免，開放書架給一般公衆便利，固然是人人所希望，但是因此有圖書遺失的事情，也是人人所不願。最好用適當的方法，一方可以使大家閱覽便利，他方圖書也不至遺失，這種方法就是英國式的安全裝置。這種方法是布郎氏所發明，在藏書室設兩個門，一方入口，他方出口，各門口設自動開閉門扇，借閱人入口門扇，自然關閉一次，只許一人入内，入口出口都有館員看守，不還以前所借的圖書，不得再入藏書室。又新借閱的圖書在出口受取，然後出自動開閉門扇。照這種辦法，一方可以防止遺失，一方可以自由檢索，兩全其美，總是最好的方法了。

（二）分類：舊式閉架圖書館，大概依圖書形狀的大小劃分區别，外形類似的放在一處，一到藏書堂，外觀雖然整齊，内容却很混亂，單靠圖書號數施行出納，圖書館員方面雖然不十分困難，但是閲借人就不大便利，不適於遇事尚敏活的現代社會的需要，前邊已經説到。倘若有人爲一事項到館取閱應參考的圖書，這一類的圖書却東邊一册，西邊一册，必定因爲不易檢閲，失意出館。照這種辦法，縱然開架也是和大衆没有好處。必須把藏書分類關於同一事項的圖書放在一處，又同一事項的圖書一類裏邊，依著作人或其他一定的標準順序排列給檢索人的便利，因此有藏書分類的必要。又和分類排列有密切關係的，就是書架指南，藏書分類。同類圖書接連排列在同一書架裏邊，那一類的圖書在那一書架，要按照圖書的種類和書架的個層分别記明設法標示，使人周知。

（三）編目：圖書的目録無論在那一種圖書館，都是要緊的東西，但是在開架圖書館更其緊要，因爲他種圖書館圖書的出納仰給館員借閲的人，只要知道書名或著譯人名，向出納科提出，出納科館員整天在館，情形熟習，容易檢索。至於開架圖書館檢索圖書，全賴借閲人自身，倘若無完備的目録可以預先翻閲，一入藏書室，滿架琳琅，無從取舍，所以開架圖書館編目一項，更當斟酌盡善。

第六篇

圖書分類

第一章　圖書分類的意義

圖書分類的歷史很長，自有學術以來，就有分類。希臘亞里士多德分人類知識爲三大類，以後英國培根又分學術爲三大類，雖然未指明是圖書的分類，但是圖書分類就不可不拿他做根據。談到中國圖書分類也很長久，漢有劉歆的七略，魏有荀勗的四部，雖然分出類來不大正確，到底是圖書分類的起源。圖書分類的歷史既然是這樣，他的意義究竟是怎樣？據美國卡特氏所説：

圖書分類是集合各種圖書，選擇他們性質相同的放在一處。

這句話很可以説明圖書分類的意義，今再分析説明如左：

（一）各種圖書：圖書所以有分類的必要的，因爲種類太多，不易整理，倘若只有一兩種，就不必分類，因此圖書分類，不可用兩分法，只可用多分法。

（二）性質相同：分類是依事實或對象的同點，把他集合起來，但是這種同點，有形式的，有實質的，圖書分類是採實質的，不採形式的。

（三）放在一處：分類的目的，雖然很多，但是圖書分類只在便於檢查，因爲便於檢查起見，必定把性質相同的放在一處，不是有幾個類名就算完了。

第二章　圖書分類的方法

關於分類的方法，歐美專家有種種的研究，美國有哈瑞士 Harris，伯肯士 Perkins 和斯密士 Smith，英國有愛德華 Edwards 和桑勒霞 Sonnenschein，意大利有波拉幾 Bonazzi，德國有哈德維 Hartwig，法國有布拉勒 Brunet。但是現在推行較廣，得一般人贊賞的有四種方法：（一）杜威氏 Dewey 分類法，（二）卡特氏 Cutter 分類法，（三）布郎氏 Brown 分類法，（四）美國議院圖書館 Library of Congress 分類法。

（一）杜威氏分類法（十進分類法）

000　總類

　010　書目　書籍學

　020　圖書館管理法

　030　事彙（屬於總體的）

　040　叢書（專門以外的）

　050　雜誌

　060　學會出版物

　070　新聞紙

　080　特殊文庫

　090　珍書

100　哲學

　110　純正哲學

　120　特殊哲學問題

　130　心身體

　140　哲學系派

　150　心理學

160　論理學
170　倫理學
180　古代哲學者
190　現世哲學者
200　宗教
210　自然神學
220　聖書
230　教理神學
240　實際神及信仰
250　傳道　牧師
260　寺院教會規程
270　宗教史
280　基督教寺院及教會
290　基督教外諸宗教
300　社會學
310　統計
320　政治
330　經濟
340　法律
350　行政
360　協會（慈善會社會黨
政黨等的結社）
370　教育
380　商業及交通
390　風俗　習慣
400　語學
410　比較言語
420　英語
430　獨逸語

440 法蘭西語
450 意大利語
460 西班牙語
470 拉丁語
480 希臘語
490 其他
500 理學
510 數學
520 天文
530 物理學
540 化學
550 地質學
560 古生物學
570 生物學
580 植物學
590 動物學
600 有用技術
610 醫學
620 工學
630 農學
640 家政
650 交通及商業
660 化學工藝
670 製造
680 機械工藝
690 工匠
700 美術
710 庭園

720　建築
730　雕刻
740　畫學　意匠　裝飾
750　繪畫
760　印畫
770　寫真
780　音樂
790　娛樂
800　文學
810　美國文學
820　英國文學
830　德國文學
840　法國文學
850　意大利文學
860　西班牙文學
870　拉丁文學
880　希臘文學
890　其他
900　歷史
910　地誌
920　傳記
930　古代歷史
940　歐羅巴史
950　亞細亞史
960　亞非利加史
970　北亞美利加史
980　南加美利加史
990　大洋洲及地極史

(二) 卡特氏分類法 (展開分類法)

A 總類

A 總説

Ae 事彙 (涉於專門的)

E-G 史學

E 傳記及肖像

E-Ez 歷史

E 萬國史

E 02 古代史

E 03 今世史

E 11-99 各國歷史

Ea-Fw 年表歷史哲學
文明史系圖書等

G 地理 紀行

G11-99 各國地理

Ga 古代地理

Gf 地測及製圖

Gz 地圖

H 社會學

Hb 統計學

Hc 經濟學

He 生産

Hf 勞動

Hi 奴隸

Hj 運輸

Hk 商業

Hm 貨幣

Hn 銀行

Ht 租稅及財政

Hu 關税

I 衆庶學，社會學

Ic 犯罪

Ig 慈善

Ih 貯蓄

Ik 教育

J 政府及政治學

Ju 憲法及政略

K 法律及立法

L-q 自然界

L 總説及米突本位説

Lb 數學

Lh 物理

Lo 化學

Lr 天文

M 博物

Mg 地質學 礦物學結晶學
地文學氣象學

N 植物學

O 動物學

Odi 無脊椎動物

P 有脊椎動物

Pg 哺乳動物

Pw 人類學

Q 醫學

Q-z 技術

R 總説，博覽會，特許

Rd-Rg 抽出工藝
Ra 採礦學
Re 冶金學
Rf 農業
Rh 園藝
Ri 森林
Rj 牧畜
Rq 化學工藝
Rt 電氣工藝
Ry 家政
Rz 食物
S 建造術 工學
Sg 建物
Sj 衛生工事
St 運輸及交通
T 器械製造手工
U 防禦術 即陸海軍，人命救助，防火
V 運動 娛樂 遊技
Vs 體操
Vt 劇場
Vv 音樂
We 庭園
Wf 建築
Wj 雕刻
Wk 鑄金
Wm 畫學
Wp 繪畫

Wq　印畫
Wr　寫真
Ws　裝飾術
X-Yf　通意術
X　言語學
Y　文學
Z　圖書學
Za-Zk　製本
Za　著作法
Zb　修辭學
Zd　書
Zh　印刷
Zj　分配（發刊和賣出）
Zk　製本
Zp　蓄藏和利用（圖書館）
Zt　記載

（三）布郎氏分類法（調節分類法）

A. 宗教及哲學

1. 聖經
2. 教堂
3. 神教
4. 哲學

B. 歷史遊記及地形（國史及地形學）

1. 歐洲
2. 亞洲
3. 非州
4. 美洲

5. 澳洲
6. 南北兩極

C. 傳記（辭典及叢書）
1. 個人
2. 多數

D. 社會學
1. 社會
2. 行政及政治
3. 法律
4. 法制
5. 教育
6. 商學

E. 科學
1. 生物學
2. 動物學
3. 植物學
4. 地質學
5. 化學
6. 地文學
7. 天文學
8. 物理學
9. 數學

F. 美術及娛樂
1. 建築學
2. 油畫學
3. 雕刻術
4. 裝飾學
5. 雕版術

6. 音樂
7. 娛樂

G. 應用技術
1. 工學
2. 建築法和機械學
3. 製造學
4. 農學園藝學
5. 航海術
6. 衛生及醫學
7. 家事學

H. 語學及文學
1. 語學
2. 文學史
3. 書目提要

I. 詩和戲曲
1. 詩
2. 戲曲

J. 小説
1. 集合
2. 雜記
3. 集合著作
4. 雜誌（不在他類的）

（四）美國議院圖書館分類法

A. 總記
B. 哲學及宗教
C. 史——輔助科學
D. 各國史和地形（除美國）

E-F. 美國史和地形

G. 地理和人類學

H. 社會學

M. 音樂

N. 美術

Na. 建築學

Nb. 雕刻術

Nc. 繪圖

Nd. 油畫

Ne. 雕板術

Ng. 攝影術

Nk. 應用美術　裝飾學

P. 語學和文學

Pn-Pv. 文學史，文學

Q. 科學

R. 醫學

S. 農學

T. 工藝學

U. 陸軍學

V. 海軍學

Z. 目録學和圖書館學

第三章　各種分類法的優劣

前章所舉的各種方法，都是比較的良善，評論起來，各有優劣。今分別説明如左：

（一）杜威氏分類法：

（甲）優點：（1）簡單，（2）有柔軟性，（3）記號易記，（4）小册信札簿記都適用，（5）有詳細索引目録，（6）門類輕重劃一。

（乙）劣點：（1）太機械，（2）無科學上的系統。

（二）卡特氏分類法：

（甲）優點：（1）清楚，（2）和現世學術分類相似，（3）記號簡易記，（4）含有彈力性，（5）註重地理分類法。

（乙）劣點：（1）排列圖書的時候手續不易，（2）各類輕重不一，（3）無索引目録，（4）不熟於分類的不能使用。

（三）布朗氏分類法：

（甲）優點：（1）兼用數字和英字母記號，調和以前兩法。

（乙）劣點：（1）科學和應用科學的工藝品未分清楚，（2）缺乏開展記號法。

（四）美國議院圖書館分類法：

（甲）優點：（1）極易開展，（2）適用於最大的圖書館，（3）註重地理分類法。

（乙）劣點：（1）不能適用於小圖書館，（2）缺乏學術的分類，（3）分類未完全。

照以上各種優劣的地方看起來，在理論上四種方法都有長短，很難取法，但是事實上採用杜威氏方法的比較多。這裏邊有三種原因：(一) 用數目字記號易於通行於世界，（二）數目字記號易記次序的先後，(三) 以十進位形式整齊。

第四章　新記憶的分類法

以上各種分類法，用字母做類號的，固然不容易記憶次序的先後，就是用數字做類號的，也是不容易記憶類别的地位。最近英國魯賓孫斯密士發明一種新記憶的分類法，前年在倫敦圖書館世界 Library World 雜誌上發表這種分類法，用類名的第一字母作類名的記號，各分類門目順字母的次序排列，今把他的門别列後：

A	美術	H	歷史
B	傳記	I	實業
C	宗教	J	少年叢書
D	字典	K	知識
E	英語	L	法律
F	小説	M	近世語
G	希臘	N	國家經濟和社會問題

各門裏邊又可用這種方法再分各目，即歷史門裏邊的法國史記號，就是 HF，倘若是法國革命史記號，就是 HFR。這種分類法，他的書號也另一樣，他用著譯人姓的頭三個字母和名的頭一字母合起來做書號，譬如 Thomas Carlyle 著的法國革命史第五版記號就是$\frac{\text{HFR}}{\text{Cart 5}}$。

這種分類法，雖然容易記憶，但只宜於西文圖書。至於中文圖書，可採用日本太田爲三郎的分類法，這種方法，載在《日本圖書館雜誌》，他用帝國圖書館分類的主要數名裏邊比較重要的一字作類號，也很容易記憶。今列舉如左：

宗教（宗）	哲學（哲）	教育（教）	文學（文）
語學（語）	歷史（史）	傳記（傳）	地理（地）

紀行（紀）	政治（政）	法律（法）	經濟（經）
社會（社）	統計（統）	數學（數）	理學（理）
醫學（醫）	工學（工）	兵事（兵）	美術（美）
產業（產）	事彙（事）	叢書（叢）	隨筆（隨）
新聞（新）	雜書（雜）		

他又因爲漢字筆畫繁多，若更細分類，太嫌複雜，所以除第一分類用類名記號以外，以後再分就用數字記號，如同杜威分類方法，用十進位。宗教類再分類記號如左：

宗　宗教總說

宗一　神書

宗二　佛教

宗三　基督教

倘若更要細分就更加數字。

宗一一　神道史和傳說

宗一二　神職

宗一三　神名及神社

宗一四　祭典

宗一五　祝祠祭文

宗二一　佛教史及傳說

宗二二　僧侶

宗二三　寺院和寺院緣起

宗二四　佛像

宗二五　佛事

第五章　中國古書分類法

中國古書分類，照廿四史的各藝文志看起來，歷代都有變遷，到了清朝，分爲經史子集四大部，經部又分十類，史部分十五類，子部分十四類，集部分五類，爲適合習慣起見，自然是應當依照前法略加變通。清華學校圖書館，曾把中國經史子集用杜威氏十進記號分類如左，很可參考：

經　部

000　羣經類
　000　羣經合刻本
　010　羣經總義
100　易類
200　書類
300　詩類
400　禮類
　410　周禮
　420　儀禮
　430　禮記
500　春秋類
　510　左傳
　520　公羊
　530　穀梁
600　四書類
　610　學庸
　620　論語

630 孟子

700 孝經類

800 爾雅類

900 小學類

910 説文

920 字書

930 訓詁

940 韻書

史 類

000 總史類

000 正史合刻本

010 正史分刻本

020 編年

030 紀事本末

040 古史

050 別史

060 載史

070 雜史

080 傳記

100 詔令奏議類

110 詔令

120 奏議

200 時令類

300 地理類

300 總志（附圖）

310 都會郡縣志（附圖）

320 河渠

330 山川

340 邊防

350 外記

360 遊記

370 輿地叢記

400 政書類

410 歷代通制

420 各代舊制

430 儀制

440 法令

450 軍政

460 邦計

470 外交

480 考工

490 掌故雜記

500 職官類

510 官制

520 官箴

600 譜録類

610 書目

620 家乘年譜

630 姓名年齡

640 盛事題名

700 金石類

710 目録

720 文字

730 圖象

740 義例

800 史鈔類

900　史評類

910　論史法

920　論史事

子　　部

000　諸子類

000　諸子合刻本

010　諸子分刻本

020　雜家

030　類書

100　儒家類

200　兵家類

300　法家類

400　農家類

500　醫家類

600　天文算法類

700　藝術類

800　釋道陰陽類

810　釋家

820　道家

830　術數

900　小説類

集　　部

000　總集類

010　交選

020　古文

030　駢文

040　經世文

050　書牘

060　課藝
070　詩賦
080　詞曲
090　科舉文
100　楚詞類
200　先唐別集類
300　唐別集類
400　宋別集類
500　金元別集類
600　明別集類
700　清別集類
800　現代別集類
900　詩文評類

第七篇

圖書目録

第一章　圖書目録的重要

目録的學問在中國發達很早，參觀歷代史乘，除官有目録以外，還有私家著述的目録，裏邊的記載也有很詳細的，編製中國古書目録的時候，很可以參考，但是他們的編製没有一定的方法，種類也不完全，對於研究學問上究竟没有多大的利益。現在外國圖書館所編的圖書目録就大不相同，是隨着圖書館的任務編製的，效用當然很大。

圖書館唯一的任務就是能活用圖書，爲實行這種任務起見，要有左列各種表示：

（一）圖書館一切藏書的表示；

（二）圖書館收藏某著者圖書的表示；

（三）圖書館收藏某事項圖書的表示；

（四）圖書館收藏某事件圖書的表示。

表示上列四種的工具，就是預備圖書目録，因此圖書目録在圖書館占重要地位，是活用圖書的中樞。有人説圖書館是知識的寶庫，目録是寶庫的鎖鑰，這個比喻非常的切實。

第二章　目録的種類

圖書館預備圖書目録，一方面是實行圖書館的任務，一方面是適應公衆的需要。爲達這兩種目的起見，目録的種類要各不同，目録的種類很多，可就兩方面而説明：（一）實質方面，（二）形式方面。

- 目録的種類
  - 實質方面
    - 書名目録
    - 著者目録
    - 分類目録
    - 件名目録
  - 形式方面
    - 目録片
    - 目録簿

（一）實質方面　這種分類是就目録内容説的，記載目録的方法有種種不同，今特説明如左：

（甲）書名目録：這種目録是表示圖書名稱的，所以叫做書名目録。西文書按二十六字母順序，東文書按五十音順序，中文書按筆畫順序，作成一系統，先記入書名，次記著作人和其他必要事項，這種目録中日慣用已久，并是中日文圖書目録的基礎。

（乙）著者目録：這種目録是表示著者名字的，所以叫做著者目録。西文書按二十六字母順序，東文書按五十音順序，中文書按筆畫順序作成一系統，先記入著作人名，次記書名和其他必要事項，這種目録歐美慣用已久，并是各種西文圖書目録的基礎。

（丙）分類目録：這種目録根據學問上的種别，把同類圖書集在一處，照這種主義作成目録，這種目録在排列多數圖書最能顯他的特色。中日文分類目録先記入書名，如書名目録。西文分類目録，先記入著者名，如著者目録。

（丁）件名目録：這種目録的主體是記入事件物件的，在件名下邊，西文書先著作人名，中日文書先書名、件名的排列，西文書按件名二十六字母順序，日文書按件名的五十音順序，中文的按件名的筆畫順序。

（二）形式方面　這種分類是就目録外表説的，編製目録的形式有兩種不同，今分别説明如左：

（甲）目録片：這種目録是用長方形紙片記載目録，每一片只記載一種圖書，彼此獨立，不相聯絡，如同紙牌式。

（乙）目録簿：這種目録是用長方形賬簿記載目録，每一頁可記載數種圖書，彼此聯屬順序排列：如同册子式。

第三章　各種目録的優劣

第一節　分類目録和件名目録

實質上分類本有四種目録，除書名著者兩種近來不常獨立以外，所可研究的就是分類目録和件名目録。分類目録的效用比書名和著者目録都大可藉知學問的分科。倘若不知書名和著者的時候，可以按照種類順序檢閲，但是這種目録也有短處，因爲分類的事情屬於人爲的，無一定的標準，因人不同，同一圖書，在一圖書館屬於甲類的，在另一圖書館又屬於乙類，這種事實很可以使人迷惑。惟有件名目録，可以免除這種毛病，因爲件名目録，是拿事件或物件做標題，只要知道件名，不管他是那一類，儘可按照件名的筆畫檢閲，但是對於件名目録，也有當注意的，使用這種目録，記列事務彼此的關係，易涉繁雜，件名目録的目的有時反不能達到，因此不可不加以參照。

第二節　目録片和目録簿

目録簿發明最早，目録片是近來才有的，圖書館雖趨重目録片，但目録簿也未能廢棄，還有存在的價值。今把他們的長處列舉如左：

（一）目録片的長處：

（1）容易增加：目録片每一書名一張，倘若有新添的圖書，編製目録，容易插在適當的地位，不致延誤時期。

（2）容易改正：目録有錯誤的時候，或圖書有變動的時候，可以隨時改正，不必牽動全部。

(3) 撤銷方便：無用或遺失的圖書，即時可以把目録撤銷。

(4) 費用省儉：印刷或謄寫目録簿一次，需錢很多，增訂或修改目録片一次，費用很少。

(二) 目録簿的長處：

(1) 容易檢查：目録簿一頁可記數種，一目可以數行。

(2) 容易編製：目録簿同書名或同著者的圖書書名著者只寫第一個，其餘的可以省略。

(3) 容易收藏：目録簿一册可容數千種圖書，不占地位。

(4) 容易保管：目録簿是裝訂成册，不易散失，次序也很整齊，不能錯亂，保管容易。

(5) 閲覽便利：目録簿同時可備數册，供多數人閲覽。

(6) 遞送方便：目録簿可以郵送他處供人閲覽。

照以上各種情形看起來，目録片和目録簿互有長短，很難得分别優劣，但是現在各國圖書館閲覽室，都採用目録片，最大的理由就是前邊所説的，(1) 容易增加；(2) 撤銷方便。因爲圖書館隨時添置新書，必使人先覩爲快，至於不適用的或遺失的圖書，也應當隨時撤銷，免占地位，有碍檢閲。目録簿各圖書館也多採用，最大的理由就是前邊所説的 (6) 遞送方便，因爲圖書館近來盛行貸出的制度，使不能來館的人都知道圖書的内容，可以享受圖書館的利益，這兩種目録都不可偏廢。

第四章　目録片製造法

目録片的製造，歐美日本都有專業，中國各南紙店也可代製。形式是長方，横四寸一分五釐，直二寸五分。上面畫定界綫，直綫二條，横線七八條。紙用白色模造的，質要宜於鋼筆記録，有彈性和堅緻的，不但經久，并可以吸收墨汁。線色淺藍，但是頂上一横線和兩直線要用淡紅。下脚中間穿一圓形小孔，排在抽屜裏邊，用金屬籤貫串，防備散失。此外又有標示片，形式大小和目録片一樣，上方作凸形，記載類别標示，不要界線，分青色赤色兩種。

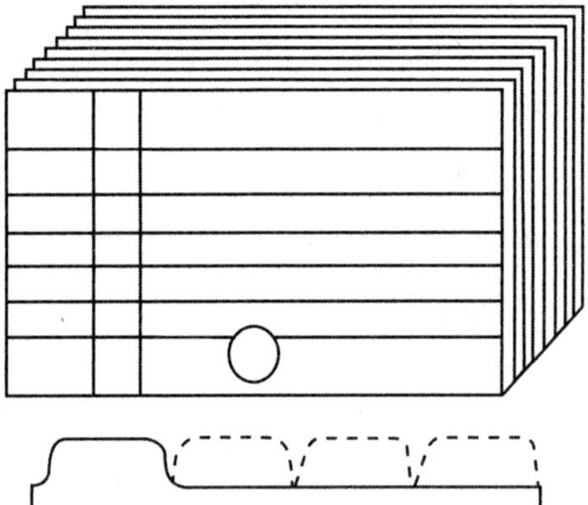

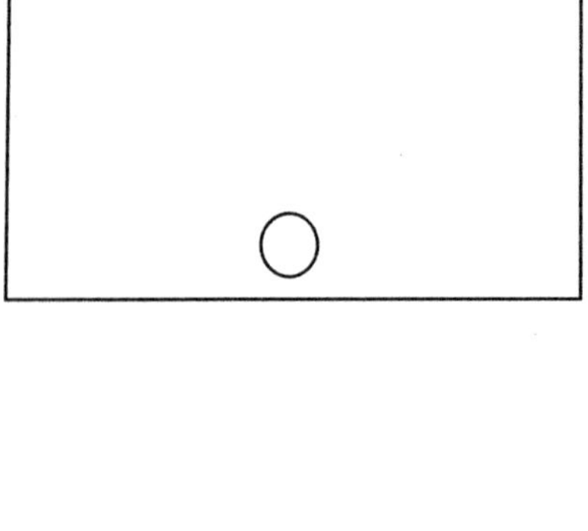

第五章　目録片記入法

記載目録最要緊的，是書名和著者，次再記入其他各事項。又件名目録必須先記入件名，以後順序記載，今把各種目録片記載方法舉例如左：

(1)

中文書名目録

226		學校衛生講義
312	俞	慶恩

(2)

西文書名目録

691.942		Natural History and Antiquities
W58	of	Setborne
	W	hite，Gilbert

(3)

中文著者目録

226	俞	慶恩
312		學校衛生講義．上海，江蘇
	省	教育會．民國四年
83 頁．		

(4)

西文著者目録

591.942	W	hite, Gilbert, 1720—1793
W58		Natural History and Antiquities
	of	Setborne. N. Y. Putnam. 1901
		386 p. facsim

(5)

中文件名目録

227		衛生——學校
312	俞	慶恩
312		學校衛生講義．上海，江蘇省
	教	育會．民國四年
		83 頁

（6）

西文件名目録

973.3		U. S. -History-Revolution
T81		1775—1783
	T	revelyan，Sir G：O：Bort
		American Revolution
	New	ed. …N. Y. Longman
	1905	[c1888—1905]
		3v. maps，210cm

（7）

中文分析書名目録

012	朱	元善
98		圖書館管理法．上海，商務
	民	國五年
		179 頁（教育叢書三集第十一編）

（8）

西文分析著者目録

6137	L	agrange，Fernand，1846—
L17		Physiology of Bodily Exercise
	N.	Y. Appleton，1905
		395 p. 19 $\frac{1}{2}$cm.（International
		Scientific Ser. V. 66）

(9)

中文書名參照目録

120		朱子大全集
98	朱	熹
		見晦菴先生語録

(10)

西文著者參照目録

415	H	eywood H. Byron
H24		The Calculus for Engineers see
		Andrews Ewart S
		Heywood H. Byron

目録片記入法大概不外以上所列各種，各圖書館編制的時候，還可按照法規和習慣斟酌增減變通，以後更舉日文圖書目録編纂規則和西文圖書目録編纂規則，以備參考。

（一）日文圖書目録編纂規則

（一）書名：

（1）書名以記諸卷首的爲主，不可删改變更。

（2）卷首無書名，就標簽封面或半封面所題，擇書其最適當的。

（3）標簽封面或半封面所記的書名和卷首書名不同，或同是一書而有異名的，宜加補註，并備參照。

(4) 缺書名的可另選適當的名稱，其不備的，設法補正。

(5) 合訂書和有獨立書名的附録，應把書名一一分出。

(6) 分期刊行的書名，可除其順序的號數，僅標他的書名。

(二) 著者：

(1) 記録著者以書其本名爲原則，如著者用别號或他名的時候，應加補註，以備參照，但關於文學藝術著者以其最通行的名號代他的本名的時候，也應當附列本名，并備參照。

(2) 著者本名有一部分不令知的，可於不知的地方用他的别名。

(3) 叢書可取編者的名，所收之書則用著者的名。

(4) 府縣市町村協會和其他團體所著的，取用團體的名，如有特記著者名的，應當加補註，并備參照。

(5) 翻譯書，校訂書，註釋書等，對於原著者翻譯者校訂者註釋者均應分列記名，但註釋書不載本文的，原著書人名可以省略。

(6) 二人合著的就記二人，三人以上合著的，記最先一人名，應於必要也得將各著者的名一一記出。

(7) 著者如係外國人，除記録著者之名外，并應揭他的國籍。

(三) 出版及書寫之條件：

書名和著者的後邊應記左列各項，但是在括弧内的，編纂時可以隨意取捨。

(1) 刊本寫本的區别；

(2) 出版地；

(3) 出版年月；

(4) 版式和書寫的種類；

(5) 出版次數；

(6) 卷數和册數；

(7) 圖書的尺寸；

(8) 裝訂的種類；

(9) (出版人)；

(10)(地圖及肖像或不在本文中的圖畫)。

(四)目次備考和雜件:

(1)目次但記書名,并揭載書中難解的地方。

(2)便於搜索圖書的參照和明瞭他的性質的備考,必一體附入。

(3)略語符號和書式宜從别定的形式規定。

(五)排列:

(1)書名和其他的排列,都按五十音順序(中文書可按筆畫)。

(2)書名和著者的名有二種以上讀法的,應擇最適當的排列,并附列其他讀法,以備參照。

(3)書名有冠稱的,可以消除,但按本稱排列,如冠稱取捨不定的,應於必要可附以參照。

(4)同一的書有刊本寫本二種的,先列刊本。

(5)同一的書共爲刊本的,先列其刊行在前的本。

附録:

概則第二的註:

(1)可記入英美法唐宋清高麗朝鮮等。

概則第三的註:

(2)記入發行所的地點;

(4)寫真版影寫等;

(8)和裝洋裝軸帖等;

(9)無出版署名人的,可記入博文館三省堂等發行所名。

概則第四的三項:

(一)略語:

(甲)著——著述　著作　撰述　撰著　講述　口授等;

(乙)編——編輯　編纂　輯録　纂輯　編次等;

(丙)譯——翻譯　譯述等;

(丁)註——標註　傍註　增註　冠註等;

(戊)補——增補;

（己）寫——寫本；

（庚）刊——刊本。

（二）符號：

（甲）〔〕補足文字用的；

（乙）（）補註用的；

（丙）？示疑意的；

（丁）、示絶句的。

（三）書式無一定式。

（二）西文圖書目録編纂規則

（一）記入書籍應用左列各語：

（1）著者姓字，倘若著者的姓名不存，就以 Anon（anonym 即〔無名〕之義）一語代他。

（2）著者名的首字（Initials）須要拿最後的放在最初的部位。

（3）無著者真名的時候，從他的化名（Pseudonym）。

（4）叢書編輯者的名。

同時就所採各著述一一分出記入。

（5）對於出版物有責任之國都市團體等的名。

（6）分期刊行及不知著者名的書籍，可除他的號數，記他的最初的語，而移其號數於後部適當的地方。所謂最初的語，當除其冠詞計算，示格言（motto）或分統（Series）等語，冠於書名之前的，也應當除去，以其次爲真正書名的第一語。

（7）隨本文之註釋及一切翻譯，可記入原書標目（Heading）之下，不隨本文註釋的，應於註釋者名下題“就於某書的註釋”，即隨本文的，也應把註釋者名記入原書標目之下。

（8）聖書（Bible）或其一部（含有 apoerypha 者），不論是何國語，可記入 Bible 語下。

（9）“猶太經傳”及“回回經典”（并其一部）可記入 Talmud Koam 下邊，其他宗教的聖典，可記入世人盡知者名稱下邊。

惟本書編輯者翻譯者等之名，可附列本書參照（Reference）。

（10）書籍具有二人以上之著者，可記入最初一人名字之下，其他一一附列，以備參照。

（11）民事訴訟報告，可記入原告者姓名的下邊，刑事訴訟報告，則記入被告者姓名的下邊，關於船舶之法律事件，可記於該船舶名的下邊。

（12）貴族可記在他的稱號（title）下的，但是他的姓名世多知的不在此限。

（13）宗教上之貴顯，除法王及國君外，其他的記於其姓名的下邊。

（14）國君除（希臘羅馬之國君）凡有土之君長東方的著者和法王等，僅其最初之名見知於世的，記於最初之名的下邊。

（15）結婚婦人和其他更變姓名的人，皆記在其最知於世之姓名之下。（大都列最終的姓名拿以前的姓名和他參照。）

（16）變名 Pseudonym 得用以代他的姓名，但是要能當世知道較多爲限，仍應附列本名以備參照。

（17）團體可記於最初名稱（除冠詞）的下邊，其他名稱見知於世的，亦宜附列，以備參照。（大概標出團體本部所在地的名稱，再記團體之名稱在後邊，惟此以地名爲團體名稱之一部者爲限。）

（18）參照（Reference）若一著者有二個以上姓名見知於世的，不採爲標目（Heading）的名稱，應與採爲標目的施以參照。

（19）凡小説戲曲詩歌等，往往據書名檢索，應當就他的書名和著者施以參照。

（20）從其他所著之書名。

（21）無著者姓名，就從書籍題名中的用語。

（22）傳記書類從主人的公名。

（23）分期刊行物裏邊有稱編輯者的名的，就從其編輯者的名。

（24）從重要的翻譯者（如詩歌之翻譯者）及註釋者的名。

（25）從宗教上貴顯的稱號，但限於本書用此稱號的。

（26）其他爲便於檢索計，均宜施以參照。

（二）標目 Heading：

（1）以書名爲標目的時候，著者姓名必須明列，又要從著者的國語，惟臘丁語最爲通行，可徑用臘丁語，其用他國語的，加括弧做區別。（又法王及國君均可用一定的英語。）

（2）英法語姓名裏邊拿前置語（法語除 de 及 d'）始者并前置語記入。

英法以外國語就記入前置語以後的語。

（3）英語的複合姓名，應當記其中最後一部分，他國語就記最初的一部分。

（4）就國名著者明彼此的區別，要與以相當的注意。

（5）表示著者階級或職業的前置語，要加記標目的裏邊，但以該前置語稱著者的時候，以限於部分爲通例。

（三）書名（Title）：

（1）書名所用表題紙（Title）要精密確實的爲佳，不可加入訂正翻譯變更等事，但格言著者學位稱號等重複事項，及一切不緊要的，可省略之。

示精密之必要，於可省事項宜用三點（…）爲識，古書或少見本等的書名，要精密記列，假令其綴字與近代形式有異的，可一切照原形記載。

（2）爲明書名之故，補入的附加，要用括弧，示與本文有別。

（3）大字（Capital letter）用法宜據規定。

（四）出版事項（Imprints）：

書名之後應列事項，可按左記的順序，但有〔〕者可隨意。

（1）出版次數（Edition）。

（2）出版地。

（3）出版者姓名。

以上三件和書名同，都用國語記列。

（4）出版年用亞剌伯數字。

（5）版權許可的年，如知實際出版年和表題紙面之出版年有異的，則用 C（Copyright 之略）置諸版權許可年的前邊，用 P（Actual publication 之略）置諸實際出版年的前邊。

（6）册數（如止一册就按頁數）。

（7）地圖肖像及不含文中的插畫。

（8）大小，（表示大小有二法：（甲）按紙之折數示其大略如（12°，8°，4°）等，（乙）用“生基米突”精細表示，就圖幅而言，必用“生基米突”縱横表示，其法式如下；125×87cm）。

（9）屬於該書籍系統（Series）的名稱，前記諸項既終，以後記入括弧之内。

（10）古書的出版地和印刷地有異的，要於出版地後記他的印刷地。

（11）頁數書中各部最後頁可用十之符號連續之，無頁數之部分就計算他的頁數記入括弧（）内，若有三數以上的頁數，就合之而示其通計亦可。

（12）書籍出版事項，要據本書籍或由他資料而得知的事實，通例據表題紙採用者（即出版之次數出版地〔出版者姓名〕及叢書名），書名要從他的國語，若有訂正和附加語，可記入括弧内。（地圖肖像等語及册與頁之略語，都可用英語記列）。

（五）目次（Contents）和備考（notes）：

備考（用英語記載）和目次應記他和書籍有關係的，均可用小形的字。

（六）雜件：

（1）單線（Single dash）表示前行標目的省略，以下單線表示省略第二標目的。

（2）連積數字的單線，表示起訖的意思，數字以後的單線表示繼續的意思。

（3）一語或一記列的後加？符號的，表示推定和存疑的義意。

（4）括弧表示書名或出版事項的添加或形式上的有變更。（所謂括弧的〔〕就是）

（5）數字應用亞剌伯文，惟國君侯伯和法名的後邊所用的數字，（即第某世的意）常用小形的羅馬數字。

（6）目録編纂上所用略語宜别據制定。

（七）排列（arrangement）：

（1）僅有姓的應放在兼有名者的前。

（2）僅有名的首字的應放在同一首字而爲全名者之前（但同一人物不在此限），此等處詳悉的方法要有一定。

（3）前置語（Prefix m，mc，S，st，stemessrs，mr，mrs 即 mac，sanctus，saint，=sainte，messienrs，mistress）的省略要悉照排列。

（4）一人的著述要按下例順序排列之：

甲　全集。

乙　一部分的集。

丙　個個的著述要除冠詞用書名的初語順序排。

（5）“字母”應按英語的順序。

（6）德語的 Ä，Ö，Ü 即 Ae，Oe，Ue 的省略，應悉照排列。

（7）人名可排列在同樣地名的前邊，地名可列在同樣書名初語的前邊。

第八篇

促進圖書館教育的機關

第一章　圖書館法規

無論辦那一種事業，都要有種種法規，學校有學校的法規，工廠有工廠的法規，圖書館也有圖書館的法規。圖書館法規有兩種作用，一可以做圖書館創辦的根據，二可以促圖書館事務的進行。歐美各國圖書館發達很早，法規當然很完備，就是日本圖書館發達較遲的，也有種種法規。惟有中國圖書館數目既然很少，圖書館法規又很簡陋，這種簡陋的法規，實在是使圖書館不能發達的一大原因。

圖書館法規非常繁夥，因各國圖書館發達程度不同，種類的多少也不一樣，概括的説明，可分兩大部分：（一）關於設立的；（二）關於維持的。關於設立的方面又分兩種：（1）經營，（2）組織。經營方面如圖書館的税則，捐助金的褒獎，建築和設備等類都是。組織方面如評議會管理部的組織，和職權，評議員和館員的資格等類都是。關於維持方面分三種：（1）圖書，（2）館員，（3）閱覽人。圖書方面如圖書的貸借，圖書的消毒，編目規則等類都是。館員方面如等級和薪俸，服務和懲戒等類都是。閱覽人方面如權利和義務，安慰和懲戒等類都是。今再列表如左：

- 圖書館法規
  - 設立方面
    - 經營
    - 組織
  - 維持方面
    - 圖書
    - 館員
    - 閱覽人

圖書館法規精細分析起來，又可分爲法律規則兩大類。大概經議會通過的叫做法律，普通施行的，叫做規則。編制法律多出自教育當局方面，編制規則多出自圖書館協會方面，但有時協會方面所編制的規則經議會通過，也可以認爲法律的；并且協會是許多館員集合組織的，知識充足和利害切實，所編制的法規實在比較教育當局代爲編制的適用的多。近來圖書館協會團體很大，常有國際大會，因此照理論上説，法律比規則效力强，照事實上説，規則比法律範圍廣。中國還没有完善的圖書館協會，没有編制法規的能力，教育當局也視圖書館爲無足重輕，僅是教育部方面有兩種規程，當然是不夠應用。

第二章　圖書館學校

圖書館法規雖然緊要，但是有治法，還要有治人，有時在同一狀況裏邊的圖書館，收效各有不同。最大的原因就是圖書館員的關係。圖書館員的養成，在於圖書館學校。歐洲各國大學校或師範學校多設有圖書館科，間或設有圖書館學校，但是不如美國的發達，今把美國圖書館學校情形介紹於左：

美國圖書館學校始於一八八七年一月。當時僅有一處，設在哥崙比亞大學。第一期收有經驗和無經驗的學生，共二十名，聽講實習共四個月，第二期初開的時候還有人反對，以後畢業學生在各館就職，有很好的效果，反對論調才漸次沈默。到了一八八九年，因校長杜威氏就紐約州立圖書館長職，同時把這個學校移在阿爾伯勒，附屬州立圖書館，遂成今日州立圖書館學校。

近來隨着社會的需要，圖書館學校日見發達，已經有十六校，畢業學生約三千多名。今把校名列左：

（一）紐約州立圖書館學校	二學年
（二）布那得學院圖書館學校	一學年
（三）伊里諾威大學圖書館學校	二學年
（四）威士康新大學圖書館學校	一學年
（五）丕咨伯格卡勒几圖書館學校	二學年
（六）西蒙斯女子大學圖書館學校	四學年
（七）威士登瑞色夫圖書館學校	一學年
（八）阿弟難他卡勒几圖書館學校	一學年
（九）西口士大學圖書館學校	二學年
（十）紐約公共圖書館學校	二學年
（十一）里阿散得圖書館學校	長　期 短　期

（十二）加利弗里亞圖書館學校　　一學年
（十三）羅省幾爾圖書館學校　　一學年
（十四）聖得爾伊士圖書館學校　　一學年
（十五）華盛頓大學圖書館學校　　一學年
（十六）波斯頓大學商科附屬圖書館科　　一學年

以上十六校的組織和設備，學科和程度，都不一樣，當初設立的時候，入學的不要試驗，以後因爲卒業學生漸次受社會歡迎，入學的日漸衆多，纔加幾分的限制。這種限制的結果，使館長地位可以提高，入學的人，記入入學願書的事項，分年齡，健康，教育程度，圖書館實務，經驗等件。又因學校不同，年齡也有種種限制，大概自十八歲至三十歲。

又因學校種類不同，學生造就也不一樣，和公共圖書館或卡勒几圖書館有連絡的，實習上有很大的便利。（一年實習三百小時至四百六十五小時）和學校附屬圖書館或參考圖書館有關係的，學科的理論沿革研究沿革比較的深奥。但是無論在那一校，重要的科目，是目録編纂法，分類法，參考圖書館研究，和圖書館經濟，此外又有圖書館管理法，圖書館建築法，圖書選擇法，書史對於兒童的作業，和公文書等科。又因學校成立和土地狀況，特别注重某科教授方面，講演和實習爲主，兩年畢業的學校，要提出關於論文或書史學上的研究。今把比較著名的學校狀況略舉數校如左，備有志這種學業的人問津。

紐約州立圖書館學校 New York State Library School：

（一）所在地：紐約州阿爾伯勒市 Albany。

（二）創立年代：一八八七年。

（三）校長：正校長：James Ingersoll Wyer，Dr. ，M. L. S. Director.
副校長：E. M. Sanderson Vice Director.

（四）有關係的圖書館或學校：紐約州立圖書館。

（五）校款或學費：對於修業兩年完全課程的學生，分左列兩種徵收學費：

（1）紐約州住民一百元，第一年七十五元，第二年二十五元。

（2）非紐約州住民一百五十元：第一年一百元，第二年五十元。

（六）年限：二年。

（七）入學資格：限於紐約州立大學認可的專門學校畢業生，二十歲以上三十五歲以下，每星期曾學習過十五小時的外國語，志願入學的，寫明修業學校的課程，填具入學願書，交納修業證明書，但是有時雖然不加以入學試驗，却是對於學力或人品加以權衡方才許可入學。

（八）課程：必修科目如左：

			小時	
一年級	圖書館管理法	美國圖書館	一五	一七五
		小圖書館管理法	二〇	
		圖書館建築	一五	
		圖書館視察	八〇	
		兒童圖書館	一五	
		演習	三〇	
	圖書館實務	裝訂法	三〇	五一〇
		目録法	一六〇	
		分類法	七五	
		貸出	三〇	
		解題和標目	五〇	
		購買和收受	三五	
		印刷	三〇	
		書架排列	二〇	
		件名標目	七五	
	書史學	國民書史學	九〇	五九〇
		參考圖書使用法	一二〇	
		圖書的選擇	三八〇	

二年級	圖書館管理法	大圖書館管理法	二五	一四〇
		圖書館視察	八〇	
		演習	三五	
	書史學	圖書的選擇	三三〇	六八〇
		科別書史學	二〇〇	
		公文書	五〇	
		圖書史和外國圖書館史	二五	
		件名書史	七五	
	圖書館實務	目録法	六〇	二一〇
		分類法	一〇〇	
		解題和標目	五〇	

二年級要選左列各科一百小時以上：

圖書實習

實業圖書館

目録法和實習

高等學校圖書館

索引和圖書館發展策

法制圖書館和同館參考書

圖書館建築

參考圖書

參考圖書館實習

（九）稱號：畢業生稱圖書館得業士，B. L. S. （Bachelor of Library Science）再服務圖書館五年以上，成績優良的，又能提出論文的，得稱圖書館學士。M. L. S. （Master of Library Science）

伊里諾威大學圖書館學校 University of Illinois Library School：

（一）所在地：伊里諾威州阿爾巴勒市 Urbana。

（二）創立年代：一八九三年。

（三）校長：正校長：Phineas L. Windsor，Ph. B.，Director.

副校長：Erances Simpson，M. L.，B. L. S.，Vice Director.

（四）有關係的圖書館或學校：伊里諾威大學。

（五）校款或學費：校款依於同大學的校長所推薦的委員會議决，從大學基金裏邊開支，學費兩年共一百九十元（雜費在内）。

（六）年限：二年。

（七）入學資格：分兩種：

（1）本科生：要有四年以上的專門學校畢業生，并照章填寫入學願書交納证明書。

（2）專科生：不要前項資格，年滿二十一歲以上的都可以，但是額數有限，每級不過二三名。

（八）課程：想得畢業證書的，除隨意科以外，要就左列各科按時出席。

一年級	上半年	參考圖書	三	每星期一六小時
		圖書的選擇	二	
		實習	二	
		購買和收受	二	
		分類法	三	
		目録法	三	
		圖書館管理法	一	
	下半年	參考圖書	三	每星期一七小時
		圖書的選擇	二	
		實習	二	
		圖書館史	二	
		書店史	一	
		圖書館發展策	三	
		圖書館管理法	一	
		貸出	一	
		印刷裝訂索引	二	

二年級	上半年	科別書史學	二	每星期一八小時
		高等參考圖書	二	
		實習	四	
		公文書	二	
		實習	二	
		圖書的選擇	二	
		圖書館管理法	三	
		書史學的機關	一	
	下半年	科別書史學	二	每星期二一或二四小時
		印刷史	二	
		實習	四	
		公文書	二	
		實習	二	
		圖書的選擇	二	
		高等分類法	三	
		圖書館管理法	三	
		實習	一或四	

一年期滿，到二年級的時候，想從事實業農業歷史等專門圖書館的，得職員的許可，得選修分科大學裏邊的各科目代替二年級的科目。二年級的時候有一月在圖書館服務實地練習，又每年有一星期旅行，視察芝加哥聖得爾伊士和附近的各圖書館。

（九）稱號：二年裏邊必修科目都能按時出席聽講的，稱圖書館得業士。

威士康新大學圖書館學校 Library School of the University of Wiscosin：

（一）所在地：威士康新州馬底孫市 Madison。

（二）創立年代：一九〇六年。

（三）校長：正校長：C. L. Lester M. A. L. L. B.， Director.

副校長：Mary Emogene Hazeltine，B. S. Preceptor.

（四）有關係的圖書館或學校：威士康新自由圖書館和威士康新大學。

（五）校款或學費：

（1）當初仰給熱心家的捐助金，最近用大學經費維持。

（2）威士康新居民五十元，外人百元。

（六）年限：一年。

（七）入學資格：每年七月舉行入學試驗，要有專門學校畢業生的程度，人品試驗和學科試驗及格的才纔許入學，學科試驗偏重歷史文學時事德語法語，倘若没有圖書館經驗的人，初入學的時候先要實習。

（八）課程：一年分兩期，科目如左：

第一學期	目録法	五	每星期一六小時
	分類法	三	
	參考圖書	二	
	圖書的選擇	二	
	兒童文學	一	
	書店史	一	
	貸出	一	
	圖書館經濟	一	

第二學期	參考圖書	二	每星期一四小時
	科別書史學	三	
	圖書的選擇	二	
	兒童文學	一	
	圖書館管理法	一	
	公文書	一	
	圖書館經濟	二	
	實習	二	

此外又和大學部文學科科學科謀相互聯絡，爲聽講的便利，取得一般的知識。又學生每年有兩個月到威士康新州圖書館實習。

丕咨伯格卡勒几圖書館學校：

（一）所在地：芬西爾巴利亞州丕咨伯格市 Pittsburgh Pennsylvania。

（二）創立年代：一九〇一年。

（三）校長：John Hopkin Leete. D. Sc.

（四）有關係的學校和圖書館：丕咨伯格卡勒几圖書館。

（五）校款和學費：

（1）本校財政仰卡勒几氏教育財團維持。

（2）學費和入學費：一百三十元。

（六）年限：本科二年，别科一年。

（七）入學資格：二十歲以上三十五歲以下，入學願書附有醫師健康證明書，專門大學畢業的無試驗入學，不然就要試驗歷史文學等科，又有信用的圖書館學校卒業生，有本校校長證明書，可以入别科一年畢業。

（八）課程：除一年級要到卡勒几圖書館實習以外，所修科目如左：

一年級—圖書館管理法	兒童室的管理	四	共四七小時
	小圖書館的管理	六	
	分館發展策	一	
	分館的常務	二	
	執務法	三	
	卡勒几圖書館中央貸出部練習	一	
	部室的常務	二	
	家庭文庫和圖書館俱樂部	三	
	圖書館建築	五	
	學校和圖書館的聯絡	三〇	
	議院法規	四	
	美國公共圖書館運動	三	

年級	類別	科目	時數	共計
一年級	書史學	圖書的選擇	六	共計一二六小時
		兒童圖書的選擇	七六	
		參考圖書	二一	
		講話材料	二三	
		游　　戲	一二	共計五七小時
		公開演説	一〇	
		談　　話	一六	
		評論雜誌的演習	一五	
	專門技術	圖書號數	二	共計七三二小時
		裝訂	五	
		小册子	五	
		目録法	三〇	
		兒童部實習	五八五	
		分類法	一五	
		貸出	二二	
		書和印刷	五	
		書架排列	三	
		講話術	四三	
		打字術	五	
		解題和標本	一	
		購買和收受	一一	

年級	類別	科目	時數	共計
二年級	圖書館管理法	兒童室的組織	三	共計一〇小時
		兒童室的管理	三	
		學校和圖書館的關係	四	
	書史學	圖書的選擇	三八	共計五二小時
		理論書史學	三	
		圖書目録	三	
		圖書館史	八	
		社會研究	一〇	共計七七小時
		兒童圖書目録	六七	

卡勒几圖書館學校，是美國唯一的兒童圖書館員養成所，普通圖書館學校畢業後，倘若再習關於兒童科目，可到這裏修業一年。

第三章　圖書館講習會

研究圖書館學問的地方，除圖書館學校以外，還有圖書館講習會。他的宗旨在於講習簡易圖書館學的原理和應用，多半關於實務和管理方面，也有涉於書史方面的，不過比較簡單。會期長約七八星期，短只有二三星期，多在夏季六七月。這種講習會效力很大，凡從事圖書館業務和有其他職業的人員，不能入圖書館學校的，都可以入會聽講，學得圖書館的知識和技能。所以歐美各國圖書館或大學校師範學校每年暑假多半開辦圖書館講習會。

民國九年八月北京高師曾開圖書館講習會三星期，聽講的男女共六十餘人，今把他的課程列左：

（1）圖書館教育；

（2）圖書館管理；

（3）圖書館組織；

（4）建築；

（5）分類；

（6）編目。

第四章　圖書館協會

想謀圖書館教育的發達，同業裏邊要有共同的組織，這種共同組織，唯一的機關就是圖書館協會。但是有要説明的圖書館協會和圖書館員勞動組合不同。美國紐約等處有圖書館員勞動組合，這種組合的分子，就是從事業務的館員，他的宗旨是在謀館員自身的便利，所研究的都是關於圖書館員的地位和生活問題。圖書館協會的分子，除館員以外，其他圖書館學專家和其他著名學者都可以加入，他的宗旨是在謀圖書館事業的發達，所研究的不僅是館員地位和生活問題，一切直接間接關於圖書館的事項都要研究。

圖書館協會凡是圖書館稍爲發達國家都有，世界上惟有美國最完善，美國圖書館協會始於一八七六年，除有常住會員專門研究以外，每年開大會一次，由各會員提出問題，共同討論，所作的事業非常之多。現在美國圖書館協會的名稱 A. L. A. （American Library Association），幾乎全世界都知道。就亞洲方面説，日本圖書館協會成立也很久，從一八九二年到現在已經有三十年的功夫。不過説到中國，就很可憐，民國七年的時候，北京各圖書館發起北京圖書館協會，當時已經起草章程，修正通過，因爲教育部不准立案，加以經費困難就停頓了。去年北京高師開圖書館講習會的時候，有人提議組織中國全國圖書館協會，也因種種障礙，未能成立，我以爲倘若想圖書館發達，圖書館協會絶對是不可少的機關。

圖書館協會所研究的範圍很廣，爲求專攻起見，常取分業的方法。美國圖書館協會裏邊有很多的部分，各就專門問題分別討論，然後報告到協會的總會。今把美國圖書館協會裏邊的主要部分略舉如左：

（一）目録部；

（二）圖書館委員部；

（三）學校圖書館和參考圖書館部；

（四）兒童圖書館委員部；

（五）州立圖書館監督部；

以上是常設的部分。

（六）圖書館管理委員會；

（七）圖書館學練習委員會；

（八）官公文書委員會；

（九）製本調查委員會；

（十）小説調查委員會；

（十一）圖書館事項公表調查委員會；

（十二）萬國關係事項調查委員會；

以上是不常設的部分。

此外還有小圖書館懇話會組合，圖書館懇話會，州立圖書館協會，圖書館監督同盟等類，雖然不常設立，也都是圖書館協會的一部分。

自從一八七六年以來，圖書館常開國際協會。一八七八年和一八九七年，倫敦開萬國大會，一八九三年在芝加哥所開的大會，一九〇四年，在聖得爾伊士所開的大會，外國都派有代表到會，又一九一〇年，在比利時的不魯捨勒開書史學大會，曾討論左列各事：

（一）現時書史學和圖書搜集事業的一般狀態，

（二）對於圖書搜集的國際同盟，

（三）事務上和行動上的一致，

（四）各國共通的方式：

（甲）目録編纂法，

（乙）分類法。

教育事業，本不分國界，加以國際協會，彼此更能交換知識，圖謀統一，圖書館前途當更不可限量。倘若中國全國圖書館協會仍然不立，國際協會永不能派員赴會，有許多利益不能享受，圖書館事業更難進步。

第五章　圖書館報誌

圖書館報誌，對於圖書館教育，也有很大的幫助。圖書館報和圖書館雜誌，表面上看起來，似乎没有多大的區别，其實不然。圖書館報，是圖書館的公告機關，兼從事圖書館學的研究。圖書館雜誌，是圖書館學的研究機關，兼記載一切圖書館的狀況。圖書館報的發行機關是圖書館，圖書館雜誌的發行機關，多半是圖書館協會，稍大的圖書館都可以發行館報，圖書館雜誌，除協會以外，非很大的圖書館不可。今把比較著名的圖書館雜誌，略舉如左，以備參考：

The Library World. London

The Librarian. London

The Library Journal. New York

Public Libraries. Chicago

A. L. A. Bulletin. Chicago

《圖書館雜誌》　日本圖書館協會發行

以上各種英文雜誌都可以從書局訂購，惟日本圖書館協會發行的《圖書館雜誌》，是非賣品，不能訂購，用圖書館名義函索，可以寄贈。

第六章　圖書館廣告

商店有商業廣告，圖書館有圖書館廣告，商業廣告所以招來顧客，圖書館廣告所以招來閱覽人，目的大略相同。圖書館廣告分左列三種：

（一）書畫式：這種辦法是用文字或圖畫做廣告，發表的方法可利用報誌或牌示，并且可以把印刷品分散閱覽人或一般人民。

（二）講演式：這種辦法，是用口頭或電影做廣告，發表的方法，可利用談話會講演會或活動電影。

（三）展覽式：這種辦法是用陳列品做廣告，發表的方法，可開展覽會，把圖書和其他的物件陳列閱覽室，又利用商店窗户陳列圖書，使人就便閱覽。

圖書館廣告的要件，在能使人註意，引人入勝，養成讀書的趣味，願意都來館閱借圖書，詳細研究，更要兼通廣告術，至於他的内容，大概不外左列三種。

（1）圖書館的利益；

（2）圖書館利用法；

（3）新出版的圖書。

附　　录

圖書館規程

十九年五月六日教育部公布

第一條　各省及各特別市應設圖書館儲集各種圖書供公衆之閱覽，如各市縣得視地方情形設置之。

第二條　私法人或私人得依本規程之規定設立圖書館。

第三條　各省市縣所設之圖書館稱公立圖書館，私法人或私人所設者稱私立圖書館。

省立或特別市立圖書館以省或特別市教育行政機關爲主管機關。

市縣立圖書館以市縣教育行政機關爲主管機關。

私立圖書館以該圖書館所在地之教育行政機關爲主管機關。

第四條　省立或特別市立圖書館設置時應由主管機關呈報教育部備案，市縣立圖書館設置時應由主管機關呈報教育廳備案。呈報時應開具左列各款：

一　名稱

二　地址

三　經費（分臨時與經常二項并須注明其來源）

四　現有書籍册數

五　建築圖式及説明

六　章程及規則

七　開館日期

八　館長及館員學歷經歷職務薪給等

私立圖書館由董事會開具前項所列各款及經費管理人之姓名履歷，呈請主管機關核明立案并由主管機關轉呈上級教育行政機關備案。

圖書館之名稱地址經費建築章程館長保管人等如有變更時應照本條

之規定分别呈報。

第五條　公立圖書館停辦時須由主管機關呈報上級教育行政機關備案，私立圖書館停辦時須經主管機關准核并由主管機關轉呈上級教育行政機關備案。

第六條　公立圖書館除蒐集中外各書籍外應負責收集保存本地已刊未刊各種有價值之著作品。

第七條　圖書館爲便利閱覽起見得設分館巡迴文庫及代辦處并得與就近之學校訂特别協助之約。

第八條　圖書館得設館長一人館員若干人。

館長應具左列資格之一

一　國内外圖書館專科畢業者

二　在圖書館服務三年以上而有成績者

三　對於圖書館事務有相當學識及經驗者

第九條　圖書館職員每年三月底應將辦理情形報告於主管機關。

第十條　省市縣立圖書館及私立圖書館之概况每年六月底由省教育廳或特别市教育局彙案轉報教育部一次。

第十一條　私立圖書館以董事會爲設立者之代表負經營圖書館之全責，私立圖書館董事會有處分財産推選館長監督用人行政議決預算決算之權。

私立圖書館董事會之董事第一任由創辦人延聘以後由該會自行推選。

第十二條　私立圖書館董事會應於成立時開具左列各款呈請主管機關核明立案并由主管機關轉呈上級教育行政機關備案：

一　名稱

二　目的

三　事務所之地址

四　關於董事會之組織及職權之規定

五　關於資産或資金或其他收入之規定

六　董事姓名籍貫職業及住址

上列各款如有變更須隨時呈報主管機關。

第十三條　私人以資財設立或捐助圖書館者得由主管機關遵照捐資興學褒獎條例呈報教育部核明給獎。

第十四條　本規程自公布日施行。

立案之出版圖書應以一部送贈國立圖書館呈

五年三月八日教育部呈准

查英法各國出版法中，均規定全國出版圖書，依據出版法報官署立案者，應以一部送贈國立圖書館庋藏，日本自明治八年設立帝國圖書館後，亦採用此制，法良意美，莫尚於兹。京師圖書館正在籌備進行，似可倣行此制，擬請飭下内務部以後全國出版圖書依據出版法報部立案者，均令以一部送京師圖書館庋藏，以重典策，而光文治。

教育部通咨各省長三都統京兆尹川邊甘邊寧海鎮守使請通飭各省縣圖書館注意搜集保存鄉土藝文文

民國五年十一月二十日

爲咨行事，查各省縣設立圖書館，爲社會教育之要務，收藏各書，除採集中外圖籍外，尤宜注意於本地人士之著述；蓋一地方之山川形勝民俗物産於鄉土藝文，載之恒詳，不第先民言行古蹟留遺，足資考證也。查山東濟南圖書館藏書目中有山東藝文一門，綱羅頗富，而他處圖書館留意及此者尚少，亟宜參照濟南圖書館辦法，於本地藝文刊本廣爲搜集，即未出版者，亦宜設法借鈔庋藏，以免歷久放佚，收藏既多，使來館閱覽者直接以生其愛鄉土之心，即間接以動其愛國家之觀念，於社會教育裨益實非淺鮮。除分行外，相應咨行貴省長都統鎮守使京兆尹，請煩查照，轉飭所屬各地方圖書館遵照辦理，此咨。

縣知事轉知内務部通飭保管公私藏書及板片印刷等物公函

九年五月

逕啓者，本年五月五日奉教育廳訓令開案，奉省長公署訓令内開案，准内務部咨開准國務院函開，奉大總統發下顧問葉恭綽呈條舉振與文化八事，奉指令交國務院暨内務教育兩部分别查核辦理等因，到部。原呈内列保存各省公私藏書并官局書版及印刷物各條，據稱前清各省書院等多有藏書，改革以還，弦誦久輟，竊取盜賣，覆瓿當薪，均所難免。是宜通令保護。又清初藏書之家，江浙最盛，數傳而後散佚漸多，海禁未通，輾轉遷移，尚在本土，今昔異勢，東西海泊滿載而去，高文典册，日即淪亡。是宜維持。苟有故家不能守其世業者由中央政府或地方政府自治團體等公爲購買，用存國實。又稱康熙乾隆兩朝，官纂書籍極多，皆由武英殿刊版傳布，道光而後，各省官書局出書亦夥，疊經擾亂，散失堪虞。又各省通志及府縣志版存於各省舊府縣學或舊府縣署者，均有關地方文獻，爲比較切實有用之書。是宜通令及時檢點，妥實保存，或擇要印行，或補其闕壞等語。查本部釐定之保存古物暫行辦法，關於歷代碑版及舊刊書帖，曾經通行保存在案，此次該顧問所稱各節，核與部定保存古物辦法用意相同，應請按照原呈通飭將公私藏書及舊刻書籍版片印刷器物一律切實蒐求，分别設法，酌議簡章，責令司其事者妥爲保管，并將官私所刻書籍目録分别檢送開送到部備查。又版片數目完全者，詳細開列，殘缺者，亦查明開報；如係要籍，或設法補刊，冀免銷沈。相應咨行貴省長查照辦理，并希見復爲荷，等因。准此合亟令仰該廳應按照咨開各節分别辦理，具報核咨，此令等因，奉此，合亟令仰該知事按照，令飭各節分別辦理具報，其有已設圖書館者，即令圖書館遵照辦理，報候核轉，此令，等因，奉此相應函致貴館請煩查照，希即酌量辦理，是所至企，此致縣立圖書館。

釋藏經典頒給規則

九年十月二日布公

第一條　頒給釋藏經典以左列各款爲限：

一奉大總統特令頒給者；二依照管理寺廟條例第四條之規定因表揚而頒給者；三經内務部轉呈　大總統令准頒給者。

曾經頒給釋藏經典因故損失致不完全者得呈由地方官署查明咨經内務部轉呈　大總統核准補給之。

第二條　凡呈請頒給釋藏經典須由請經者聲叙需用經典理由并覓具北京官刹住持二人以上證明書呈請内務部轉呈核准，但請經者如非僧寺由主管官署咨部核辦。

前項所稱北京官刹以柏林寺賢良寺法源寺拈花寺廣通寺覺生寺萬壽寺大覺寺香界寺臥佛寺爲限，内務部對於請經者如認爲無頒給之必要時得拒絶其呈請。

第三條　頒給釋藏經典奉大總統令准後須由領經者逕呈内務部或主管官署咨行内務部請領。

第四條　頒給釋藏經典經内務部准領後由領經者自備工料覓工印刷。

關於印刷規則另定之。

第五條　頒給釋藏經典須由内務部發給證書并向受經者繳收領證費二十元。

前項證書地方官署於必要時得查驗之。

第六條　頒給釋藏經典不得轉賣或贈予他人但呈經官署核准者不在此限。

前項轉賣或贈予經官廳核准後受經者須向内務部補領證書仍須繳納領證費。

第七條　頒給釋藏經典裝運出京時由内務部驗封經箱發給護照并咨財政部税務處轉飭沿途關卡查驗放行免納税釐。

第八條　本規則自公布日施行。

釋藏經典印刷規則

九年十月二日

第一條　印刷釋藏經典每年定爲兩届，其期間以三月至四月及九月至十月爲限。

第二條　頒領釋藏經典由受領者自覓商人承印，但同一届内不得分用印刷商人二處以上。

前項印刷商人如領受者不在京時得委託柏林寺住持代覓之。

第三條　印刷商人承印釋藏經典須遵守左列各規定：

一不得將經版運出寺外工作；

二不得損壞版片；

三不得偷印私賣；

四不得多印篇張；

五不得字跡模糊；

六經版印畢上架不得次序凌亂。

第四條　承印商人覓妥後應由柏林寺住持加具切結擔保該商確能遵守前條各款之規定呈報内務部核准，如所覓商人未能遵守規則經部查出有可疑時得由部逕行指定妥實商人辦理。

内務部爲前項核准後即傳知柏林寺住持遵照每届印刷規定期間擇期開工。

第五條　每届印刷柏林寺住持須將啓庫及竣工日期分别呈報内務部。

第六條　每届印刷由内務部派員督同柏林寺住持監視一切自開庫之日起至竣工之日止。

第七條　佛教徒衆或其他個人因諷誦起見於每届印刷時得選擇經典取具柏林寺住持切結呈請内務部核准附印，但每人至多不得過十種每種至多不得過十份。

第八條　承印商人於印刷時有損壞版片及多印篇張或字跡模糊者均應負賠償之責。

第九條　領受經典者及承印商人如未經呈准之前私自偷印或販賣營利及受他人屬託附帶私印者，除將工料充公外并予柏林寺住持以相當之處罰。

第十條　印刷經典期内禁止閑雜人等隨意入寺但遇有團體或個人來寺參觀經部員許可者不在此限。

第十一條　柏林寺住持於印刷開工及工畢出寺時應舉行佛事或經懺及請經者應備香供禮物，均依照向來習慣辦理。

第十二條　本規則自公布日施行。

釋藏經版保管規則

九年十月二日公布

第一條　釋藏經版向存柏林寺官剎，由内務部督同柏林寺住持遵照本規則認真保管。

第二條　釋藏經版按照字號分置柏林寺前後院東西四殿定爲四庫，所有各庫現存經版字號數目架别暨其次序均詳細填列表册存内務部禮俗司備案。

第三條　經版各庫庫門均用内務部禮俗司封條封鎖責成柏林寺住持加意看守。

第四條　每年自初伏日起至末伏日止須將各庫窗牖一律開啓以透晾潮濕，其窗牖啓閉時均由内務部派員監視之。

前項透晾潮濕期内各團體或各個人得赴寺參觀但須内務部禮俗司核准。

第五條　柏林寺住持對於經版須遵守左列各規定：

一各庫門非奉部司傳知或允准不得擅自啓封；二各庫窗牖除透晾時期外應同各庫庫門一律關閉；三每歲透晾期内暨印刷工畢後須將各庫掃除潔净并將門窗一律糊裱完整；四平時不許有人在庫内焚點香燭并不得於各庫貼近舉火吸煙；五各庫房屋應注意認真查視遇有雨漏墻斜等事隨時修理完固不得稍有滲漏傾塌。

第六條　柏林寺住持對於前條各規定有奉行不力致損及經版者應負賠償之責。

第七條　釋藏經版於每届印刷後由本部派員按照表册詳細檢查，遇有木架損壞版片闕損及次序凌亂者應隨時修補改正。

第八條　本規則自公布日施行。

中華圖書館協會組織大綱

十八年一月中華圖書館協會第一次年會在南京議決。

第一章　名　　稱

第一條　本會定名爲中華圖書館協會。

第二章　宗　　旨

第二條　本會以研究圖書館學術發展，圖書館事業并謀圖書館之協助爲宗旨。

第三章　會　　員

第三條　本會會員分四種：

（一）機關會員　以圖書館或教育文化機關爲單位，各地圖書館協會爲當然機關會員。

（二）個人會員　凡圖書館員或熱心於圖書館事業者。

（三）永久會員　凡個人會員一次繳足會費二十五元者。

（四）名譽會員　凡於圖書館學術或事業上著有特别成績者。

第四條　凡會員入會時須由本會會員一人之介紹經執行委員會通過

得爲本會會員。

第四章　組　　織

第五條　本會設執行委員會及監察委員會。

甲　執行委員會

第六條　本會設執行委員十五人由會員公選之。

第七條　執行委員會設常務委員五人由執行委員互選之。

第八條　執行委員任期三年，每年改選三分之一，惟第一任執行委員任期一年二年三年者，各五人於第一次開執行委員會時籤定之。

第九條　常務委員任期一年。

第十條　每年改選之執行委員由執行委員會照定額二倍推舉候選執行委員，由會員公選之但於候選委員以外選舉者聽之。

第十一條　執行委員會之職權如左：

（一）規定進行方針；

（二）籌募經費；

（三）編製預算及決算；

（四）通過會員入會手續；

（五）推舉常務委員及候選執行委員；

（六）執行其他一切事項。

第十二條　執行委員會細則由該會自訂之。

乙　監察委員會

第十三條　監察委員會設監察委員九人，由會員公選之但監察委員不得兼任執行委員。

第十四條　監察委員任期三年，每年改選三分之一，惟第一次監察委員任期一年二年三年者，各三人於第一次開監察委員會時簽定之。

第十五條　每年改選之監察委員由監察委員會照定額二倍推舉候選監察委員，由會員公選之但於候選委員以外選舉者聽之。

第十六條　監察委員會之職權如左：

（一）監察執行委員進行事項，遇必要時得向全體會員彈劾之；

（二）核定預算及決算。

第十七條　監察委員會細則由該會自訂之。

第五章　經　　費

第十八條　本會經費以下列各項充之：

（一）機關會員年納會費五元；

（二）個人會員年納會費二元；

（三）永久會員一次納會費二十五元作爲本會基金；

（四）捐助費。

第六章　選　　舉

第十九條　本會執行委員及監察委員由機關會員及個人會員票選之。

第七章　會　　議

第二十條　本會每年開年會一次，其地點及會期由前一年年會決定之，但遇必要時得開臨時會。

第二十一條　本會開年會時各機關會員得派代表一人出席。

第二十二條　執行委員會及監察委員會開會時間地點由各該會自定之。

第八章　事　務　所

第二十三條　本會設事務所於北平。

第九章　附　　則

第二十四條　本大綱如有不適之處經執行委員會或監察委員會過半數或會員二十人以上之提議，大會出席會員三分之二以上之通過得修改之。

圖書館學用語英漢對照表

這個對照表是日本圖書館協會編譯的載在《圖書館雜誌》第十六號裏邊，我把他抄在這裏，關於譯名地方并且有許多的改正。

A

Access to shelves ………………………………………………… 入書庫
Accession ………………………………………………………… 收受
Accession books ………………………………………………… 收受簿
Accession methods ……………………………………………… 收受法
Accession numbers ……………………………………………… 收受號數
Acquisition of books …………………………………………… 圖書的取得
Added entries …………………………………………………… 附加記入
Adjustable classification ……………………………………… 調節分類法
Administration of libraries …………………………………… 圖書館管理
Aids to readers ………………………………………………… 閱覽者幫助
Alphabetical arrangement（or Alphabetizing）………………… abc 順排列
Alphabetical order ……………………………………………… abc 順
Alphabetico-classed catalogue ………………………… abc 順分類，目録
Allonyms ………………………………………………………… 僞名
Alternative titles ……………………………………………… 一名
Analytical cards ………………………………………………… 分析目録片
Analytical entries ……………………………………………… 分析記入
Anonymous books（or works）……………………………… 無著者名的圖書
Anonyms ………………………………………………………… 無名氏

Aporonyms …………………………………………………………………… 略名

Apprentice classes ……………………………………………………… 徒弟科

Arrangement …………………………………………………… 排列，整頓

Art galleries ……………………………………… 美術館，美術品陳列場

Assistant librarian ……………………………………………………… 副館長

Assistants (of libraries) …………………………………………… 助手

Atlasses …………………………………………………………………… 圖帖

Attendants ………………………………………………………… 圖書館助手

Author cards ……………………………………………………… 著者目録片

Author catalogues of lists ……………………………………… 著者目録

Author entries …………………………………………………………… 著者記入

Author marks or numbers ……………………………………… 著者記號

Author table (Cutter's) ……………………………………………… 著者表

Authors ……………………………………………………………………… 著者

B

Back titles …………………………………………………………… 背部書名

Bastard titles ………………………………………………………… 略書名

Bibliographers ………………………………………… 書史學者，圖書學者

Bibliographies ……………………………………………………… 書史，解題

Bibliography (Science of) …………………………… 書史學，圖書學

Bibliomania,
Bibliomaniac } ………………………………………………… 圖書狂，書淫

Bibliophiles ………………………………………………… 同 Book-lovers

Binder's titles ……………………………………………… 製本師書名

Bindery,
Binding department } ………………………………………… 裝訂科

Block books ………………………………………………………… 木版本

Book accession ………………………………………………… 同 Accession
Book-binding ………………………………………………… 製本，裝訂，裝潢
Book cards ………………………………………………… 圖書目録片
Book buying or purchase ………………………………………………… 圖書購入
Book carriers ………………………………………………… 圖書運搬手，圖書運搬器
Book cases ………………………………………………… 書架，書棚，木箱
Book collecting ………………………………………………… 圖書蒐集
Book collectors ………………………………………………… 圖書蒐集家
Book discarding ………………………………………………… 圖書撤銷
Book-holders ………………………………………………… 圖書押
Book hunters ………………………………………………… 獵書家
Book illustrators ………………………………………………… 插畫家
Book-lifts ………………………………………………… 圖書昇降器
Book-lovers ………………………………………………… 愛書家
Book marks or numbers ………………………………………………… 圖書記號
Book ordering ………………………………………………… 圖書購買
Book plates ………………………………………………… 圖書箋
Book prices ………………………………………………… 書價
Book rarities ………………………………………………… 稀購書，珍本
Book-rests ………………………………………………… 圖書押
Book selection ………………………………………………… 圖書選擇
Book-stands ………………………………………………… 圖書立
Book-supports ………………………………………………… 圖書支
Book tracks ………………………………………………… 藏書室
Book worms ………………………………………………… 蠹魚，紙魚
Booksellers' catalogues ………………………………………………… 書肆目録
Borrowers' cards ………………………………………………… 借覽書特許證
Borrowers' registers ………………………………………………… 借覽書者記入簿

Borrowers' registration ………………………………………… 借覽者記入
Branch libraries ………………………………………………… 支館，分館
Broadsides ……………………………………………………………… 片面刷
Brown classification ………………………………………… 布郎氏分類法
Brussels classification ……………………………………… 布拉氏分類法
Bulletins …………………………………………………………………… 時報
By-names ………………………………………………………………… 副名

C

Call numbers ……………………………………………………… 圖書號數
Capitalization ……………………………………………………… 頭字使用法
Capitals …………………………………………………………………… 頭字
Caption titles ……………………………………………………… 卷頭書名
Captions ……………………………………………… 卷頭表題，章頭表題
Card board ……………………………………………………………… 台紙
Card cases or boxes ……………………………………………………… 函
Card catalogues ………………………………………………………… 目録片
Card charging ……………………………………………………………… 貨附
Cards ……………………………………………………………………… 紙片
Card trays ……………………………………………………………… 紙片盤
Case numbers …………………………………………………… 書架號數
Catalogue cards ………………………………………………………… 目録片
Catalogue cases ………………………………………………………… 目録櫃
Cataloguers ……………………………………………………… 目録編纂員
Cataloguing ……………………………………………………… 目録編纂
Cataloguing department ………………………………………… 目録編纂科
Cataloguing rules ……………………………………………… 目録編纂規則
Cataloguing slips ……………………………………………………… 目録簽

Cataloguing systems ………………………………………… 目録編纂法
Catchword entries ………………………………………… 捕語記入
Catchwords ………………………………………………… 捕語
Charging systems ………………………………………… 出納法
Checking …………………………………………………… 記號數
Chief librarians …………………………………………… 館長
Children's libraries ……………………………………… 兒童圖書館
Children's librarians …………………………………… 兒童圖書館員
Children's rooms ………………………………………… 兒童室
Christian names ………………………………………… 洗禮名
Chronograms ………………………………… 年代記號（羅馬數字）
Circulating department ………………………………… 館外貸出部
Circulating libraries ……………………… 貸本屋，貸出圖書館
Circulation（of books）………………………………… 館外貸出
Class lists ………………………………………………… 分類目録
Class marks ……………………………………………… 分類記號
Classed or classified catologues ……………………… 分類目録
Classes ……………………………………………………… 類
Classification …………………………………… 分類，分類法
Classification schemes ………………………………… 分類法
Cloth binding …………………………………………… 布製本
Collation ………………………………………………… 對照事項
Collected works ………………………………………… 全集
Collections（of book）………………………………… 集書叢書
College libraries ……………………………… 專門學校圖書館
Compartment system ……………………… 劃室法（圖書館建築）
Compilers ……………………………………… 編纂者，編者
Composers ………………………………………………… 作曲者

Compound names …… 複合名
Contents …… 目次
Co-operative cataloguing …… 協同目録編纂
Copies …… 部數
Copyists …… 寫字生
Copyright …… 版權
Copyright dates …… 版權登録年紀
Corporate entries …… 團體記入
Counters …… 出納台
Counter routine …… 出納規程
Cover titles …… 表紙書名
Covers of (books) …… 表紙，書皮
Cross references …… 參照
Current literature …… 現代文藝
Cutter author marks …… 卡特氏著者記號
Cutter classification …… 卡特氏分類法

D

Dates (of publication) …… 刊年，出版年紀
Decimal classification …… 十分法，十進法
Delivery …… 出納
Delivery desks …… 出納桌
Delivery stations …… 派出出納所
Dewey classification …… 杜威氏分類法
Dictionary catalogues …… 辭書體目録
Dissertations …… 論文，學位論文
Documents …… 文書，記録，公文書
Duplicates …… 複本

Dusting ………………………………………………………………… 掃除

E

Early painted books ……………………………………………… 古版本
Easels ……………………………………………………………… Book-holders
Editions …………………………………………………………… 版，版次
Editors ……………………………………………………… 出版者，編輯者
Employees ………………………………………………………… 傭人
Entries ……………………………………………………………… 記入
Entry words ………………………………………………………… 記入語
Executive department ……………………………………………… 行政部
Exhibitions ………………………………………………………… 展覽會
Ex-libris …………………………………………………………… Book-plates
Expansive classification ………………………………………… 開展分類法

F

Facsimiles ………………………………………………………… 模寫版
Family libraries ………………………………… 家庭圖書館，家庭文庫
Family names ……………………………………………………… 族名
Fiction ……………………………………………………… 小説，假作物
Fictitious names …………………………………………………… 假作名
Fictitious titles …………………………………………………… 假作書名
Finding lists ………………………………………………………… 檢出目録
Fixed location ……………………………………………………… 固定排列法
Flyleaves …………………………………………………………… 游紙
Forenames ………………………………………………………… 名
Form catalogues …………………………………………………… 形式目録
Form notation ……………………………………………………… 形式記號法

Free public lebraries …… 免費公共圖書館

Free use of libraries …… 免費登館

Frontispieces …… 圖書的首頁的圖

G

Gallery system …… 卡勒利氏（圖書館建築）

General libraries …… 普通圖書館

General works …… 總載

Governing bodies of libraries …… 圖書館監督團體

Guides …… 索引

H

Half titles …… 同 Bastard titles

Headings …… 標目

Head-lines …… 頁頭標題

Holiday opening …… 假期開館

Home-binding …… 館裝訂

Home use of books …… 圖書私宅使用

I

Illuminated books …… 裝飾入本

Illustrated books …… 繪入本

Illustrations …… 插圖，插畫

Illustrators …… 插畫的人

Imperfect copies …… 不完本，殘本

Imprints …… 出版事項

Inaugular dissertations …… 學位論文

Incunabula …… 古版本，珍書

Indexes …………………………………………………………… 索引

Indexing ………………………………………………………… 索引編成法

Indicators ……………………………………………………… 指示器

Initials …………………………………………………………… 首字

Inter-library loans ……………………………………… 圖書館相互貸付

J

Joint author entries ……………………………………… 共著者記入

Joint author …………………………………………………… 共著者

Juvenile books ……………………………………………… 兒童用圖書

L

Labels ……………………………………………………………… 小簽

Label-holders ………………………………………………… 小札插

Ladies' rooms ………………………………………………… 婦人室

Lady librarians ……………………………………………… 女子圖書館員

Leather binding ……………………………………………… 皮製本

Lending department ……………………………………… 貸出部

Lending libraries …………………………………………… 貸出圖書館

Lettering and numbering ……………………………… 記號數法

Lettering of binding ……………………………………… 表紙文字記入

Librarians ……………………………………………… 圖書館長，圖書館員

Libraries ……………………………………………… 圖書館，文庫叢庫

Library acts …………………………………………………… 圖書館條例

Library architecture ……………………………………… 圖書館建築

Library associations ……………………………………… 圖書館協會

Library boards ……………………………………………… 圖書館委員會

Library buildings …………………………………………… 圖書館建物

Library catalogues …………………………………… 圖書館藏書目録
Library committees ……………………………………… 圖書館商議員
Library economy ………………………………………………… 圖書館經濟
Library expenditures ………………………………………… 圖書館經費
Library fittings and furniture ……………………………… 圖書館用具
Library foundation ……………………………………………… 圖書館建設
Library law ………………………………………………………… 圖書館法令
Library legislation …………………………………… 圖書館法令制度
Library management ………………………………… 同 Administration
Library organization ………………………………………… 圖書館組織
Library rate ……………………………………………………… 圖書館賦課税
Library regulations ……………………………………………… 圖書館規則
Library schools …………………………………………………… 圖書館學校
Library staff ………………………………………………………… 圖書館職員
Library stations ………………………………………… 同 Delivery stations
Library training schools ……………………………… 圖書館練習學校
Library trustees …………………………………………………… 圖書館委員
Loan system ………………………………………………………………… 貸出法
Local collections ………………………………………………………… 鄉土集書
Lost books …………………………………………………………………… 紛失圖書

M

Magazine binders ………………………………………………………… 雜誌挾
Magazines …………………………………………………………………………… 雜誌
Main entries ……………………………………………………………… 基本記入
Manuscripts catalogues ………………………………………………… 筆寫目録
Manuscripts ………………………………………………………………… 寫本，文書
Maps ……………………………………………………………………………… 地圖

Mercantile libraries …………………………………………… 商業圖書館
Miscellaneous works …………………………………………… 雜載
Monographs …………………………………………… 專門論文
Municipal libraries …………………………………………… 市町立圖書館
Museums …………………………………………… 博物館
Musir …………………………………………… 樂譜

N

National libraries …………………………………………… 國立圖書館
New editions …………………………………………… 新版
New series …………………………………………… 續編
Newsrooms …………………………………………… 新聞室
Nicknames …………………………………………… 綽號
Nom de plumes …………………………………………… 同 Pseudongms
Notation …………………………………………… 表示法
Novels …………………………………………… 小説
Numbering books …………………………………………… 圖書記號法

O

Official publications …………………………………………… 官公衙出版物
Open access …………………………………………… 書庫開放
Open shelf system …………………………………………… 公開書架法
Ordering department …………………………………………… 圖書購買科
Out-of-print books …………………………………………… 絶版書

P

Paging or pagination …………………………………………… 頁數記入
Pamphlets …………………………………………… 小册子

Periodical racks …………………………………………………… 新聞雜誌台
Periodical rooms …………………………………………………… 新聞雜誌室
Periodicals ………………………………………………………… 逐時刊行物
Plates ……………………………………………………………………… 圖版
Popular libraries …………………………………………………… 通俗圖書館
Portfolios ………………………………………………………………… 叠紙
Price lists（of books） …………………………………………… 價格表
Printed catalogues ………………………………………………… 印刷目録
Printing department ………………………………………………… 印刷部
Prints …………………………………………………………………… 印畫
Private collections ………………………………………………… 個人集書
Private libraries ………………………………… 私立圖書館，個人文庫
Privately printed books ………………………… 私费出版物，非賣圖書
Privileges（to readers）………………………………………………… 特許
Prohibited books ……………………………………………………… 禁書
Pseudonms ………………………………………………………… 變名，假名
Public documents ………………………………………………… 官公文書
Public libraries …………………………………………………… 公開圖書館
Publishers ………………………………………………………… 出版業者
Publishers' catalogues …………………………………………… 出版人目録

R

Rare books ……………………………………………………… 同 Book rarities
Readers ……………………………………………………………… 閱覽人
Readers' tickets ……………………………………………………… 閱覽券
Reading rooms ………………………………………………………… 閱覽室
Reference books ……………………………………………………… 參考書
Reference cards …………………………………………………… 參照目録片

Reference department ………………………………………………… 参考科
Reference librarians ………………………………………………… 閲覽指導員
Reference libraries ………………………………………………… 参考圖書館
Registering ………………………………………………………………… 登記
Registrars ………………………………………………………………… 登記賬
Replacement of books ………………………………………………… 圖書代償
Reports ……………………………………………………………………… 報告
Reprints …………………………………………………………………… 覆刊本
Running titles ……………………………………………………… 頁頭的書名
Rural libraries ……………………………………………………… 村落圖書館

S

Sale catalogues ……………………………………………………… 賣書目録
School libraries ……………………………………………………… 學校圖書館
School room libraries ……………………………………………… 教室圖書館
Scrap-books ……………………………………………………………… 切拔帖
Serondhand books ……………………………………………………… 古本
Section system ………………………………………… 區劃法（圖書館建築）
Selection of books ………………………………………… 同 Book section
Serial numbers ……………………………………………………… 叢書號數
Serials ……………………………………………………… 逐次刊行物叢書
Series ………………………………………………………………… 編數，叢書
Series entries ……………………………………………………… 叢書名記入
Series notes ………………………………………………………… 叢書名註記
Sheaf catalogues …………………………………………………… 加除自在目録
Sheaf lists or catalogues ………………………………………… 書架目録
Shelves ……………………………………………………………………… 書架
Shelving ………………………………………………………… 書架排列，插架

Showcases for books ………………………………… 圖書陳列架
Signatures ……………………………………………… 署名，金紙記號
Size notation …………………………………………… 書形表示法
Sobriquets ……………………………………………………… 戲名
Societies …………………………………………………… 會，學會
Society publications ………………………………… 團體出版物
Special collections …………………………………… 特殊集書
Stack rooms ……………………………………………………… 藏書室
Stack system ……………………………… 堆架法（圖書館建築）
Subject catalogues ………………………… 事項目録（件名目録）
Subject classification ……………………………… 事項分類法
Subject entries ……………………………………… 事項記入
Subjects ……………………………………………………………… 事項
Sub-librarians ……………………………… 同 Assistant librarians
Subscription books …………………………………… 豫約圖書
Subscription libraries ……………………………… 組合圖書館
Subtitles …………………………………………………… 副書名
Sunday opening of libraries …………………… 星期日開館
Sunday school libraries ……………………… 星期學校圖書館
Surnames ………………………………………………………………… 姓
Systematic catalogues ……………… 同 Classed or classified catalques

T

Tables ……………………………………………………… 表，圖表
Technical libraries ………………………………… 工藝圖書館
Theses ……………………………………………… 同 Dissertations
Tickets for borrowers ………………………………………… 借覽券
Title catalogues …………………………………………… 書名目録

Title entries ………………………………………………………… 書名記入
Title-pages ……………………………………………………………… 書名頁
Titles ………………………………………………………………………… 書名
Tomes ……………………………………………………………… 同 Volumes
Trade lists of books ………………………………………… 賣本聯合目録
Training for librarianship ……………………………… 圖書館業務練習
Training schools ……………………………… 同 Library training schools
Translatiors ……………………………………………………………… 翻譯
Translators ……………………………………………………… 翻譯者，譯者
Translateration ……………………………………………………………… 翻字
Travelling libraries ……………………………… 巡迴圖書館，巡回文庫
Two-book system ……………………………………………………… 貳部備附法
Typography ……………………………………………………………… 字型學

U

Unbound books ………………………………………………………… 未裝訂本
Undated books ………………………………………………………… 無刊年本

V

Village libraries ……………………………………………………… 鄉村圖書館
Volumes ……………………………………………………………… 册數，卷數

W

Want-lists …………………………………………………………… 缺本目録
Withdrawn books ……………………………………………………… 撤銷圖書
Worn-out books ………………………………………………………… 廢毀圖書

Y

Year-books ……………………………………………………………… 年鑒類

編　後　記

一、本集爲楊昭悊先生著述的首次結集出版，書中的資料散見於各類民國文獻中，編者在搜集資料的過程中下了一定功夫，但難免掛一漏萬。我們竭誠希望讀者提供相關線索，俾日臻完善。

二、本集皆據所用底本録入，未作任何删節。資料收集過程中，得到武漢大學圖書館的大力協助，在此深表感謝。

三、本集分論文篇和著作篇。論文篇以時間爲序排列，每篇論文後皆標明底本，詳列出版項。著作篇收録《圖書館學》全文。

四、文本由編者審讀，字句殘缺或難以辨認者用□表示；少數確屬明顯錯字，則逕行改正。

本書編輯從前人成果中獲益良多。限於學識，編輯之錯漏在所難免，敬祈識者指謬。

編　者